소상공인을 위한

빅데이터 상권분석(4판)

소상공인을 위한

빅데이터 상권분석(4판)

김영갑 · 상권분석전략연구협회 지음

이프레스

상권과 입지분석 방법의 진화

PROLOGUE

상권과 입지분석 방법의 진화

상권과 입지는 창업의 성공에 가장 큰 영향을 미치는 것으로 알려져 있습니다. 창업에 대한 많은 서적에서 "첫째도 입지, 둘째도 입지, 셋째도 입지"라는 말이 반복적으로 사용되는 것이 이를 잘 입증합니다. 일부 문헌에서는 그 영향력이 70%에 달한다는 구체적인 수치까지 제시하기도 합니다.

일본의 외식창업 컨설턴트 '오쿠보 카즈히코'는 "내가 치료할 수 없는 음식점은 입지 선정에 실패하였거나 경제사정이 극히 어려운 때뿐이다"라고 표현할 정도로 입지 선정의 중요성을 강조한 바 있습니다. 외식사업을 비롯한 서비스사업은 아무리 좋은 상품(메뉴)을 가지고 있어도 입지에 따라 그 성패가 좌우됩니다. 입지 자체가 판매하는 상품이기도 하며, 고객을 유인하는 수단이 되기도 하니까요. 모든 창업의 시작은 아이템과 입지의 선택으로부터 시작된다는 점도 중요합니다.

상권과 입지는 매우 중요한 창업의 핵심요소로 언급되었음에도 불구하고 실제 창업을 계획하는 예비창업자에게 그것을 어떻게 파악하고 취급해야 하는지에 대한 정보는 매우 제한적으로만 제공되어 왔습니다. 창업자들은 상권과 입지의 선정은 전문성이 높은 컨설턴트의 업무로만 생각해서 전문가가 선택해 주면 수동적으로 받아들이는 수준에서 만족해야 했습니다.

상권분석 서비스의 과학적 진화

이러한 문제점을 개선하기 위한 노력으로 소상공인 상권정보시스템이 만들어졌습니다. 그동안 예비창업자를 대상으로 무료로 제공되어 왔으며, 지속적인 개선을 위해 많은 개편이 이루어지고 있습니다.

이외에도 국내 굴지의 기업들이 빅데이터를 활용한 상권분석시스템을 개발하여 정식 서비스를 하고 있습니다. 기업들은 이동통신정보와 다양한 금융정보를 이용하여 추정 매출액을 산출하고 상권 내 창업 예정 업종의 안정성과 발전 가능성까지 추정해 주는 시스템을 개발하였습니다. 그동안 주로 정성적으로 이루어지던 서비스가 인구통계학적 정보와 영업 중인 업체들의 매출 정보를 기반으로 정량화되어 제공하는 형태로 발전하고 있습니다. 특히 이러한 서비스는 신뢰성과 타당성을 크게 증대시키기 위해서 카드회사의 매출자료, 통신회사의 고객정보와 부동산회사의 부동산 정보를 이용하여 마케팅회사가 통합한 후 소프트웨어 회사가 보고서로 만드는 융복합의 형태를 추구하고 있다는 점에서 매우 의미 있는 일이라 할 수 있습니다.

빅데이터 활용능력과 해석능력을 키워야 한다

아무리 좋은 정보가 있더라도 이를 해석하고 자신이 창업하려는 업종과 업태에 적합하게 응용하는 능력이 없다면 무용지물입니다. 좋은 칼이 있다고 무예가 뛰어날 수 없고, 붓이 좋다고 명필이 될 수 없는 것과 같은 이치입니다. 과학적인 정보는 의사결정의 정확성을 높이고 위험을 줄이는 데 큰 도움이 됩니다.

국내 정보기술의 발전 추세에 따라 앞으로도 창업자를 위한 유용한 빅데이터 서비스는 지속적으로 증가할 것으로 예상됩니다. 창업전문가들은 이러한 정보를 유용하게 활용하는 능력을 갖추어야 할 것이며, 일반 예비창업자와 기존의 사업자 역시 정보활용 능력을 키워야 합니다. 치열한 경쟁에서 살아남기 위한 유일한 대책이라는 점도 잊지 말아야 합니다.

주변의 창업자를 보면서 상권과 입지를 쉽게 결정한 결과가 얼마나 큰 위험으로 연결되는지 독자 여러분은 잘 알고 계실 겁니다. 과거에는 소상공인이 상권분석을 스스로 한다는 것은 상상하기도 힘들었지만 현재는 상권과 입지를 선택하기 위한 과학적인 분석을 누구나 할 수 있는 시대가 되었습니다. 다만 충분한 학습을 통해서만 상권과 입지를 조사하고 분석하는 능력을 키울 수 있습니다. 이 책을 읽는 모든 분들의 성공 창업을 기원하겠습니다.

차례

PART 1

상권과 입지의 개요

CHAPTER 1 상권과 입지의 개념

상권과 입지를 조사 · 분석하기 위해서는 먼저 두 단어의 개념을 명확히 이해하는 것이 필요합니다.

입지란

입지는 '사업을 영위하게 될 장소 또는 점포'를 의미합니다. 독자들의 이해를 돕기 위해 좀더 구체적인 입지의 개념을 사업자를 중심으로 정리하면 다음과 같습니다.

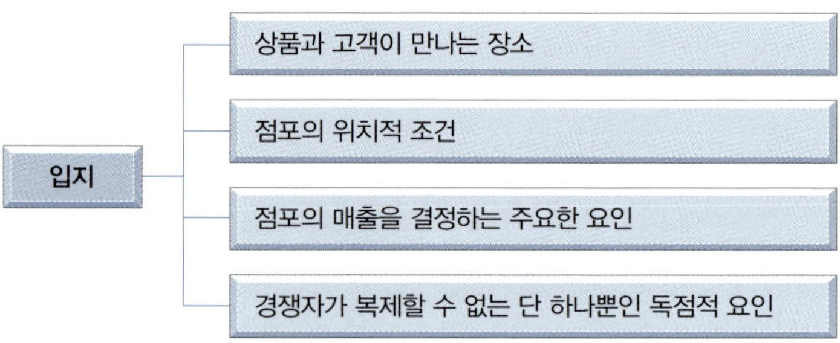

[그림 1-1] 입지의 정의

사업자에게 입지는 접객장소, 위치적 조건, 매출 결정 요인, 독점성 등으로 정의될 수 있습니다. 다양한 정의 중에서도 '창업자가 사업을 영위하게 될 점포'가 핵심입니다. 또한 입지는 점포의 위치뿐 아니라 위치적 조건을 포함하는 개념이라는 점도 기억하기 바랍니다. 입지는 전 세계에서 단 하나만 존재하는 독점성을 가집니다. 이러한 독점성으로 인하여 창업을 위한 입지를 결정할 때 매우 신중해야 합니다. 왜냐하면 한 번 선택한 입지는 절대로 변경할 수 없기 때문입니다. 입지는 사업을 하게 될 점포 또는 점포의 조건과 동일한 의미입니다. 결과적으로 입지란 '경제활동 주체인 점포의 자연적, 인문적 위치로서 사업을 영위할 장소'입니다.

상권이란

입지에 이어 상권의 개념을 살펴봅시다. 입지가 하나의 점으로서 점포의 위치point라면 상권은 범위area를 의미합니다. 과연 어떤 범위일까요? '점포를 이용할 가능성이 있는 고객들이 거주하는 범위'가 바로 상권입니다. 물론 이외에도 상권의 정의는 다음과 같이 좀더 다양하게 표현할 수 있습니다.

상권이란

- 소비자를 대상으로 점포의 세력이 미치는 범위
- 점포에 고객을 유인할 수 있는 지리적 영역
- 마케팅 단위로서의 공간적 범위
- 실질 구매능력이 있는 유효수요의 분포 공간

사업자에게 상권은 '점포의 세력이 미치는 범위'라고 할 수 있습니다. 즉, 점포를 찾아 줄 것으로 예상되는 고객들의 거주지역을 의미합니다. 그것은 학문적으로 '마케팅의 공간적 범위' 또는 '유효수요의 분포'라고 표현하기도 하는데 '상세권'이라고도 합니다.

상권이라는 용어가 종종 다른 의미로 쓰이는 경우도 있습니다. 예를 들어 '강남역 상권'이라는 표현에서 상권은 앞에서 살펴본 정의와 다르게 쓰이고 있는 사례입니다. '강남역 상권'에서의 상권은 강남역 인근에 위치한 '점포의 집단'을 의미합니다. 즉 '상가권'이라고 할 수 있습니다. 따라서 상권이란 용어가 종종 '특정 지역에 위치한 점포의 집단'을 의미하는 개념으로 사용되기도 한다는 사실을 기억해 두기 바랍니다([그림 1-2] 참조).

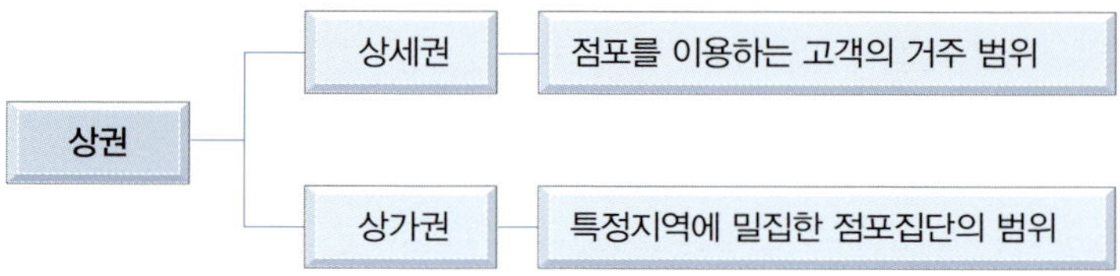

[그림 1-2] 상권의 정의

[그림 1-3]은 지하철 4호선 범계역 로데오거리의 중앙분수대를 기준으로 상가권과 상세권을 설정한 사례입니다. 그림에서 사각형으로 표시된 부분은 범계역 로데오거리를 중심으로 점포들이 모여 있는 범위입니다. 원형으로 표시된 부분은 상가권 내의 점포들을 이용하는 고객들이 거주하는 범위로 반경 400미터의 지리적 범위로 표시하였습니다. 그림에서 사각형은 상가권, 원형은 상세권을 표시한 것입니다.

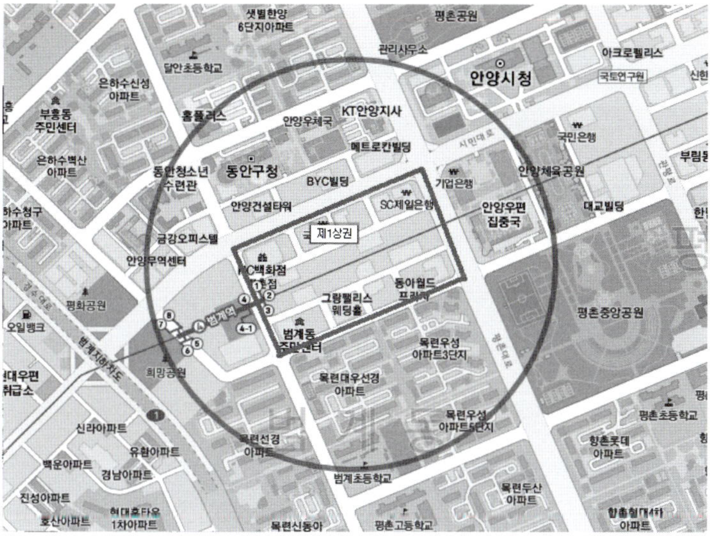

출처: 소상공인 상권정보시스템.

[그림 1-3] 안양시 동안구 범계동의 상가권과 상세권 사례

위에서 살펴본 바와 같이 실전에서 상권이란 용어는 상세권이나 상가권을 의미하기도 합니다. 어떻게 쓰이느냐에 따라 다르게 이해할 필요가 있습니다. 그외에도 점포집단을 의미하는 상가권과 유사한 개념으로 '소매중심지'라는 표현이 있습니다. 소매중심지란 일정한 지역에 다양한 유형(업종, 업태)의 소매점포가 모여 있어서 소비자들이 모여드는 장소를 말합니다. 상점가, 상업지, 상가권은 모두 유사하게 쓰이는 용어입니다.

다시 정리하면 '상권'은 학문적으로는 '마케팅의 공간적 범위 또는 점포를 이용하는 소비자의 거주범위'인 상세권이지만 실무적으로는 '특정 지역에 위치한 점포 집단'을 의미하는 상가권을 지칭하기도 합니다.

상권을 굳이 상가권과 상세권으로 나누는 이유는 조사의 목적과 대상이 다르기 때문입니다. 상가권을 조사하는 것은 어떤 점포가 어떻게 영업을 하고 있는지를 조사하고 그 점포를 이용하는 실제 고객을 파악하는 것인데 반하여, 상세권을 조사하는 것은 창업을 하기 전에 목표고객을 탐색하고 그들의 특성을 파악하기 위한 것입니다. 예를 들어 [그림 1-4]는 안양시 평촌신도시 범계역 상권의 거주인구 현황([그림 1-3]에서 원형으로 표시된 부분에 거주하는 인구 현황)을 보면 40대가 가장 많은 비중을 차지하고 있습니다. 하지만 [그림 1-5]의 상가권 이용자 중 외부에서 유입되는 인구 현황([그림 1-3]에서 사각형으로 표시된 상가의 유동인구 현황)을 보면 20대가 가장 많습니다. 즉, 상권을 어떻게 정의하느냐에 따라서 분석결과가 다르게 나타날 수 있음에 유의해야 합니다.

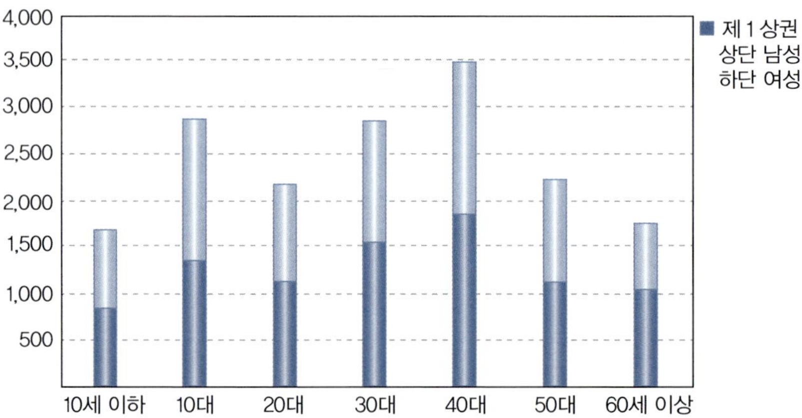

출처: 소상공인 상권정보시스템.

[그림 1-4] 범계 상권(상세권) 주거인구 현황

조사지점	A-LG텔레콤 앞(경기도 안양시 범계동)									
조사일자	2010-10-16, 날씨: 맑음									
조사대상	남자					여자				
	10대	20대	30대	40대	50대 이상	10대	20대	30대	40대	50대 이상
12~13시까지	93	212	132	108	92	102	187	148	124	87
19~20시까지	184	247	143	96	43	172	204	107	124	38

출처: 소상공인 상권정보시스템.

[그림 1-5] 범계 상권(상가권) 유동인구 현황

앞서 설명했던 입지는 고정적이어서 세계에 단 하나뿐인 독점성을 가지는 데 반하여 상권은 유동적인 특징이 있습니다. 점포의 업종과 업태 그리고 경영자의 능력에 따라 상권은 범위가 변할 수 있습니다. 좁은 범위가 되기도 하고 넓은 범위로 확장이 되기도 하죠. 그것은 찾아 주는 고객들의 거주 범위가 늘어날 수도 있고, 때에 따라서는 줄어들기도 한다는 것입니다. 예를 들면, 분식점의 상권은 매우 좁습니다. 하지만 동일한 점포라도 스테이크 전문점과 같은 업종이 있다면 먼 곳에 거주하는 고객들이 자동차를 타고라도 방문하게 되면서 상권의 범위가 넓어지는 것을 발견할 수 있습니다. 또한 우리가 거주하는 지역에 위치한 횟집은 상권의 범위가 좁지만, 속초 대포항에 위치한 횟집의 상권은 전국이라고 해도 과언이 아닙니다.

입지와 상권의 차이

이제 입지와 상권의 개념을 충분히 이해했을 것으로 생각됩니다. 두 개념 간의 차이를 정리해 보면 〈표 1-1〉과 같습니다.

〈표 1-1〉 상권과 입지의 차이

구분	입지	상권
개념	점포가 소재한 위치 조건	점포를 이용할 고객의 거주 범위
평가조건	부지형태, 접근성, 가시성, 평탄성, 점포형태, 시설구조, 주차시설 등	유동인구, 배후지 인구, 경쟁점포, 교통유발시설, 장애요인, 지역발전 전망 등
분석 목적	점포의 성패 예측	점포 및 상권의 성패 예측
최종 목적	창업 예정 점포의 사업타당성 추정	

입지를 분석하는 목적은 점포의 성공과 실패를 예측하기 위함입니다. 사업자는 성공할 수 있다고 예측되면 그 입지를 선택하고 만약 실패가 예상된다면 다른 입지를 찾게 될 것입니다. 그 입지가 포함된 상권을 분석하는 목적은 해당 상권이 지속적으로 유지될 수 있는지를 확인하기 위함입니다. 만약 해당 상권의 인근에 신도시가 개발되어 기존 상권이 머지않은 시기에 낙후될 것으로 예상된다면 해당 입지에서의 사업도 매우 불안정해질 가능성이 높습니다. 입지가 좋다는 이유만으로 미래가 불안한 상권에서의 창업을 시도할 사람은 많지 않을 것입니다.

전문가들은 예비창업자들에게 상권과 입지의 중요성을 강조합니다. 따라서 예비창업자들은 상권과 입지조사를 하려고 합니다. 그것이 무엇인지조차 알지 못하면서 열심히 조사한다고 생각해 보십시오. 과연 어떤 결과가 나올까요? 자신이 무엇을 하는지 알지 못하는 상황에서 원하는 결과를 얻을 수는 없습니다. 상권이 무엇이고 입지가 어떤 개념인지 명확하게 이해하는 계기가 되었기를 바랍니다.

상권과 **입지**의 **조사 · 분석** 목적

CHAPTER 2

상권과 입지를 조사하는 분들에게 "왜 상권과 입지를 조사하십니까?"라고 질문해 보았습니다. 상권과 입지를 조사하고 분석하는 목적이 무엇인지 질문한 것입니다. 사람들은 창업을 위해서 상권과 입지를 조사하고 분석해야 한다는 당위성은 인정합니다. 그래서 열심히 조사하고 분석하지만 문제는 그 목적이 무엇인지 정확히 모른다는 데 있습니다. 목적이 명확하지 않다면 그 결과는 무용지물이 됩니다.

상권과 입지의 개념을 명확히 이해하였다면 이번에는 상권과 입지를 조사하고 분석하는 목적을 확실하게 정립해야 합니다.

점포창업자의 목적

상권과 입지를 조사하는 목적은 '사업의 성공'을 위해서입니다. 창업하려는 점포가 과연 성공할 수 있을지를 알아야 창업 여부를 결정하게 될 테니까요. 일반적으로 개인이든 기업이든 창업을 위하여 점포를 선정하게 됩니다. 이때 상권과 입지를 조사하고 분석하는 목적은 '사업타당성 검토를 통한 상권과 점포의 결정'에 있습니다. 즉, 수익성이 있는 상권과 점포를 찾는 것이 일반적인 목적입니다.

이익이 발생하고 투자금 대비 높은 이익률을 달성할 수 있는 점포를 찾고 그 점포가 위치한 상권의 발전 가능성이 있다면 예비창업자는 해당 점포를 임차하거나 매입하여 창업을 하게 될 것입니다. 그외에 경영능력을 향상시키는 것도 상권과 입지를 조사하고 분석하는 목적이 될 수 있습니다. 해당 상권의 소비자를 이해하고 경쟁점의 현황을 알게 되므로 당연히 경영능력은 향상될 것입니다. 창업을 시도하는 개인이 상권과 입지를 조사하고 분석하는 목적이 좀더 구체화될 필요가 있는데, 이를 정리하여 보면 다음과 같습니다.

상권과 입지를 조사 · 분석하는 목적

- 창업을 위한 업종 및 업태의 선정
- 사업타당성 검토를 통한 점포의 결정
- 고객 파악을 통한 목표고객의 결정
- 사업 범위의 확정
- 투자금액과 수익성의 판단
- 마케팅전략을 수립하기 위한 기초자료 수집
- 종업원 채용의 편의성 점검
- 경영능력의 향상

예비창업자가 상권과 입지를 조사 · 분석하는 최종목적은 사업의 성공 가능성을 판단하는 것입니다. 좀더 구체적으로 이야기하면 '어떤 사업을 하는 것이 성공 가능성이 높은지, 투자금액은 얼마나 소요될지, 직원의 채용은 원활할지, 마케팅은 어떻게 해야 하는지' 등을 상권과 입지 조사 · 분석을 통해 확인할 수 있습니다.

예를 들면, 어떤 업종의 외식사업을 할지 아직 결정되지 않은 상태에서 먼저 입지를 선정하고 조사 · 분석에 들어갔다면 그 과정에서 가장 적합한 업종이나 메뉴 등을 결정하게 될 것입니다. 물론 업종과 업태 또는 메뉴를 먼저 선택하고 그에 적합한 상권과 입지를 찾게 되는 경우도 있습니다. 어떤 경우든 상권과 입지의 조사 · 분석은 필수입니다. 투자금액과 수익성은 모두 상권과 입지의 함수입니다. 즉, 상권과 입지에 따라서 투자금액이 결정되고 수익성도 결정되기 때문입니다. 동일한 업종의 레스토랑을 창업하더라도 강남지역에 개업하는 것과 지방에 개업하는 것에는 투사비와 수익성의 차이가 크게 발생합니다.

상권과 입지의 조사 · 분석을 통해 수집한 자료는 향후 마케팅전략을 위한 중요한 기초자료가 됩니다. 또한 상권과 입지는 종업원 채용의 편의성과 밀접한 관련이 있습니다. 대학가 주변에 위치한 점포는 아르바이트생을 구하기 편리한 반면에 소득수준이 높은 상권에서는 인력조달이 어려울 수 있습니다. 외식사업을 위한 인력수급은 향후 사업을 지속적으로 유지하는 데 큰 영향을 미치므로 상권조사에서 반드시 검토해야 합니다.

프랜차이즈 본부와 컨설턴트의 목적

프랜차이즈 사업을 영위하는 기업인 프랜차이즈 가맹본부가 상권과 입지를 조사 · 분석한다면 그들의 목적은 독립창업자와 어떤 차이가 있을까요? 프랜차이즈 기업은 자신의 창업보다는 타인의 창업을 지원하는 조직이므로 독립창업자보다는 좀더 포괄적인 조사를 하게 될 것입니다. 창업컨설턴트의 경우도 자신보다는 타인의 사업을 지원하기 위한 목적이 큽니다. 다점포화를 추구하는 프랜차이즈 기업은 단순한 일회성 조사 · 분석보다는 표준화된 분석 도구를 만드는 것이 중요한 목표가 됩니다. 이들의 구체적인 목적을 살펴보면 다음과 같습니다.

컨설턴트 또는 프랜차이즈 가맹본부의 상권과 입지 조사 · 분석 목적

- 시장환경에 대한 조사를 위하여
- 상권지배력을 확인하고 창업예정인 점포의 적합성을 평가하기 위하여
- 가맹계약의 사전준비를 위하여
- 마케팅전략의 차별화를 위하여

부동산 개발자 및 상가 투자자의 상권분석 목적

예비창업자나 기존 사업자, 프랜차이즈 가맹본부 외에도 상권분석을 매우 유용하게 활용할 수 있는 대상으로 부동산 개발 및 투자 분야를 들 수 있습니다. 앞으로 상가의 개발보다는 기존 상가의 수익률을 극대화시키는 노력이 더 중요한 시대가 되리라 예상됩니다. 이유는 개인 창업이 축소되면서 상가 임차 수요가 줄어들어 공실 상태가 오랫동안 유지되는 점포가 크게 늘 것이기 때문입니다.

이와 같은 상황이 연출되면, 임대인들은 투자수익률 하락에 따른 자산가치의 하락에 직면하게 됩니다. 결국 자신의 상가에 대한 직접투자 또는 최적의 MDMerchandising 구성이 가능한 방법을 찾아야 하는데, 이때 가장 필요한 능력이 상권분석입니다.

부동산 개발자 및 상가 투자자의 상권분석 목적

- 층별 효용비율분석을 통한 수익률 극대화
- 부동산 감정평가를 통한 가치 산정
- 대형 상업시설 MD 구성 기획
- 지역 상권 활성화 방안 수립
- 글로벌 시장 공략을 위한 전략 기획
- 상가 및 상권의 공간분석을 통한 MD 구성 및 수익률 극대화

상가와 같은 부동산 개발자나 투자자는 최고의 경쟁력을 갖는 MD Merchandising 구성을 고려한 건축과 임대관리가 필요하게 됩니다. 또한 상권분석을 이용해서 층별 효용비율을 높이려고 노력해야 하며, 대형 상업시설인 경우는 지역 상권을 활성화시키는 방안도 함께 고민해야 합니다.

이상의 목적 이외에도 기존 업체의 영업부진 개선, 가맹본부와 가맹점 간의 분쟁 해결, 부동산 감정평가를 통한 가치 산정과 같은 다양한 목적이 있습니다.

지금까지 상권과 입지를 조사하고 분석하는 다양한 목적에 대하여 살펴보았습니다. 누가 어떤 상황에서 어떤 목적을 달성하기 위한 것이든 궁극적으로 예비창업자의 이익이 얼마나 장기간 지속되어 목표이익률을 달성할 수 있을지를 판단하는 것이 가장 중요한 목적임을 잊지 않아야 합니다. 상권과 입지 조사 · 분석이 단순히 유동인구를 파악한다거나 지형지세의 좋고 나쁨을 판단하는 것이라고 오해해서는 곤란합니다. 창업을 위하여 작성하는 상권과 입지보고서에는 사업타당성과 상권과 입지의 단점을 극복하기 위한 전략이 반드시 포함되어야 합니다.

CHAPTER 3 상권의 분류

상권이란 '고객을 쉽게 확보할 수 있는 지역 범위(상세권)'로 정의할 수 있습니다. 따라서 상권은 상황에 따라서 넓어지기도 하고 좁아지기도 합니다. 즉 유동적입니다. 입지가 고정성을 가진 것과 크게 대비됩니다. 한편 상권은 '고객의 구매욕구를 충족시킬 수 있는 상품과 서비스가 모여 있는 지역 범위(상가권)'이기도 합니다. 이와 같은 상권은 규모에 따라서 또는 고객밀집도에 따라 다양한 분류가 가능합니다. 우리가 상권을 조사하는 과정에서 상권의 분류를 알아야 하는 이유는 특징이 비슷한 상권들을 묶어서 쉽게 파악할 수 있기 때문입니다. 예를 들어 대학가 인근의 상권을 대학가 상권이라고 분류한다면 주 고객이 대학생이라는 점에서 가격에 민감하다는 특징을 쉽게 찾을 수 있습니다. 상권 조사 · 분석 과정에서 활용 가능한 상권의 분류 기준과 세부 내용을 살펴보도록 하겠습니다.

크기에 의한 분류

상권은 크기를 기준으로 대형상권, 중형상권, 소형상권으로 분류합니다. 대형, 중형, 소형을 구분하는 표준화된 기준이 존재하지는 않지만 필자는 〈표 3-1〉과 같이 구분하여 활용하고 있습니다.

〈표 3-1〉 상권의 크기에 의한 분류

구분	특징
대형상권	국내 상권의 순위를 매길 때 상위 100대 상권
중형상권	중형 프랜차이즈 음식점(예: 놀부, 원할머니 등)이 위치하는 상권으로 대형상권을 제외한 약 200~300개의 상권
소형상권	배달전문 프랜차이즈 치킨점(예: BBQ, 교촌치킨 등)이 위치한 상권으로 대형, 중형상권을 제외한 약 1,000개의 상권

상권을 크기에 따라 구분하는 목적은 상권의 특성을 이해하고 이를 바탕으로 선택의 장단점을 파악하기 위해서입니다. 예를 들면 대형상권은 유동인구가 많아서 사업의 성공 가능성은 높지만 경쟁점포의 과다한 입점으로 경쟁이 치열합니다. 또한 권리금, 임차보증금, 임차료가 높아서 수익성이 낮은 경우가 많습니다. 실제로 대형상권에 위치한 점포들은 높은 수익성을 보고 사업을 시작하는 점포보다는 대기업들이 브랜드 홍보 목적으로 적자를 감수하면서 출점하는 경우가 많습니다. 소위 '안테나 shop'이 여기에 해당됩니다. 따라서 소자본 창업을 고려하는 개인의 경우 겉보기에는 근사한 대형상권보다는 경쟁수준도 낮고 고정비용도 절감할 수 있는 중형상권이나 소형상권을 고려하는 것이 좋습니다. 특히 자신이 거주하면서 정확한 특성을 알고 있는

동네상권인 소형상권에서 차별성 있는 아이템을 이용하여 고정고객을 확보하는 전략을 사용한다면 저렴한 투자비용과 낮은 고정비용으로도 높은 이익을 창출할 가능성이 있습니다.

거리와 고객비율에 의한 분류

상권은 점포를 방문하는 고객의 비율이나 점포를 기준으로 한 반경으로 분류하기도 합니다. 일반적으로 1차 상권, 2차 상권, 3차 상권이라고 부릅니다. 다른 분류와 마찬가지로 1차, 2차, 3차를 분류하는 명확한 표준은 존재하지 않지만 거리를 기준으로 하는 경우 점포로부터 반경 500미터까지를 1차 상권, 반경 1킬로미터까지는 2차 상권, 그 이외의 지역을 3차 상권으로 구분합니다. 이러한 기준은 점포를 방문하는 고객의 비율로 적용할 수도 있습니다. 예를 들면, 방문하는 전체 고객의 약 70%가 거주하는 범위를 1차 상권, 20%의 고객이 거주하는 지역을 2차 상권, 10%의 고객이 거주하는 지역을 3차 상권으로 구분합니다.

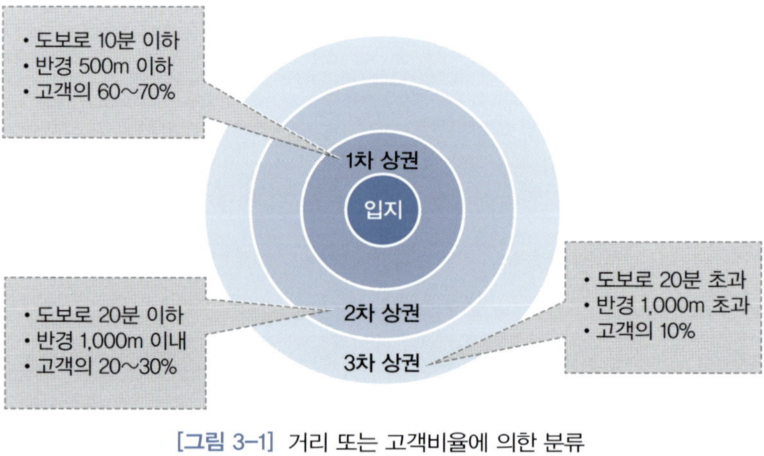

[그림 3-1] 거리 또는 고객비율에 의한 분류

종종 음식점에서 고객들의 거주지역 지도를 걸어놓고 고객의 주소지에 스티커를 붙이는 이벤트를 실시하는 경우가 있습니다. 왜 이런 이벤트를 하는 걸까요? 음식점은 자신들의 점포를 이용하는 고객들의 거주지를 파악함으로써 1차 상권을 비롯하여 2차와 3차 상권을 구분할 수 있습니다. 만약 1차 상권, 2차 상권에서 가망고객이 더 이상 없다고 판단하면 이벤트를 통해 확인한 3차 상권을 대상으로 집중적인 마케팅을 실시하게 될 것입니다. 매우 효율적인 집중화 마케팅이 가능해집니다.

고객의 비율이나 지리적 범위에 따른 상권의 분류는 마케팅에서 매우 의미가 큽니다. 상권의 범위는 유동적이므로 경영자의 능력에 따라서 좁아지기도 하고 넓어지기도 합니다. 외식사업체의 입장에서 상권의 범위가 넓다면, 매출을 높이고 이익을 증대시킬 수 있는 기회가 더욱 많아질 것입니다. 따라서 상권을 파악하고 이를 적절하게 활용하는 능력이 필요합니다.

〈표 3-2〉 거리 또는 고객비율에 의한 분류

구분	특성
1차 상권	– 점포 매출액의 60~70%를 구매하는 소비자가 거주하는 지역 – 소비자의 방문빈도가 월 1회 이상인 지역 – 점포로부터 반경 500미터 이내의 범위
2차 상권	– 점포 매출액의 20~30%를 구매하는 소비자가 거주하는 지역 – 소비자의 방문빈도가 분기 1회 정도인 지역 – 점포로부터 반경 1,000미터 이내의 범위
3차 상권	– 점포 매출액의 10%를 구매하는 소비자가 거주하는 지역 – 소비자의 방문빈도가 반기 또는 연 1회 정도인 지역 – 점포로부터 반경 1,000미터를 초과하는 범위

이상 살펴본 상권의 분류는 판매촉진과 같이 즉각적인 효과를 바라는 경우에 유용합니다. 1차 상권에 거주하는 고객을 유인하는 방법과 2차 및 3차 상권에 거주하는 고객의 기대치가 각각 다르기 때문입니다. 상권 단계별 소비자의 요구수준과 속성을 파악하여 대응해야 합니다.

주변환경에 의한 분류

상권을 주변환경에 따라서 분류하는 것은 학문적으로나 실무적으로 가장 보편화된 분류법입니다. 사무실이 밀집한 지역은 '오피스 상권', 거주지역에 위치한 '주택가 상권(아파트 상권)', 상가 중심지인 '번화가 상권', 지하철역을 중심으로 형성된 '역세권 상권', 대학가 주변에 형성된 '대학가 상권', 교외지역에 형성된 '교외 상권' 등이 대표적입니다. 주변환경은 고객의 특성을 결정하는 중요한 변수입니다. 예를 들어 대학가 상권이라면 소비성향은 강하지만 지출할 수 있는 소득이 없어서 용돈에 의존하는 대학생이 주 고객이므로 가격에 민감한 특성이 있습니다. 오피스 상권은 직장인이 주 고객이므로 소득수준이 높은 경우가 많습니다. 오피스 상권에서는 점심과 저녁 모두 높은 매출을 올릴 수 있지만 주5일제 근무 등으로 주말고객이 급격히 감소하는 특징이 있습니다. 지역에 따라서 저녁 매출이 매우 낮은 경우도 있습니다. 이와 같은 상권의 주변환경에 따른 분류는 주 고객층을 규정하는 데 많은 도움이 되므로 상권을 판단하는 매우 중요한 역할을 합니다.

〈표 3-3〉 주변환경에 의한 분류

구분	특성
사무실(오피스) 상권	– 관공서나 회사원이 고객의 주류층을 이루는 지역 – 점심시간과 저녁 퇴근시간에 고객이 많음 – 평일에 비하여 주말에는 고객이 현저히 감소
주택가 상권	– 주로 거주지역에 위치한 상권 – 평일에는 주부, 주말에는 가족 중심의 영업이 이루어짐
번화가 상권	– 주변 집객 시설(극장, 쇼핑몰, 유흥업소) 등을 이용하는 고객 – 소비성향이 강하고 소비 연령대가 다양한 지역
역세권 상권	– 기차역이나 지하철역 주변에 형성된 상권 – 유동인구가 많고 시간적인 제약이 많아 빠른 서비스가 이루어지는 지역
대학가 상권	– 대학교 주변에 형성된 상권 – 고정 고객이 많고 가격에 민감한 상권 – 주말, 주중의 차이가 많고 방학기간에는 매출감소가 현저함
교외 상권	– 주5일 근무로 인하여 성장하는 상권 – 자동차를 보유한 중장년층이 주 고객 – 가격에 둔감하지만 날씨 등의 영향이 큼

주변환경에 따른 상권의 분류에서 우리가 집중해야 할 부분은 주택가 상권 중에서 아파트단지 상권이 될 것입니다. 경제가 발전할수록 개인주택단지가 아파트단지로 대체되고 있습니다. 전문가들은 아파트단지를 포함한 상권은 세대수가 최소한 500세대는 되어야 상권이 유지될 수 있다고 봅니다. 부동산, 세탁소, 미용실, 약국, 소형 슈퍼, 보습학원 등이 500세대 규모면 유지가 가능합니다. 편의점이 아닌 전문점이라면 최소한 2,000세대는 되어야 사업을 유지할 수 있는 상권이 형성됩니다. 신도시 형식으로 대규모 아파트단지가 개발되는 경우에는 아파트 상가보다는 신도시 중심상권에서 백화점, 영화관과 같은 대형 판매시설이나 집객시설 주변에서 입지를 선택하는 것이 유리합니다.

타깃마케팅 가능성에 의한 분류

상권을 타깃마케팅 가능성에 따라서 '관리 가능 상권'과 '관리 불능 상권'으로 구분할 수 있습니다. 관리 가능 상권이란 소규모 외식업체를 기준으로 마케팅의 관리 가능성이 높은 상권을 의미합니다. 예를 들면, 주택가 상권은 소규모 외식업체라도 큰 비용을 들이지 않고 다양한 방법의 마케팅 활동이 가능합니다. 주 고객이 주변의 주택가에 살고 있는 거주자이므로 쿠폰을 배포한다거나 광고지를 전달하는 것이 용이합니다. 하지만 서울 중심가의 역세권 등은 소규모 점포가 주 고객을 발견하고 타깃마케팅을 하는 것이 매우 어렵습니다. 결국 인터넷이나 대중매체를 활용한 불특정 다수를 대상으로 한 마케팅만이 가능하므로 비용도 많이 소요되고 그 효과도 매우 제한적입니다. 결국 이런 상권은 마케팅 관리 가능성이 매우 낮은 상권이 됩니다.

〈표 3-4〉 타깃마케팅 가능성에 의한 분류

구분	특성
관리 가능 상권	신도시와 같이 유동인구의 거주지가 근거리에 있는 상권
관리 불능 상권	신촌, 강남 등과 같이 유동인구의 거주지가 원거리에 있는 상권

소비자에 의한 분류

상권을 분류함에 있어서 소비자를 기준으로 하는 경우도 있습니다. 이러한 기준에 따른 상권은 '유동인구 중심형 상권'과 '배후인구 중심형 상권'이라고 합니다. 유동인구 중심형 상권이란 불특정 다수를 주 고객으로 하는 상권을 의미합니다. 예를 들면, 역세권이나 번화가 상권,

대학가 상권 등이 대표적인 유동인구 중심형이라고 할 수 있습니다. 이에 반하여 배후인구 중심형은 고정고객이 중심인 상권으로 주택가나 오피스가 대표적입니다. 앞서 살펴본 마케팅 관리 가능성과 연결해 본다면 유동인구 중심형 상권은 마케팅 관리 가능성이 매우 낮은 상권에 해당됩니다. 이유는 소비자가 상가권의 인근에 거주하지 않기 때문에 목표고객을 대상으로 마케팅을 하기 어렵기 때문입니다. 배후인구 중심형 상권은 마케팅 관리 가능성이 매우 높은 상권에 해당됩니다. 상가권의 배후지역에 거주하는 목표고객이 명확하게 식별되어서 마케팅 활동을 하기가 쉽기 때문입니다.

〈표 3-5〉 소비자에 의한 분류

구분	특성
유동인구 중심형 상권	특정한 집객시설로 인하여 많은 유동인구가 집중하는 상권 불특정 다수를 주 고객으로 하는 상권 ex) 역세권, 번화가, 대학가
배후인구 중심형 상권	목표고객이 명확하게 정해져 있는 상권 상권의 배후에 아파트, 주거지역, 회사 등이 밀집해 있음 배후지 인구의 반복적인 구매가 중요 ex) 주택가, 사무실(오피스가)

이상의 상권분류 이외에도 다양한 분류가 가능할 것입니다. 여러분 스스로가 상권을 조사하고 분석하면서 상권분류에 대한 아이디어가 떠오른다면 잘 정리하여 자신만의 노하우로 축적해 보기 바랍니다.

CHAPTER 4 입지의 분류

입지를 분류하기에 앞서 학습한 내용을 상기하는 차원에서 입지를 다시 정의해 봅니다. 입지란 '대지나 점포가 소재하는 위치적 조건'으로 정적인 개념입니다. 따라서 입지의 선정은 '입지를 찾는 주체의 목적을 달성할 수 있는 점포를 찾는 것'으로 정의할 수 있습니다.

입지는 상권과 마찬가지로 다양한 기준에 의한 분류가 가능합니다. 이용 목적에 의한 분류, 상권 범위에 의한 분류, 소비자 구매습관에 의한 분류 등이 있습니다.

이용 목적에 의한 분류

입지는 이용 목적에 따라 '적응형 입지, 목적형 입지, 생활형 입지'로 구분이 가능합니다. 적응형 입지란 고정고객보다는 유동인구에 의해 영업이 좌우되는 입지를 의미합니다. 일반적으로 이런 입지에서는 패스트푸드점과 같은 유형의 창업이 적합합니다. 이에 반하여 생활형 입지는 주로 고정고객이 이용하는 입지로서 간이음식점, 일반음식점과 같은 유형의 창업이 유리한 입지입니다. 그외에도 목적형 입지가 있는데, 이는 전문음식점처럼 고객들이 배고픔이라는 저차원의 목적보다는 고차원적인 특정 목적을 가지고 이용하게 되는 입지를 의미합니다. 이상의 입지에 대한 분류를 정리하여 보면 다음과 같습니다.

〈표 4-1〉 이용 목적에 의한 분류

구분	특성
적응형 입지	거리에서 통행하는 유동인구에 의해 영업이 좌우되는 입지 ex) 패스트푸드점
목적형 입지	고객이 특정한 목적을 가지고 이용하는 입지 ex) 전문음식점
생활형 입지	아파트, 주택의 주민들이 이용하는 입지 ex) 일반음식점

상권 범위에 의한 분류

입지를 평가하는 기준으로서 가시성, 인지성, 홍보성, 접근성 등이 주로 이용되는데 이러한 평가기준을 근거로 입지의 상권 범위가 정해집니다. 이때 상권 범위가 대체적으로 넓은 입지를 1급지 또는 A급지, 중간의 상권 범위를 가지는 입지를 2급지 또는 B급지, 상권 범위가 좁은 입지를 3급지 또는 C급지라고 합니다.

일반적으로 1급지는 가시성, 인지성, 홍보성, 접근성이 모두 우수한 입지로서 동일한 상권 내에서도 가장 번화한 위치입니다. 1급지는 창업비용이 높다는 단점이 있습니다. 2급지는 서너 가지 요소 중 한두 가지는 우수하지만 나머지 요소가 불량한 경우이며, 3급지는 모든 요소가 불량한 입지를 의미합니다. 따라서 3급지의 경우 상권이 아무리 양호하더라도 입지적 조건이 나쁘기 때문에 충분한 경쟁력을 갖추지 못한 경우 실패 가능성이 매우 높은 위치입니다.

어떤 상권이든 1급지, 2급지, 3급지는 모두 존재하므로 상권 내에서 어떤 입지를 선택하느냐에 따라 사업의 성패가 갈릴 수 있습니다. 각 입지별 창업을 위한 투자비용과 함께 다음과 같은 특징을 고려하여 신중한 판단을 할 필요가 있습니다.

〈표 4-2〉 상권 범위에 의한 분류 및 특징

구분	특성		상권범위	내용
1(A) 급지	가시성 인지성 홍보성 접근성	모두 양호	넓다	유동인구의 흡수가 쉬운 시내중심가, 대규모 단지, 대규모 상가의 입구, 대로변 버스정류장 근처, 사거리 주변 등으로 패스트푸드나 커피전문점, 표준화된 음식점이 적합한 입지
2(B) 급지	가시성 인지성 홍보성 접근성	일부 양호 일부 불량	중간	유동인구의 일부만 흡수하며 배후지의 소비자가 주로 이용하는 입지. 품질로 승부하는 음식점이 적합한 입지
3(C) 급지	가시성 인지성 홍보성 접근성	모두 불량	좁다	1급지와 2급지를 제외한 수익성이 떨어지는 입지. 틈새시장을 노려 경쟁을 피할 수 있음. 시설비가 적게 소요되는 장점도 있으며 개인화된 서비스로 승부하는 음식점이 적합한 입지

구매습관에 의한 분류

소비자의 구매습관에 따라 입지를 분류하기도 합니다. 우리의 주변에서 발견되는 다음과 같은 점포들이 주로 어떤 입지에서 성공적으로 운영되고 있는지를 유심히 살펴본다면 전문가로서의 식견을 높이는 데 많은 도움이 될 것입니다. 소비자의 구매습관에 따른 입지의 분류는 '편의품점 입지, 선매품점 입지, 전문품점 입지'로 구분 가능합니다. 이에 대한 세부적인 내용은 다음의 표와 같습니다.

〈표 4-3〉 소비자 구매습관에 의한 분류

구분	특성	상권
편의품점 적합 입지	생필품을 판매하는 점포가 위치하면 유리한 입지 특징: 가정용품, 주부가 주 고객, 통행길목 위치, 신속한 구매결정, 낮은 가격, 낮은 이윤, 낮은 임차료, 높은 구매빈도, 표준화된 상품 ex) 저차원 중심지의 입지, 편의점, 식료품점, 제과점, 분식점	도보 5~10분 반경 500미터
선매품점 적합 입지	비교구매가 필요한 상품의 판매점이 위치하면 유리한 입지 특징: 높은 가격과 이윤, 낮은 구매빈도, 취미와 연관, 비표준화 상품 ex) 중 · 고차원 중심지, 전자제품 판매점, 의류판매점, 패밀리레스토랑	승용차 30분 이내 거리
전문품점 적합 입지	브랜드가 중요한 고관여 상품의 판매점이 위치하면 유리한 입지 특징: 높은 가격수준과 구매 노력, 브랜드의 중요성 증대, 매우 낮은 구매빈도 ex) 고차원 중심지, 자동차 대리점, 골프용품점, 주요 관광지, 전문음식점	승용차 30분 이상 거리

다만, 소비자의 구매습관에 따른 입지의 분류는 상권과도 연계하여 생각할 수 있습니다. 구매습관이란 결과적으로 상품의 유형으로 구분되고 이러한 상품의 유형에 따라서 상권의 범위가 달라지기 때문입니다.

입지도 상권과 마찬가지로 다양한 분류가 추가적으로 존재할 수 있습니다. 전문가로서 노하우를 축적하기 위해서는 다양한 입지를 특성에 따라서 다양하게 분류하고 이러한 분류가 어떤 의미를 가지는지 연구할 필요가 있습니다.

PART 2

상권과 입지의 선택 및 분석법

CHAPTER 5 상권과 입지의 선택 원칙

성공 가능성이 가장 높은 상권과 입지를 선택하기 위하여 앞으로 많은 단계와 내용을 학습하겠지만 그에 앞서서 단순하게 정리된 원칙을 먼저 살펴보는 것은 상권과 입지의 조사 · 분석을 이해하는 데 큰 도움이 되리라 믿습니다. 본서에서는 일본의 창업컨설턴트 이리에가 제시한 평가기준과 소매업에서 주로 이용되는 넬슨의 입지평가 8원칙을 참고로 제시합니다.

이리에의 원칙

창업은 기업에서 급여를 받고 일하는 소극적인 형태의 취업과는 많은 차이가 있습니다. 창업은 타인에게 의존하지 않고 스스로 생존하기 위한 전략이 필수입니다. 따라서 창업은 단기간의 생존이 아닌 장기적인 발전을 위해 상권분석에 기초하여 입지를 선정하는 것이 절대적으로 필요합니다. 장기적인 생존이 보장되는 상권과 입지를 찾기 위해서는 과연 무엇을 어떻게 해야 할까요? 많은 예비창업자들이 의문을 가지고 고민하지만 결론에 도달하기는 쉽지 않습니다. 매우 장기적인 학습과 경험이 필요하겠죠. 하지만 그런 장기적인 학습과 경험을 한다고 해도 명확한 결론을 얻지 못하는 경우가 많습니다. 이러한 문제점을 해소하기 위한 차원으로 일본의 외식사업컨설턴트 이리에가 제시한 상권과 입지 평가기준은 외식사업을 위하여 개발되었다는 점과 정량적인 항목을 위주로 제시하였다는 점에서 의미가 있습니다.

〈표 5-1〉 상권과 입지 평가표 사례 1

구분	판정기준		
	A급	B급	C급
1차 상권(반경 500m) 인구수	15,000명 이상	10,000명 이상	5,000명 이상
2차 상권(반경 1Km) 인구수	50,000명 이상	30,000명 이상	20,000명 이상
상권 인구증가율	5% 이상	3% 이상	1% 이상
상권 1세대당 인구수	2.5인 이상	2.0인 이상	2.0인 미만
상권 사업체 수	증가	미세한 증가	변화없음
점포에서 역까지의 시간(도보)	1분 이내	5분 이내	8분 이내
점포에서 역까지의 거리	30미터 이내	50미터 이내	100미터 이내
지하철역의 승하차 인원수(1일)	10만 명 이상	7만 명 이상	5만 명 이상
전면도로의 차량 통행량(12시간)	3만 대 이상	2만 대 이상	1만 대 이상
전면도로의 유동인구수(12시간)	10,000명 이상	7,000명 이상	4,000명 이상
점포의 가시성	매우 양호	양호	보통
주차 가능 대수	20대 이상	10대 이상	5대 이상
점포의 전면	7미터 이상	4미터 이상	2미터 이상
점포의 위치	1층	1층+2층	2층 이상, 지하
간판 설치 위치	전면+측면	전면	측면

출처: 이리에(2010). 음식점 창업과 경영.

넬슨의 원칙

이리에의 평가표 이외에도 소위 대박점포를 찾는데 넬슨R. L Nelson의 입지선정을 위한 8원칙도 참고할 수 있습니다. 예비창업자가 선택을 고려하고 있는 상권과 입지를 대상으로 다음과 같은 사항들을 비교 분석함으로써 상권과 입지의 여건을 파악하는 기준으로 삼을 수 있습니다.

첫째, 상권의 잠재력입니다. 외식업을 기준으로 할 때, 상권력이 강한 상권을 선택하라는 의미로 해석하면 됩니다. 예를 들면, 인근에 두 개의 상권 중 하나를 선택해야 하는 경우 집객시설 등이 많아서 고객이 더 많이 이용할 것으로 예상되는 상권을 선택하라는 뜻입니다.

둘째, 접근 가능성입니다. 상권이든 입지든 고객이 어느 정도 쉽게 접근할 수 있을지를 비교해 보면 선택이 쉬워질 수 있습니다. 찾아오기 힘든 점포를 선호할 고객은 많지 않을 것이기 때문입니다.

셋째, 성장 가능성을 확인해 보기 바랍니다. 인구증가와 소득수준의 향상으로 시장규모나 선택한 사업장의 매출액이 성장할 가능성에 대한 검토가 필요합니다. 상권이 쇠퇴하는 곳과 상권이 지속적으로 성장하는 곳 중 어디를 선택할지는 명확하지 않을까요?

넷째, 중간 차단성도 매우 중요합니다. 소비자가 상권과 입지를 찾아가는 길목에 위치함으로써 경쟁점포나 기존의 상권으로 접근하는 고객을 중간에서 차단할 수 있는지 여부를 검토해야 합니다. 이 조건은 자신이 창업한 이후 경쟁자가 사용할 수 있다는 점도 잊지 말아야 합니다.

다섯째, 누적적 흡인력입니다. 업종과 업태가 비슷하거나 유사한 점포가 집중적으로 몰려 있어 고객의 흡인력을 극대화할 수 있을지를 검토하는 것입니다. 사무실, 학교, 문화시설 등과 인접함으로써 고객을 흡인하기에 유리한 조건에 속해 있는가에 대한 검토가 요구됩니다. 예비창업자는 창업 아이템에 따라서 중간 저지성의 입지를 선택할 것인지 누적적 흡인력의 입지를 선택할 것인지를 판단해서 결정해야 합니다. 중간 저지성이 높은 점포는 아무래도 나홀로 점포가 될 가능성이 높으니까요.

여섯째, 양립성입니다. 상호보완 관계에 있는 점포가 서로 인접해 있어서 고객의 흡인력을 높일 수 있는 가능성에 대한 검토입니다. 예를 들면, 주류를 판매하는 점포의 경우 인근에 노래방이 함께 있을 때 상호보완 관계가 됩니다. 커피전문점을 창업하는 경우에는 주변에 식사를 마친 고객이 쉽게 찾을 수 있어야 고객의 유입을 증가시킬 수 있습니다.

일곱째, 경쟁 회피성입니다. 경쟁점포의 입지, 규모, 형태 등을 감안하여 예비창업자의 사업장이 경쟁에서 우위를 확보할 수 있는 가능성을 검토해야 합니다. 향후 신규 경쟁점이 입점함으로써 자신의 사업장에 미칠 영향력의 정도를 파악하는 것도 포함됩니다. 경쟁을 회피하기 위하여 예비창업자는 경쟁에서 우위를 점할 수 있는 규모의 사업장을 선택해야 하며, 입지를 경쟁점이 이용하는 것을 사전에 막을 수 있어야 합니다.

마지막으로 경제성을 살펴봐야 합니다. 입지의 가격 및 비용 등을 고려한 수익성과 생산성에 관한 검토가 필요합니다. 아무리 좋은 상권과 입지라도 사업을 통해 이익을 낼 수 없다면 무슨 소용이 있겠습니까? 예를 들어 유동성이 높고 접근성도 좋은 입지는 매우 높은 보증금과 임차료를 지불해야 하는 경우가 많습니다. 이런 곳에서 높은 매출이 가능하겠지만 그만큼 비용도 높아서 수익성은 떨어지는 경우가 많습니다. 그 반대의 경우도 생각할 수 있습니다. 열악한 환경의 상권과 입지는 비용이 저렴한 반면 높은 매출을 올리기 힘든 단점이 있습니다. 따라서 상권과 입지의 사업타당성을 검토하는 것은 그 어떤 원칙보다도 중요하다는 점을 잊어서는 안 됩니다.

이상 살펴보았던 원칙을 평가표로 정리해 보면 〈표 5-2〉와 같습니다.

넬슨의 입지선정 8원칙은 소매업을 기준으로 만들어졌다는 점과 정성적인 항목이 주를 이룬다는 점을 고려하여 활용하면 좋습니다.

넬슨의 입지선정을 위한 8원칙과 이리에의 상권과 입지 평가표는 일반적으로 상권과 입지를 선택하기 위하여 참고할 수 있는 기준입니다. 이 기준을 이용하여 다수의 상권과 입지를 비교할 수는 있지만 절대적인 선정기준이 될 수는 없습니다. 이러한 기준은 상권과 입지를 이해하는 기초자료라고 생각하는 것이 좋습니다. 상권과 입지는 자신이 창업하려는 업종과 업태, 투자자금 등을 고려하여 면밀한 조사와 분석이 이루어져야 합니다. 그렇지 않다면 많은 시간과 자금을 투자하였음에도 실패할 가능성이 높아집니다.

〈표 5-2〉 상권과 입지 평가표 사례 2

구 분	내 용	평가		
		상	중	하
상권의 잠재력	상권력(고객을 흡인하는 정도, 상권의 번성 정도)의 크기			
접근 가능성	상권 내에 있는 고객을 자기 점포에 어느 정도 흡인할 수 있는가에 대한 가능성, 상권과 입지의 접근 편리성(도보, 자동차, 집객시설 등 고려)			
성장 가능성	인구증가와 소득수준의 향상으로 시장규모나 선택한 사업장, 상권의 매출액이 성장할 가능성			
중간 차단성	기존 점포나 상권 지역이 고객과의 중간에 위치함으로써 경쟁점포나 기존의 상권지역으로 접근하는 고객을 중간에서 차단할 수 있는 가능성			
누적적 흡인력	영입의 형태가 비슷하거나 동일한 점포가 집중적으로 몰려 있어 고객의 흡인력을 극대화할 수 있는 가능성 및 사무실, 학교, 문화시설 등과 인접함으로써 고객을 흡인하기에 유리한 조건에 속해 있는가에 대한 검토(예비창업자는 창업 아이템에 따라서 중간 저지성의 입지를 선택할 것인지 누적적 흡인력의 입지를 선택할 것인지를 판단해서 결정)			
양립성	상호보완 관계에 있는 점포가 서로 인접해 있음으로써 고객의 흡인력을 높일 수 있는 가능성			
경쟁 회피성	경쟁점의 입지, 규모, 형태 등을 감안하여 예비창업자의 사업장이 기존 점포와의 경쟁에서 우위를 확보할 수 있는 가능성 및 향후 신규 경쟁점이 입점함으로써 창업할 사업장에 미칠 영향력의 정도 (경쟁을 회피하기 위하여 가능한 한 예비창업자는 경쟁점과의 경쟁에 있어서 우위를 점할 수 있는 규모의 사업장을 선택해야 하며, 입지를 경쟁점이 이용하는 것을 사전에 막을 수 있도록 해야 하고, 경쟁 입지가 중간 저지적인 입지가 되지 않을 수 있는 입지를 선택해야 함)			
경제성	입지의 가격 및 비용 등으로 인한 수익성의 정도(이익실현의 정도)			

출처: 넬슨의 8원칙.

CHAPTER 6 상권과 입지의 접근법

상권의 측면에서 창업의 방법을 구분하면 입지론적 접근법과 적지론적 접근법이 있습니다. 입지론적 접근법은 '업종(업태)을 정한 후 그에 적합한 상권과 입지를 정하는 방법'을 의미합니다. 이에 반하여 적지론적 접근법은 '상권과 입지를 먼저 정한 후 그에 적합한 업종과 업태를 정하는 방법'입니다. 현실적으로 가장 많이 이용되는 창업의 진행방법은 적지론적 접근법이지만 논리적으로는 입지론적 접근법이 권장됩니다. 창업에 있어서 입지론적 접근법이 좋은 이유는 창업자가 잘할 수 있는 업종과 업태를 찾기 위해 충분한 사전준비를 하고, 창업에 임하는 것이 성공 가능성이 높고 미래의 발전 가능성, 지속 가능성이 높기 때문입니다.

입지론적 접근법

창업의 입지론적 접근법은 창업할 업종과 업태 또는 판매할 상품을 먼저 정하고 이에 적합한 상권과 입지를 찾는 방법입니다. 이러한 접근법은 자신이 선택한 업종 또는 상품에 가장 적합한 상권과 입지의 특성을 이해하는 것이 선행되어야 합니다. 즉 선택한 업종이 가장 효과적이고 효율적으로 운영될 수 있는 장소를 파악하는 능력이 요구됩니다.

외식업 창업을 예로 들면, 음식점은 크게 일반음식점과 전문음식점으로 구분할 수 있는데, 일반음식점의 경우는 번화가 상권의 2(B)급지 이상이 성공 가능성이 높습니다. 한식의 패스트푸드라 할 수 있는 김밥전문점을 살펴봅시다. 우리 주변에서 쉽게 발견할 수 있는 김밥전문점 중 성황을 이루는 점포는 대부분 대로변의 교차로에 위치하고 있습니다. 소비자 입장에서 김밥전문점을 맛이나 분위기 같은 기준으로 선택하는 경우는 거의 없습니다. 가시성과 접근 가능성이 선택의 가장 중요한 요인으로 작용합니다. 반면에 전문음식점은 어떤가요? 전문음식점은 상권과 입지가 나쁘더라도 많은 시간을 들여 방문하는 사례가 많습니다. 입지의 우수성보다는 맛과 분위기 그리고 서비스 등의 우수성이 더 요구되는 업종이기 때문입니다.

친구들과 동업으로 카페 창업을 하고 창업과정을 책으로 펴낸 《우리 카페나 할까》에서 저자들은 업종을 카페로 정한 후, 목표상권을 찾는 입지론적 접근법을 선택하고 있습니다. 그들은 상권이 크게 발달한 회사 밀집지역 중 20대보다는 연령층이 높은 소비자가 많은 상권에 집중하고, 추가적으로 여성층 비율이 높은 곳을 찾았습니다. 오피스텔이 많은 지역을 고려하여 역삼동, 강남역, 서초동, 삼청동, 광화문, 인사동 등의 카페 밀집지역을 세밀하게 살폈다고 합니다. 창업하고자 하는 업종에 적합한 상권을 사전에 선정할 수 있는 능력은 성공창업을 보장하는 중요한 요인임을 확인할 수 있는 사례입니다.

외식업(음식점)의 입지 선택

외식사업이라 하더라도 음식점은 다양한 분류가 가능합니다. 음식점의 업종과 업태에 따라서 적합한 입지와 상권은 다양합니다. 음식점을 크게 일반음식점과 전문음식점으로 분류하여 적합한 입지와 상권을 구체적으로 살펴보도록 하겠습니다.

일반음식점은 경쟁업체 간의 관계가 일반적으로 보완적이면서도 동시에 경쟁관계임을 고려할 필요가 있습니다. 다양한 유형의 업종이 함께 공존하는 것이 고객 유인에 유리하지만 실질적으로는 경쟁을 하게 되므로 고객을 유인하기 위한 차별성이 필요합니다. 일반음식점 중 김밥전문점이나 햄버거를 판매하는 소형 패스트푸드 전문점은 입지가 매출을 결정합니다. 그렇다고 권리금, 보증금 등이 과다하게 소요되는 1(A)급지는 오히려 수익성이 떨어질 수 있습니다. 주택가나 2(B)급지 이상의 역세권 중에서도 유동성이 보장되는 곳을 선택할 필요가 있습니다. 입지와 상권이 매우 중요한 의미를 가집니다.

이에 반하여 대형 패스트푸드, 전문한식점, 일식점, 갈비전문점과 같은 차별화된 맛이나 다양한 노하우가 필요한 업종의 경우는 입지와 상권에 크게 의지하지 않으므로 2(B)급지 이하의 곳에서도 충분히 성공할 수 있습니다.

유통판매업(소매점)의 상권 선택

유통업 중에서 생활필수품점이 적합한 상권은 어디일까요? 편의점, 작은 슈퍼, 식료품점과 같은 생활필수품을 주로 취급하는 점포는 주택가(아파트) 상권의 2(B)급지 정도면 창업이 가능합니다. 보통 이러한 업종의 상권 범위는 1차 상권이 반경 500미터 이내입니다. 생활필수품점은 유사업종과 경쟁관계이므로 상권에 비하여 업체 수가 과다하지 않은지를 면밀히 검토해야 합니다. 점포의 밀도가 타 상권에 비하여 높으면 창업을 재고하는 것이 좋습니다.

유통업의 선매품점(안경점, 패션의류, 액세서리전문점 등)은 번화가 상권이나 역세권의 1(A)급지가 적합합니다. 유흥업의 1차 상권 범위는 반경 1~2킬로미터로 넓은 편에 속하고 경쟁점과 상호보완적이라면 적절하게 모여 있는 입지를 선택하는 것이 좋습니다. 다만 중심상권에서 과다한 경쟁이 일어나는 경우 무리한 창업은 피하는 것이 좋습니다.

서비스업의 입지 선택

서비스업 중 기술 위주의 점포(카센터, 건재상, 각종 공구상 등)는 기술력과 마케팅 능력이 매우 중요한 업종입니다. 따라서 입지의 구애를 거의 받지 않기 때문에 3(C)급지면 창업이 가능한 업종에 속합니다. 특히 서비스업의 1차 상권 범위는 반경 2~4킬로미터로 다소 넓다는 특징이 있습니다.

소규모의 생활밀착형 서비스업(세탁소, 구두수선, 컴퓨터 A/S, 부동산 중개업, 소규모 교육업 등)은 주택가 상권의 2(B)급지 이상에서 창업이 가능한 업종입니다. 보통 1차 상권 범위가 반경 500미터 정도이므로 주택가 상권의 인근에 창업하는 것이 유리합니다. 보통 유사업종과 상호경쟁관계이지만 교육서비스업의 경우 상호보완관계에 있으므로 학원업의 경우 다수의 학원이 밀집한 곳을 찾는 것이 좋습니다. 대표적인 곳으로 대치동 학원가, 목동 학원가, 평촌 학원가 등이 있습니다.

대규모 서비스업(입시학원이나 어학원 등의 교육업, 병원, 휘트니스센터, 찜질방과 같은 건강 관련업)은 타 업종에 비하여 대고객 서비스와 마케팅 능력이 중요합니다. 이런 업종을 이용하는 소비자들은 차량을 이용하는 것을 꺼리지 않습니다. 보통 1차 상권 범위가 반경 2~4킬로미터로 매우 넓으며 광고에 많이 의존하는 업종이므로 마케팅에 많은 비용을 지출하는 특징이 있습니다.

적지론적 접근법

입지론적 접근법이 업종을 먼저 선택하고 그에 적합한 상권과 입지를 찾는 방법이라면 적지론적 접근법은 그 반대의 경우입니다. 따라서 적지론적 접근법을 이해하기 위해서는 상권과 입지에 가장 적합한 업종이 어떤 것인지를 알아야 합니다.

창업 현장에서 점포를 먼저 선택하고 그곳에 적합한 업종과 업태를 찾는 적지론적 선택법은 그다지 선호하는 방법은 아닙니다. 그럼에도 불구하고 이에 대한 지식이 필요한 이유는 외식창업, 상가 개발, 건물 소유주를 대상으로 한 컨설팅에서 매우 유용하게 활용될 수 있기 때문입니다. 어떤 입지와 상권에서 어떤 업종이 유효한지를 다음 정리된 내용을 통해 충분히 이해할 필요가 있습니다.

번화가 상권에 적합한 업종

명동상권, 종로상권, 강남상권과 같은 대형상권은 소비자들이 10대에서 60대까지 다양합니다. 교통수단의 연결성이 매우 좋고, 집객시설의 집중으로 유동인구가 많은 특징이 있습니다. 이러한 번화가 상권의 상권 초입과 중심부는 유행에 민감한 패션 관련 업종이 주류를 이룹니다. 상권의 이면도로에는 외식업과 유흥업소, 건물 2층과 3층은 커피숍 · 주점 · 노래방 · PC방 등 다양한 서비스업종이 위치하게 됩니다. 입점한 점포는 대부분 유명 브랜드이며, 해당 점포들의 권리금, 보증금, 임차료, 시설비 등이 다소 높은 편이라서 창업비용이 과다하게 소요될 수 있습니다. 특히 경쟁이 치열하여 초보자에게 위험한 상권이므로 주의해야 합니다.

역세권에 적합한 업종

역세권이란 주요 교통수단의 역을 포함하는 상권을 의미합니다. 지하철역, 버스터미널 등이 번화가와 복합적으로 이루어진 상권이 아닌 경우에는 주로 교통시설 이용자가 주 소비자가 됩니다. 보통 역세권은 번화가 상권으로 이루어진 경우가 많지만 단순히 교통시설 이용자만 이용하는 상권의 경우는 빠른 이동으로 인하여 편의점, 액세서리점, 휴대폰판매점, 패스트푸드점과 같은 편의품 위주 업종이 유리합니다.

대학가 상권에 적합한 업종

대학가 상권은 대학 주변에 번화가 상권과 함께 형성되는 경우가 많지만 경우에 따라서는 대학가만 존재하여 상권이 발달하지 못하는 곳도 있습니다. 대학가는 주로 10대, 20대, 직장인이 주 고객입니다. 이들은 유행과 가격에 민감하므로 저렴하고 실험적인 아이템이 적합하며 업종 순환이 빠르다는 특징도 기억해야 합니다. 이런 상권은 유행에 앞선 의류, 액세서리 소품, 외식업의 경우 퓨전음식과 주점이 대세를 이룹니다. 따라서 저렴하면서도 수익성이 있는 아이템 개발이 필요하며 당구장, PC방 등의 휴게공간이 눈에 많이 띠는 특징이 있습니다. 대학가 상권은 역세권, 번화가 상권과 결합되지 않으면 방학기간의 비수기가 있으므로 유의할 필요가 있습니다.

패션타운형 상권에 적합한 업종

동대문, 남대문, 문정동 로데오거리처럼 패션타운이 형성된 지역을 패션타운형 상권이라고 합니다. 의류 패션 등 특정 업종에 편중되어 다른 업종과의 소비 연계가 잘 되지 않는 특징이 있으므로 쇼핑 중 휴식을 위한 커피전문점, 베이커리, 패스트푸드점 등 간편한 이용이 가능한 업종이 주류를 이룹니다.

중소형 아파트단지 상권에 적합한 업종

아파트단지 내 상권은 대형보다는 소형 아파트단지의 소비가 왕성한 편입니다. 따라서 소형 아파트단지에서는 슈퍼, 문구점, 제과점, 세탁소, 보습학원 등과 같이 반복구매가 일어날 수 있는 업종이 유리합니다. 반대로 중대형 아파트단지에서는 경제력을 갖춘 소비자의 경우 단지 주변상가를 이용하기보다는 인근의 집객시설이 잘 갖추어진 중심상가를 이용하는 성향이 강합니다. 따라서 중대형 아파트를 끼고 있는 상권에서는 소비자의 소비행태와 특징을 파악하는 것이 중요합니다.

신도시 대단지 아파트 상권에 적합한 업종

신도시 상권에서는 여러 개의 상권 중 상권력이 우수한 1개의 상권만이 활성화되는 경우를 많이 발견하게 됩니다. 예를 들면, 평촌신도시의 경우 신도시 내 범계역 상권과 평촌역 상권이 비슷한 규모로 존재하는데 범계역 상권만이 활성화되어 있고, 평촌역 상권은 활성화가 잘 되지 않고 있습니다. 그 이유는 할인점, 백화점, 극장 등 집객시설에 따라 상권력이 결정되어 한 곳으로만 몰리기 때문입니다. 따라서 신도시 상권은 상권력이 우수한 곳으로 쏠림현상이 생기므로 가장 강한 상권에서 상호 보완성이 있는 업종을 선택하는 것이 유리합니다. 특히 외식업은 전문음식점, 기타 업종은 2차 소비를 유도할 수 있는 업종을 고려해야 합니다. 예를 들면 주점을 이용하는 소비자들은 노래방이 없는 상권보다는 있는 상권을 선호하게 됩니다.

일반 주거지역 상권에 적합한 업종

단독주택, 다가구, 다세대 및 중소형 아파트가 혼재한 상권은 기호품보다는 생필품 위주의 장기거래 업종이 활성화됩니다. 구매빈도가 높고 단골거래가 가능한 업종으로서 슈퍼, 식료품점, 반찬가게, 아동의류 등이 적합한 상권입니다.

오피스 상권에 적합한 업종

오피스가는 상주하는 직장인의 특성 파악이 우선되어야 하는 상권입니다. 오피스 상권에서는 회전이 빠른 점심, 회식이 가능한 주점 및 고기점 등의 외식업이 적합합니다. 그외에 샌드위치 및 베이커리점, 커피전문점, 분식점, 인쇄편의점, 사무용품점 등의 업종이 적합합니다.

상권 내 업종 구성

하나의 상권이 형성되면 상권 내에 다양한 업종이 포트폴리오를 구성합니다. 소비자는 무심코 지나치지만 창업을 고려하는 사업자 입장에서는 상권 내 일정한 규칙을 가지고 위치한 업종 구성에 관심을 기울여야 합니다.

자주 찾게 되는 상권 내의 업종 구성을 상기해 보도록 합시다. 일반적으로 지하철역이나 대로변과 접해 있는 상권 초입 그리고 소비자들이 주로 이용하는 동선상에 위치한 업종은 어떤 것이 주를 이룰까요? 소위 1(A)급지라고 할 수 있는 상권의 주요 지점에는 편의점, 의류 및 액세서리점, 휴대폰대리점, 유명 브랜드의 패스트푸드점과 같은 유통판매업종이 입점하고 있음을 발견하게 됩니다. 2(B)급지라고 할 수 있는 이면도로의 1층과 주동선상의 2층에는 외식업체가 주로 위치해 있고, 3(C)급지인 건물의 지하, 2층, 3층 이상의 점포에는 노래방이나 PC방 그리고 당구장, 피부관리실과 같은 서비스업종이 위치하고 있습니다.

이러한 업종의 구성은 어떤 상권이든 비슷하게 나타나는데 이는 각 점포의 가치로 인하여 발생하는 현상입니다. 즉 점포를 임차하기 위한 비용과 점포의 규모가 원인으로 작용하는 것입니다.

〈표 6-1〉 상권 내 업종 구성의 사례

상권 내 위치	적합 업종
대로변, 상권 초입, 주동선의 1층	소매업(유통판매업종): 편의점, 의류, 액세서리, 휴대폰대리점, 화장품점, 유명 패스트푸드점, 분식점 등
이면도로의 1층과 주동선의 2층	외식업: 전문음식점, 주점 등
지하, 2층 및 3층 이상	서비스업: 노래방, PC방, 당구장, 피부관리실 등

우리가 거주하거나 근무하는 지역에 형성된 상권에서 업종의 구성 비율을 비교해 보시기 바랍니다. 그동안 무심코 바라보던 상권 내 점포들을 유심히 살펴보면 소매업과 외식업 그리고 서비스업종이 일정한 비율을 점유하고 적절한 균형을 이루고 있음을 발견하게 됩니다. 통상적으로 하나의 상권에서 소매업(유통판매점), 외식업, 서비스업의 비율은 균형을 이루고 있는 경우가 많습니다. 예를 들어 상권 내에 10개의 점포가 있다면, 유통점, 외식업, 서비스업 점포가 각각 3개 내외로 비슷한 비율을 유지하게 됩니다. 따라서 예비창업자는 특정 상권에서 적절한 업종을 찾기 위해서 업종분포 조사를 통해 매출이 양호한 업종이나 또는 추가 창업이 필요한 업종을 도출하는 지혜를 발휘해야 합니다. 경우에 따라서는 업종분포가 특정 업종으로 집중된 경우를 발견할 수 있는데, 이런 경우는 상권력에 문제가 발생할 수 있습니다. 예를 들면, 과거에 찜닭, 불닭을 취급하는 음식점이 상권 내에 과다하게 창업하는 경우를 현장에서 목격한 바 있습니다. 최근에는 육회전문점, 닭강정전문점이 이런 현상을 보이다가 대부분의 업체가 폐업하였습니다. 이러한 상황은 유행이 지나면서 폐업하는 것으로 볼 수도 있지만 업종의 균형이 깨진 결과로 볼 수도 있습니다.

다만, 신당동 떡볶이 골목처럼 하나의 업종만이 밀집되어 성공하는 사례가 있습니다. 이와 같은 경우에는 밀집된 업종으로 창업하는 경우와 밀집된 업종을 보완하는 업종을 창업하여 성공할 수도 있습니다.

CHAPTER 7 상권과 입지의 분석법

창업을 고민하는 예비창업자라면 상권분석의 중요성을 잘 이해하고 있습니다. 소상공인진흥원에서 실시한 '2010년 소상공인 실태조사 보고서'에 따르면, 창업할 때 애로사항으로 입지선정을 선택한 사람이 43%였습니다(1위는 54%가 자금조달을 선택함).

이와 같이 상권분석은 창업에 있어서 매우 중요한 것으로 인식되지만 경험적인 연구가 부족한 형편입니다. 여기서는 이러한 문제점을 극복하는 데 필수적인 상권분석 방법을 살펴봅니다. 상권분석 방법에 어떤 것이 있고, 상황에 따라서 어떤 방법을 사용하는 것이 가장 올바른 것인지에 대하여 알아보겠습니다.

상권조사 · 분석의 목적은 기존 사업자의 경우와 예비창업자의 경우가 각각 다릅니다. 하지만 공통적으로 점포를 이용할 것으로 예상되는 고객의 거주범위를 파악하고, 그 고객들이 경쟁업체가 아닌 자신의 점포를 선택할 확률을 확인한 후, 확률을 높이는 방법을 찾는 것이 주목적입니다. 여기서 점포를 선택할 확률이란 결국 점포의 매출액을 추정하는 것이 됩니다. 정리하면 상권을 측정하기 위한 상권분석은 '상권 범위, 고객의 특성, 점포의 매출액을 파악하는 총체적 활동'입니다.

상권분석은 상권조사, 상권평가, 상권측정 등의 용어와 동일한 의미로 사용됩니다. 단어에 따라서 약간씩 개념의 차이가 존재하지만 비슷하게 이용되고 있으므로 혼용하는 경우가 많습니다. 상권을 분석하는 방법은 다양합니다. 평가자의 경험을 토대로 평가하는 주관적 평가법, 미리 목록을 만들어서 체크하는 체크리스트법, 수치화된 자료를 기초로 분석하는 계량적 평가방법 등이 있습니다. 그외에도 상권분석은 설문조사법, 통계분석법, 수학적 분석법과 같이 구분하기도 합니다. 설문조사법은 해당 지역의 거주자와 점포를 대표하는 표본을 추출하여 설문조사나 면접조사 등을 통해 상권을 측정하는 것입니다. 통계분석법은 국가, 지방자치단체, 관련 기관이나 기업 등이 산출해 놓은 기존의 통계자료를 이용하여 상권의 특성을 추론하는 방법입니다. 수학적 분석법은 경험을 통하여 얻은 연구결과를 수식화하여 점포의 선택 확률 등을 계산해 내는 방법입니다. 대표적인 수학적 분석법은 레일리의 소매중력법칙, 컨버스의 상권분기점, 호프모델 등이 있습니다.

〈표 7-1〉 평가방법에 따른 상권분석 방법의 분류

유형		정의	방법
정성적 방법	주관적 평가법	– 경험이 많은 전문가의 의견을 중심으로 상권을 분석하는 방법	– 전문가 조사법
	체크리스트법	– 상권에 영향을 주는 요소들에 대한 평가표(checklist)를 만들어 상권를 평가하는 방법	– 체크리스트법
	현황조사법	– 상권분석을 위해 누구나 쉽게 파악할 수 있는 내용을 정리하여 상권을 조사하는 방법	– 현황조사법
정량적 방법	설문조사법	– 목표고객과 경쟁점포를 대표하는 표본을 추출하여 설문조사 또는 인터뷰 등의 방법으로 상권을 분석하는 방법	– 방문조사, 가두면접법 – 우편물발송법 – 추적조사법 – 고객카드분석법
	통계분석법	– 지역 통계를 분석해서 시장의 지역성을 포착하고 그 지역성을 기초로 상권을 추정하는 방법 – 상권분석시스템을 이용하는 방법	– 국가 및 지방자치단체 통계 – 금융기관 등의 상권분석 시스템 – 소상공인상권정보시스템
	수학적 분석법	– 경험적 연구를 수학적으로 이론화 – 규범적 모형, 확률적 모형	– 허프의 확률모델 – 레일리의 소매중력법칙 – 컨버스의 상권분기점 – 회귀분석 등

출처: 방경식(2011). 부동산용어사전. 부연사를 기초로 수정.

상권분석을 위해 사용하는 방법은 매우 다양하고 이론도 많지만 그 방법과 이론들이 외식창업을 위한 상권분석에 유용한지를 검증한 연구는 찾아보기 힘듭니다. 외식업은 소매업과는 달리 선택속성의 다양성 때문에 단순화된 분석모델을 만들기 어렵기 때문으로 생각됩니다. 따라서 본서에서는 외식사업을 위한 상권분석을 위해 주관적 평가법, 체크리스트법, 현황조사법, 설문조사법, 통계적 분석법, 수학적 분석법을 사례 중심으로 설명하고자 합니다.

주관적 평가법

주관적 평가법은 '경험이 많은 전문가의 의견을 중심으로 상권분석하는 것'을 의미합니다. 외식업과 같이 점포의 매력도를 측정하는 평가기준이 다양한 경우의 상권조사에서는 전문가의 주관적 평가가 매우 유용할 수 있습니다. 하지만 조사자에 따라 결과가 상이할 수 있으므로 신뢰성을 확보하기 어렵습니다. 따라서 3인 이상의 평가자가 분석할 결과를 상호 협의하여 결과를 도출하는 방법을 사용할 수 있습니다. 주관적 평가법의 예는 〈표 7-2〉와 같습니다.

〈표 7-2〉 주관적 평가 사례

상권분석 검토 결과
– 범계역 상권은 상권 초입인 범계역 2번 출구로부터 가장 많은 인구가 유입된다. 상권의 중심부인 중앙분수대를 가로지르는 아파트 진출입로에서도 거주자들의 유입이 있다. 또한 상권의 끝부분에 해당되는 곳은 중앙공원과 접하고 있어서 계절적으로는 여름에, 요일을 기준으로 할 때는 주말에 인구 유입이 많은 편이다. – 범계역 2번 출구부터 로데오거리 중앙분수대까지 1층은 1급지에 해당된다. 1급지에는 주로 판매점(휴대폰판매점, 화장품판매점, 여성용품판매점)과 유명 브랜드의 패스트푸드 전문점, 커피숍 등이 위치하고 있다. – 중앙분수대부터 중앙공원과 접하는 지역까지의 1층은 2급지이다. 2급지의 1층에는 대중음식점, 치킨호프점 등의 외식업체가 위치하고 있다. – 1급지 점포의 2층 이상에는 커피전문점과 다양한 서비스업종(병의원, 헤어숍, PC방 등)이 위치한다. 2급지 위치의 점포 2층 이상에는 주류전문점이 주로 점유하고 있다. – 후면 도로의 3급지에는 저가형의 일반음식점과 부동산, 기타 서비스 업종이 위치하고 있다. – 이상의 상권 내 1급지, 2급지, 3급지의 업종 구성은 매우 안정적인 형태이며, 중장기적으로 공실인 점포는 거의 발견되지 않는다. 향후 큰 위험요인이 없는 상권으로 안정적 발전이 예상된다. – 신도시가 개발되면서 만들어진 범계역 상권은 상권 형성 후 10년 이상이 지나면서 안정화된 성숙기의 상권이다. 인근의 유사한 형태로 개발된 평촌역 상권보다 상권력이 강력하며, 롯데백화점의 완공으로 더욱 강력한 상권력을 가질 것으로 예상된다.

체크리스트법

체크리스트법은 주관적 평가법에 비하여 객관성을 확보하기 위한 수단으로 '상권에 영향을 주는 요소들에 대한 평가표Checklist를 만들어 상권을 평가하는 방법'입니다. 상권의 평가자는 체크리스트에 열거된 평가요소에 대한 질문에 따라 평가항목에 해당되는 사항을 체크Check하는 형식으로 평가를 진행합니다. 이 방법은 평가자가 질문항목마다 평가항목에 해당 사항을 '예' 또는 '아니오'로 표시하기도 합니다. 〈표 7-3〉에 제시된 체크리스트 사례는 5단계의 등급으로 평가하도록 만든 예입니다.

체크리스트법에서 가장 주의해야 할 것은 평가표인 체크리스트를 만드는 일입니다. 상당히 고도의 기술이 필요하므로 평가자가 임의로 체크리스트를 만드는 것은 피해야 합니다. 특히 평가표에는 평가요소가 비교적 구체적으로 제시되어야 합니다. 평가표는 전문가에 의해 기존에 개발되어 신뢰성과 타당성이 검증된 항목을 활용해야 합니다. 만약 기존에 개발된 항목이 없다면 해당 조사목적에 맞도록 평가표를 개발하는 과정이 필요합니다.

〈표 7-3〉 체크리스트법 사례

구 분		교통 시설	집객 시설	배후지 인구	유동 인구	경쟁 정도
화성시 진안동	매우 우수(5점)					
	우수(4점)					
	보통(3점)		○	○	○	
	나쁨(2점)	○				○
	매우 나쁨(1점)					
점수 총계	13점	2	3	3	3	2
안양시 범계동	매우 우수(5점)	○				
	우수(4점)		○			
	보통(3점)			○	○	○
	나쁨(2점)					
	매우 나쁨(1점)					
점수 총계	18점	5	4	3	3	3
서울시 종로구	매우 우수(5점)	○				
	우수(4점)		○		○	
	보통(3점)					○
	나쁨(2점)			○		
	매우 나쁨(1점)					
점수 총계	18점	5	4	2	4	3

출처: H사이버대학원 외식프랜차이즈MBA 상권분석 프로젝트.

현황조사법

현황조사법이란 '상권분석을 위하여 반드시 조사해야 할 항목 중에서 누구나 쉽게 파악할 수 있는 내용을 일목요연하게 정리하여 상권을 조사하는 방법'을 의미합니다. 현황의 조사를 위해서는 무엇보다도 조사 항목을 사전에 확인하고 쉽게 정리할 수 있도록 도표화하는 작업이 선행되어야 합니다.

〈표 7-4〉 현황조사 사례

구분	분석항목	경 쟁 점 포						
		B1	B2	B3	B4	B5	B6	B7
점포개요	상호	에이스 치킨	치킨앤 비어	오!베리 치킨	둘둘 치킨	더후라 이팬	삼통 치킨	오빠닭
	면적	35.4 (10.7평)	38.7 (11.7평)	37.8 (11.4평)	36.9 (11.1평)	37.8 (11.4평)	66.4 (20평)	73.0 (22평)
	영업 활성화 정도	중	중	중	하	상	상	상
	구조	복층×	복층	복층	복층	복층×	복층	복층×
	주메뉴	후라이 드치킨	크리스 피치킨	순살마 늘치킨	순살 파닭	안심후 라이드 치킨	후라이 드치킨	순 살 베이크
	객단가	12,000원	15,000원	13,000원	18,000원	16,800원	15,000원	16,900원

출처: H사이버대학원 외식프랜차이즈MBA 상권분석 프로젝트.

설문조사법

설문조사법이란 목표고객과 경쟁점포를 대표할 수 있는 표본을 추출하여 설문조사 또는 인터뷰 등의 방법으로 상권을 분석하는 방법입니다. 설문조사법을 위해서는 점포를 이용할 것으로 예상되는 전체 소비자, 전체 점포를 대표할 수 있는 표본을 선정하는 것이 무엇보다 중요합니다. 설문조사법은 일반적으로 표본을 대상으로 설문지나 인터뷰 등을 통하여 상권을 분석합니다. 물론 전체를 조사할 수 있다면 굳이 표본을 선정할 필요는 없습니다. 이 방법은 체크리스트법과 같이 점포의 선택 확률에 영향을 미칠 것으로 예상되는 항목을 개발하는 것이 과학적으로 이루어져야 합니다.

통계적 분석법

통계적 분석법은 대표적인 정량적 평가법입니다. 이는 '거주인구 수, 유동인구 수, 아파트 수, 과거 매출 자료, 경쟁점포 실적 등을 분석하여 수치적으로 평가하는 방법'입니다. 다양한 평가방법 중 가장 객관적이라고 할 수 있지만 실제 현장에서 수치자료를 얻기가 어려운 경우가 많습니다. 또한 얻을 수 있어도 많은 비용이 소요되는 경우가 많아서 직접 수치자료를 조사(1차 자료)하기보다는 기존의 수치자료(2차 자료)를 검색하여 활용하는 것이 유리합니다. 소상공인 상권정보시스템이나 나이스비즈맵의 상권분석시스템과 같은 상권정보 제공 사이트를 활용하면 원하는 자료를 얻을 수 있으니 참고하시기 바랍니다.

〈표 7-5〉 통계적 분석 사례

상권명	구분	인구수	연령						
			10대 이하	10대	20대	30대	40대	50대	60대
1상권	전체	19,308	2,042	3,306	2,526	3,502	3,887	2,194	1,851
	남	9,335	1,053	1,760	1,193	1,598	1,844	1,156	731
	여	9,973	989	1,546	1,333	1,904	2,043	1,038	1,120
2상권	전체	103,682	11,908	16,291	13,980	20,335	20,109	11,882	9,177
	남	50,694	6,174	8,629	6,735	9,623	9,695	6,200	3,638
	여	52,988	5,734	7,662	7,245	10,712	10,414	5,682	5,539
의견	1상권 및 2상권 거주 인구는 30대와 40대가 가장 많으며 남성에 비하여 여성의 인구가 다소 많은 편임.								

출처: 소상공인 상권정보시스템.

다양한 통계정보를 이용한 상권분석시스템이 대중화되면서 일반인도 쉽게 통계적 분석법을 사용할 수 있게 되었습니다.

수학적 분석법

수학적 분석법은 상권분석방법 중에서 가장 과학적이고 합리적인 방법입니다. 대표적인 수학적 분석법으로는 레일리의 소매중력법칙, 컨버스의 상권분기점, 호프모델 등이 있습니다. 다만 이러한 분석법은 소규모 창업을 위한 상권분석에서 활용하기에는 제약이 너무 많고, 효용성에도 문제가 제기될 수 있습니다. 따라서 상권분석을 위해 수학적 분석법을 쓰려면, 점포의 특성에 따라서 별도의 수학식을 만드는 과정이 필요합니다.

수학적 분석법은 다수의 가맹점을 보유한 프랜차이즈 가맹본부의 경우 유용하게 사용할 수 있습니다. 예를 들면 기존 점포의 통계자료를 이용하여 수학식을 만들어서 신규 가맹점의 상권분석에 사용할 수 있습니다.

간단한 사례를 통하여 수학적 분석법을 살펴보면 다음과 같습니다.

수학적 분석법 활용 사례

30대와 40대가 주 고객인 삼겹살전문점 프랜차이즈 본부는 H대학의 K교수에게 가맹점의 매출액 정보를 제공하고 신규가맹점의 상권분석을 위한 수학식을 만들어 줄 것을 요청하였다. H대학 K교수는 가맹점들이 위치한 상권의 인구통계정보, 경쟁점포 현황, 경제적 변수 등을 파악한 후, 가맹점의 매출액을 추정하는 데 유용한 변수를 찾고 있다.

〈표 7-6〉 수학식을 만들기 위한 기존 가맹점의 정보

가맹점	30~40대(천 명)	평균 가계수입(백만 원)	매출액(백만 원)
사당점	5	30	60
관악점	10	25	85
천호점	7	80	90
강남점	12	85	120
상계점	6	25	40
목동점	14	60	110

K교수는 다양한 통계적 방법을 이용하여 가맹점의 매출액을 설명하는 독립변수를 찾았다. 그것은 상권 내 가맹점의 주 고객인 30대와 40대 인구 수, 상권 내 가구의 평균 가계수입이다. 인구 수와 평균 가계수입을 독립변수로 투입하고 매출액을 종속변수로 하여 다중회귀분석을 한 결과 다음과 같은 회귀식이 도출되었다.

$$y = 9.87 + (5.22 \times x_1) + (0.54 \times x_2)$$

다중회귀식에서 y는 매출액, x_1은 인구 수, x_2는 평균 가계수입이다. 삼겹살전문점 프랜차이즈 본부는 경기도 수원점의 개설을 검토 중이다. 수원점이 개설 가능한 상권의 30~40대 인구 수가 8천 명이고 해당 상권 거주자들의 평균 가계수입이 90백만 원이라면 수원점의 예상매출액은 어느 정도가 될까?

수원점의 매출액을 추정하기 위해서는 위에서 도출된 회귀식에 인구수(x_1)와 평균 가계수입(x_2)을 대입하면 된다.

$$y = 9.87 + (5.22 \times 8) + (0.54 \times 90) = 100.23$$

수학적 분석법에 따르면 수원점의 연간 예상매출액은 약 1억 원으로 추정된다.

상권분석법의 장단점

창업자나 기존 사업자를 위한 상권분석에서 어떤 방법이 가장 좋다고 단언하기는 힘듭니다. 가장 안정적인 방법은 앞서 설명한 방법들을 적절하게 조화시켜 사용하는 것입니다. 현실적으로는 대부분의 상권분석 방법들이 시간과 비용이 많이 소요되는 단점이 있으므로 주관적 평가법을 주로 사용하는 경우가 많습니다. 하지만 주관적 분석법은 신뢰성을 검증할 방법이 없습니다. 주관적 분석법을 보완하기 위해서는 국가통계포털, 지방자치단체의 홈페이지, 소상공인상권정보시스템, 나이스비즈맵 상권분석시스템 등을 활용하여 통계적 분석법을 활용하는 것이 좋습니다. 다만 상권분석의 전문성과 정확성이 요구되는 프랜차이즈 본부의 경우에는 설문조사법과 수학적 분석법에 대한 연구에 지속적으로 투자하여 자신들만의 상권분석시스템을 갖추어야 합니다. 예비창업자나 기존 사업자들은 상권분석방법의 장단점을 고려하여 상황에 따라 적절히 활용해야 합니다.

〈표 7-7〉 상권분석 방법의 장단점

유형	장점	단점
주관적 평가법 체크리스트법 현황조사법	– 최신자료 취득이 용이 – 목표고객 및 경쟁점포 조사 가능 – 현재 현황 파악에 유리 – 설명형 분석에 유리	– 주관적인 평가로 인한 오류 가능성
설문조사법	– 통계적으로 파악하기 힘든 소비자 인식조사에 유용함	– 표본오차 가능성 – 과다한 비용 발생 – 과거 현황 파악의 어려움
통계적 분석법	– 저렴한 비용 – 매출액을 포함한 다양한 정보의 취득 용이 – 과거 현황 파악에 유리	– 통계자료의 적시성 문제 – 통계자료의 신뢰성 문제 – 인과관계의 추정에 한계
수학적 분석법	– 수학적 방법을 활용하여 과학적임 – 인과관계의 추정에 유리 – 매출액 추정 등 예측이 가능	– 수학식의 도출이 어려움 – 수학식 도출을 위한 기조사료의 적시성과 신뢰성 문제

최종적으로 상권분석이 마무리되면, 분석결과를 토대로 상권력, 인근 상권과의 상호관계, 모든 점포의 밀집 · 위치 · 규모 · 성격 · 가격으로 나타나는 특징을 정리하는 것이 필요합니다. 정리된 내용은 구체적인 상권범위와 함께 지도에 표시하는 mapping 과정을 거쳐서 마무리합니다. 상권분석도를 그려서 최종 정리를 한다면, 한눈에 상권분석결과를 파악할 수 있어서 좋습니다.

평가지역에 의한 상권분석 방법

지금까지 살펴본 상권분석 방법은 '평가방법에 의한 분류'라고 할 수 있습니다. 상권분석 방법은 이외에도 '평가대상지역의 특성을 기준으로 구분'할 수도 있습니다. 이는 상가권을 중심으로 하는 경우와 상세권을 중심으로 하는 경우로 나누어집니다. 대부분의 상권분석에서는 두 가지 방법을 결합하여 분석하지만, 상권의 특징에 따라서 한 가지 방법만을 선택하여 활용하는 것이 효과적인 경우도 있으므로 참고하시기 바랍니다.

상가권 중심 평가

상권을 분석할 때, 상가권의 자료를 중심으로 분석하는 방법을 '상가권 중심 평가' 또는 '상점가 중심 평가'라고 합니다. 이는 번화가 상권, 역세권 상권처럼 유동인구 중심형 상권에서 효율적인 방법입니다.

상세권 중심 평가

상권을 분석할 때, 상세권의 자료를 중심으로 분석하는 방법을 '상세권 중심 평가'라고 합니다. 이 방법은 주택가와 아파트 상권과 같이 배후인구 중심형 상권의 경우 유용한 방법이라고 할 수 있습니다.

PART 3

빅데이터를 활용한 상권분석시스템 사용법

CHAPTER 8

소상공인 **상권정보시스템** 사용법

소상공인 상권정보시스템은 전국의 주요 상권 현황을 누구나 쉽게 분석할 수 있도록 만들어진 정보시스템입니다. 유동인구나 임대시세, 업종 분포 현황, 매출통계, 업력통계 등 상권에 대한 세부정보를 조회할 수 있습니다. 창업 전 직접 시장조사에 나서지 않아도 이 소상공인 상권정보시스템을 활용하면 업종 선택이나 입지 선정의 폭을 좁히는 데 큰 도움이 됩니다. 구체적으로 창업에 가장 필요한 정보로서 경쟁업소의 현황과 추이는 물론이고, 유사업종, 타 업종의 자료 확인이 가능하다는 장점도 있습니다.

주요 상권은 소상공인들의 창업 선호도가 높은 음식업과 도소매업, 서비스업 등이 밀집한 지역을 중심으로 분석을 할 수 있습니다. 402개의 서울상권과 경기도 292개, 경상남도 119개 등 1,500개의 상권 현황을 조회할 수 있으며, 분식업과 미용실, 슈퍼마켓, 치킨 전문점 등 소상공인들의 관심이 높은 주요 업종의 분포도 알 수 있습니다.

소상공인 상권정보시스템 접속하기

웹브라우저에 인터넷주소 https://sg.sbiz.or.kr을 입력하거나 주요 포털사이트에서 '소상공인 상권분석'으로 입력 후 검색하면 소상공인 상권정보시스템에 접속할 수 있습니다. 시스템을 이용하려면 먼저 회원가입을 한 후, 로그인을 해야 합니다. 첫 화면은 [그림 8-1]과 같습니다.

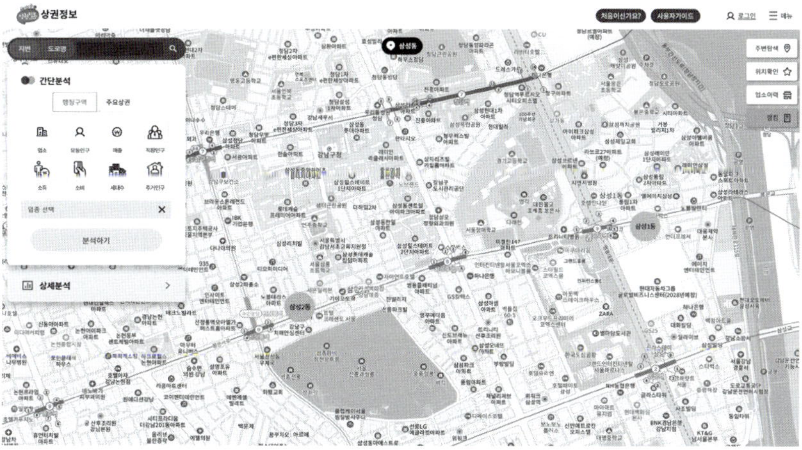

출처: 소상공인 상권정보시스템(2024). https://sg.sbiz.or.kr

[그림 8-1] 소상공인 상권정보시스템: 초기화면

소상공인 상권정보시스템의 구성 확인하기

소상공인 상권정보시스템 초기화면의 우측 상단 '메뉴'를 클릭하면 [그림 8-2]와 같은 시스템 구성을 볼 수 있습니다. 상위 메뉴는 '창업자가진단, 상권분석, 시장분석, 상권현황, 알림정보'로 구성되어 있으며, 일반적으로 많이 사용하게 되는 메뉴는 '상권분석'입니다.

출처: 소상공인 상권정보시스템(2024). https://sg.sbiz.or.kr

[그림 8-2] 소상공인 상권정보시스템: 메뉴 구성

창업자가진단 설문조사하기

창업자가진단서비스는 창업자들이 성공적인 사업을 운영하기 위해 심리적, 기술적, 환경적 요인들을 진단하는 것을 목적으로 합니다. 이 서비스는 '설문 소개, 설문 구성, 설문 활용, 향후 계획'으로 구성되어 있으며 창업자들이 자신의 역량과 환경을 객관적으로 파악하고, 이를 통해 성공적인 창업을 준비할 수 있도록 돕는 역할을 합니다.

먼저, 신규로 창업자가진단 설문을 진행한다면 [그림 8-3]의 ①에 해당하는 내용을 입력한 후 '설문지 생성' 버튼을 클릭하면 됩니다.

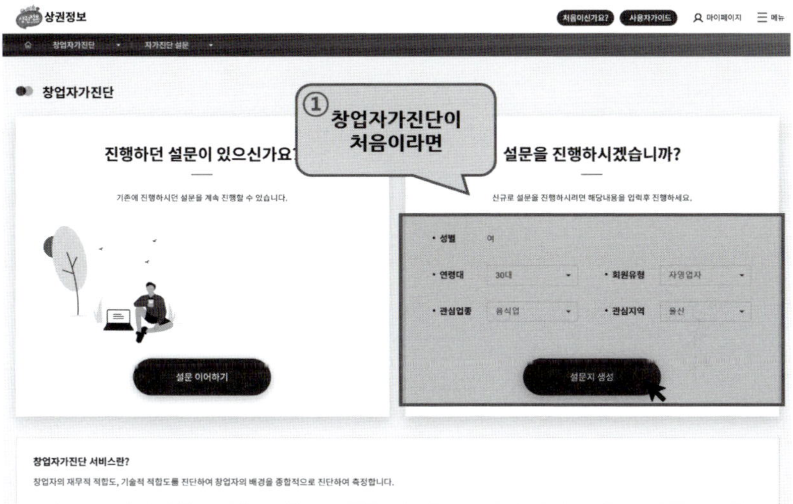

출처: 소상공인 상권정보시스템(2024). https://sg.sbiz.or.kr

[그림 8-3] 소상공인 상권정보시스템: 창업자가진단 신규 작성 시 입력 사항

창업자가진단 설문 구성은 [그림 8-4]와 같습니다.

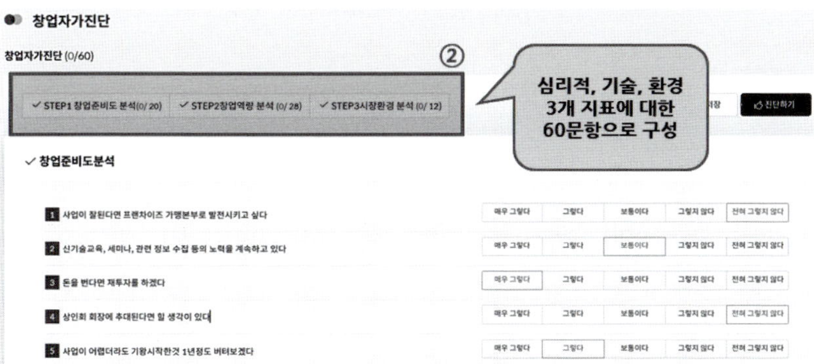

출처: 소상공인 상권정보시스템(2024). https://sg.sbiz.or.kr

[그림 8-4] 소상공인 상권정보시스템: 창업자가진단 설문지 문항

② 심리적, 기술적, 환경적 3개 지표에 대해 각각 6개, 7개, 4개 총 17개의 세부 요인에 대한 60문항으로 구성되어 있습니다. 각 문항은 전문 설문 조사를 통해 추출되었으며, 평균 10분 내외로 완료할 수 있습니다. 모든 문항을 채우면 '진단하기' 버튼을 클릭합니다.

③ 설문 결과는 화면에서 확인할 수 있으며, 출력 서비스도 제공됩니다. 진단 결과를 바탕으로 자신의 강점과 약점을 명확히 파악하여 이러한 분석을 통해 성공적인 창업을 준비할 수 있도록 돕는 역할을 합니다.

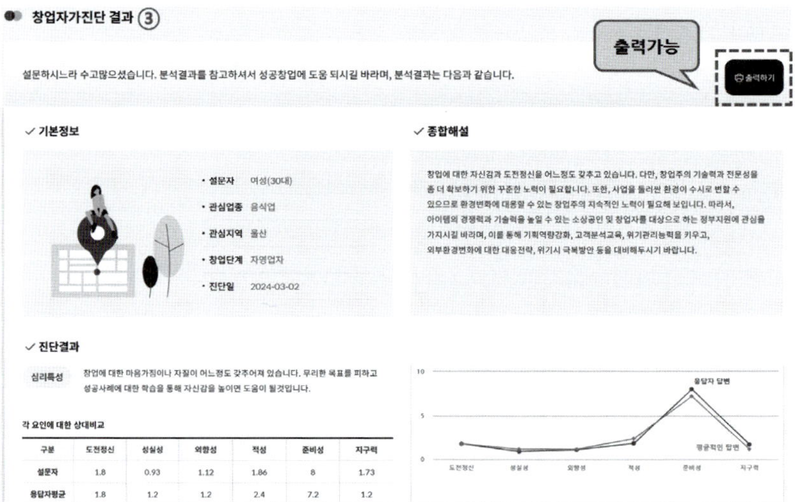

출처: 소상공인 상권정보시스템(2024). https://sg.sbiz.or.kr

[그림 8–5] 소상공인 상권정보시스템: 창업자가진단 결과 확인

상권분석 시작하기

소상공인 상권정보시스템은 두 가지 상권분석 방법을 제공합니다. 첫 번째는 로그인 없이 간편하게 사용할 수 있는 '간단분석'으로, 행정동 단위로 분석할 수 있으며 월평균 추정 매출, 선택 업종 업소 수, 일일 평균 유동인구 정보를 확인할 수 있습니다. 두 번째는 원하는 영역을 설정하여 분석할 수 있는 '상세분석'입니다. 상세분석을 이용하려면 회원가입이 필요합니다. 회원가입을 하면 다양한 서비스와 데이터를 활용할 수 있으며, 선택한 영역의 상권분석 내용을 보고서 형태로 제공받을 수 있습니다. 먼저, 간단분석 사용법에 대해 설명해 보겠습니다.

간단분석 사용법

소상공인 상권정보시스템의 간단분석은 로그인 없이 간편하게 사용할 수 있는 기능으로, 행정동 단위로 상권을 분석할 수 있습니다. 다음은 간단분석 사용방법에 대한 설명입니다.

첫 번째 사용법은

① [그림 8-6]과 같이 업소, 유동인구, 매출액을 확인할 수 있는 아이콘을 클릭합니다.

② 지도를 이동시키면, 행정동(노란색원) 안에 선택한 데이터가 자동으로 표시됩니다.

이 두 단계를 통해 사용자는 손쉽게 필요한 상권정보를 얻을 수 있습니다.

출처: 소상공인 상권정보시스템(2024). https://sg.sbiz.or.kr

[그림 8-6] 소상공인 상권정보시스템: 간단분석 사용법1

두 번째 사용법은

① [그림 8-7]과 같이 '업종 선택' 아이콘을 클릭합니다.

② 업종 선택 창이 뜨면, 원하는 업종을 검색하거나 리스트에서 선택합니다.

③ 선택한 업종을 확인한 후, '확인' 버튼을 클릭합니다.

④ 원하는 지역의 지도에 보이는 행정동(노란색 원)을 선택합니다.

⑤ 행정동을 선택한 후, '분석하기' 버튼을 클릭합니다.

출처: 소상공인 상권정보시스템(2024). https://sg.sbiz.or.kr

[그림 8-7] 소상공인 상권정보시스템: 간단분석 사용법2

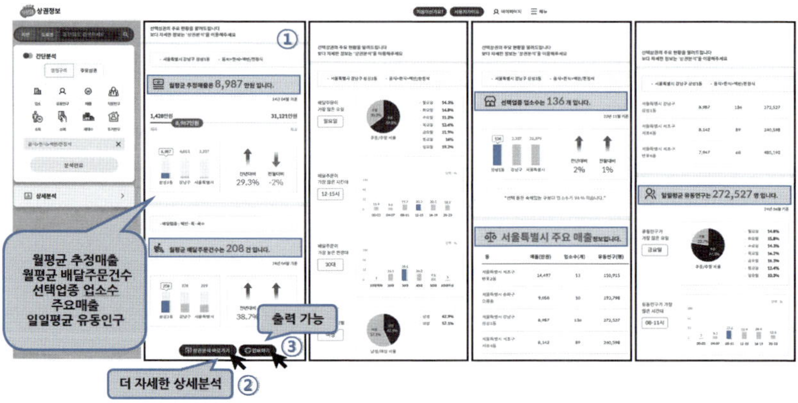

출처: 소상공인 상권정보시스템(2024). https://sg.sbiz.or.kr

[그림 8-8] 소상공인 상권정보시스템: 간단분석 보고서

① [그림 8-8]과 같이 '월평균 추정매출, 월평균 배달주문건수, 선택업종 업소 수, 주요매출, 일일평균 유동인구' 정보를 스크롤하여 볼 수 있습니다.

② 더 자세한 상세분석을 하려면 '상권분석 바로가기' 버튼을 클릭합니다.

③ 보고서를 출력하려면 '인쇄하기' 버튼을 클릭하면 됩니다.

소상공인 상권정보시스템의 간단분석 기능은 로그인 없이도 상권정보를 빠르게 파악할 수 있지만 내가 원하는 특정 영역을 설정하여 분석하는 기능은 상세분석에서 가능하며, 간단분석은 행정동 단위로만 분석이 가능합니다. 이를 통해 소상공인들은 필요한 상권정보를 신속하게 얻고, 초기 사업 계획을 수립하는 데 활용할 수 있습니다.

상세분석 시작하기

상세분석에서는 사용자가 원하는 특정 영역을 설정하여 상세한 분석을 진행할 수 있습니다. 상세분석을 이용하려면 회원가입이 필요합니다. 다음은 상세분석 사용방법에 대한 단계별 설명입니다.

① [그림 8-9]와 같이 '상세분석' 메뉴를 선택합니다.
② 회원가입을 하지 않은 상태라면, 로그인하라는 메시지가 표시됩니다. 회원가입 후, 통합회원으로 로그인하면 상세분석이 시작됩니다.

회원가입을 하면 최근 3개월 동안의 분석이력을 확인할 수 있어, 과거 데이터를 비교하며 분석할 수 있습니다. 또 상세분석 외에도 다양한 서비스를 이용할 수 있습니다.

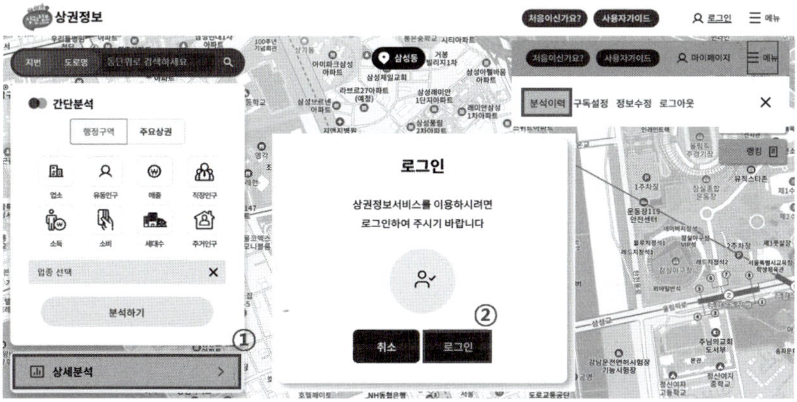

출처: 소상공인 상권정보시스템(2024). https://sg.sbiz.or.kr

[그림 8-9] 소상공인 상권정보시스템: 상세분석 사용법

업종 선택하기

상권분석을 위해서는 분석하고자 하는 업종을 선택해야 합니다. 업종을 선택하는 방법은 [그림 8-10]에서 보는 바와 같이 ① '업종 선택' 또는 '10대 업종'을 클릭하는 방법, ② '업종 선택' 창이 뜨면, 원하는 업종을 검색하거나 리스트에서 선택하는 방법이 있습니다. 업종 선택이 완료되면 ③ '확인' 버튼을 클릭합니다.

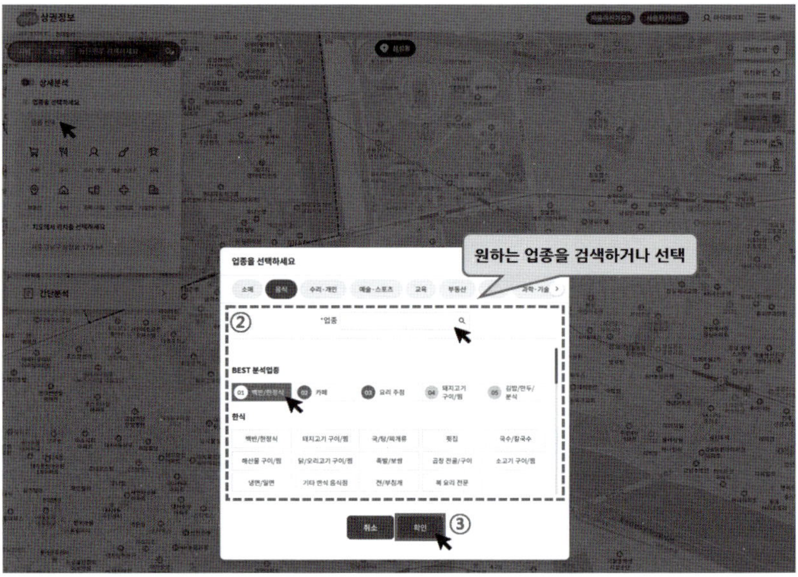

출처: 소상공인 상권정보시스템(2024). https://sg.sbiz.or.kr

[그림 8-10] 소상공인 상권정보시스템: 업종 선택

지역선택 및 상권그리기 후 상권분석 실행하기

1단계 '업종 선택'을 하였다면, 이어서 2단계 '영역 선택'을 합니다. '영역 선택'은 ① 원형, ② 반경, ③ 다각형, ④ 상권, ⑤ 자동영역으로 지정할 수 있습니다. 자동영역 선택 시 지형에 따른 도보 거리 기반의 합리적인 점주권 영역이 자동으로 선택됩니다. 상권을 그리는 가장 쉬운 방법은 '반경'으로 그리는 것인데, [그림 8-11]에 표시된 순서로 합니다.

① 업종을 선택 후, "지도에서 위치를 선택하세요."라는 메시지가 나오면 원하는 지역을 클릭합니다.

② 상권분석을 클릭하고

③ 영역 선택에서 반경을 클릭합니다.

④ 지도 이미지에서 상권으로 선택할 중심점을 마우스로 클릭합니다. 반경을 선택하는 창이 뜨면 원하는 반경을 선택합니다. 보통 500미터를 선택하지만 업종과 지역에 따라서 다를 수 있습니다.

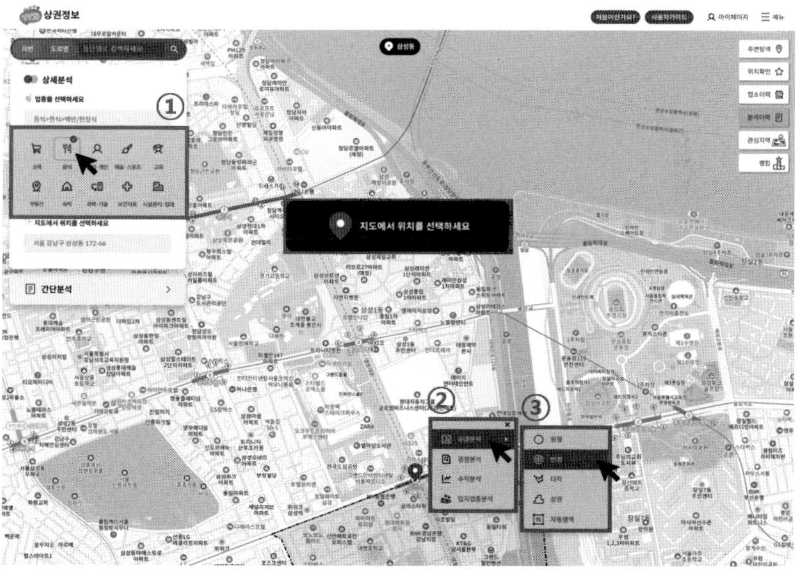

출처: 소상공인 상권정보시스템(2024). https://sg.sbiz.or.kr

[그림 8-11] 소상공인 상권정보시스템: 지역 선택 및 상권 그리기

지역을 선택하고 상권 그리기를 마친 후 ⑤ '분석' 버튼을 클릭하여 상권분석 결과를 확인할 수 있습니다.

상권분석 결과 확인하기

상권분석 결과 화면은 [그림 8-12]와 같이 나타납니다. 현재 화면은 선택한 영역의 '상권분석 보고서'의 '요약'이 선택된 상태입니다. 업종분석, 매출분석, 인구분석, 지역현황'을 차례로 클릭하면 해당 내용을 확인할 수 있습니다. 분석결과를 프린터로 출력하려면 화면 우측 상단의 ② '프린트' 모양의 버튼을 클릭하면 됩니다. 바로 오른쪽에 있는 ③ '기준데이터' 버튼을 클릭하면 상권분석의 기초데이터로 출처, 내용, 업데이트 주기 등을 확인할 수 있습니다.

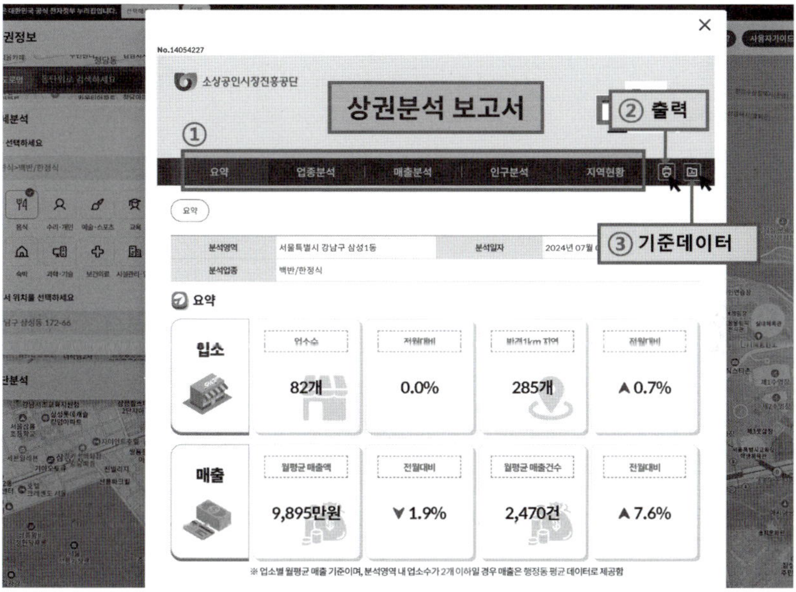

출처: 소상공인 상권정보시스템(2024). https://sg.sbiz.or.kr

[그림 8-12] 소상공인 상권정보시스템: 상권분석 보고서 결과 화면

요약

상권분석 보고서의 '요약' 화면에는 [그림 8-13]과 같은 정보를 제공합니다.

출처: 소상공인 상권정보시스템(2024). https://sg.sbiz.or.kr

[그림 8-13] 소상공인 상권정보시스템: 상권분석 보고서 요약

위 정보를 바탕으로 상권의 업소수, 매출액, 유동인구, 직장인구 및 주거인구의 주요 지표를 파악할 수 있습니다. 이 상권은 유동인구가 많고, 특히 금요일에 남성 40대가 주류를 이루고 있으며, 직장인구와 주거인구의 평균 소득도 비교적 높은 편임을 알 수 있습니다.

업종분석

상권분석 보고서의 '업종분석'에서는 [그림 8-14]와 같이 '업소수 추이, 업력 현황' 2가지의 분석결과를 제시합니다.

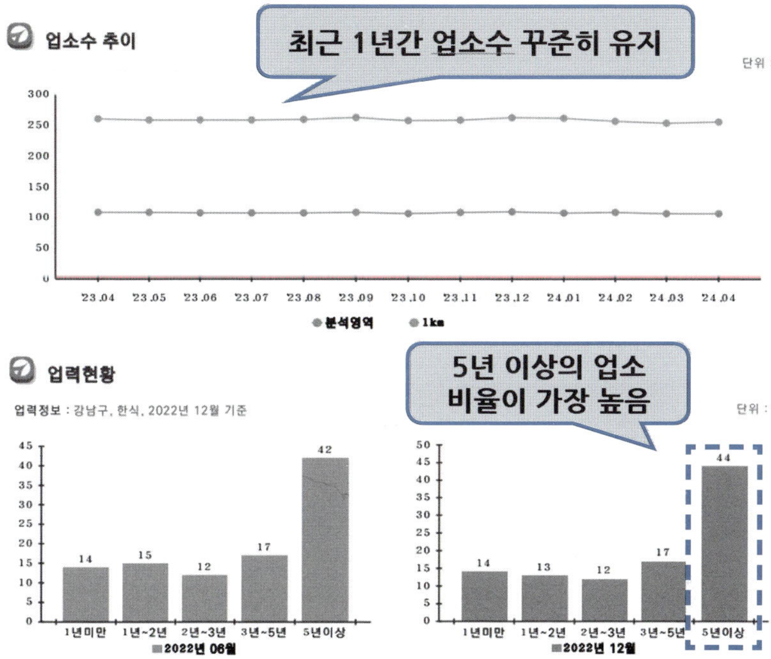

출처: 소상공인 상권정보시스템(2024). https://sg.sbiz.or.kr

[그림 8-14] 소상공인 상권정보시스템: 상권분석 보고서 업종분석

분석지역을 기준으로 반경 1km의 13개월 연도와 비교하여 업황, 경쟁 강도, 경기변동을 확인할 수 있습니다. 위 상권은 최근 1년간 업소수는 꾸준히 유지되고 있는 추세이며, 최근 5년 이상의 업소 비율이 높아 비교적 안정적인 업소가 많은 반면, 신규 창업자의 진입도 꾸준히 이루어지고 있는 상권입니다.

이외에도 매출분석, 인구분석, 지역현황 등 소상공인 상권정보시스템의 상권분석 보고서를 통해 다양한 매출 특성과 소비 패턴을 분석하고 이를 바탕으로 효과적인 마케팅 전략과 운영계획을 수립할 수 있습니다.

상권현황〉업력현황〉업력통계 확인하기

소상공인 상권정보시스템에서는 행정구역 혹은 주요상권과 업종을 지정하여 '업력현황'을 조회하는 기능을 제공합니다. 예를 들어 강남구 지역에 위치한 '한식'의 현황을 조회한 결과는 [그림 8-15]와 같습니다. 더 자세한 내용을 확인하려면 [그림 8-15] '업력비율' 그래프에 마우

출처: 소상공인 상권정보시스템(2024). https://sg.sbiz.or.kr

[그림 8-15] 소상공인 상권정보시스템: 업력통계 조회하기

스를 올려보기 바랍니다. 2022년 12월 현재 강남구 지역에 위치한 한식전문점 중 5년 이상의 업력을 가진 점포 비중은 44%임을 알 수 있습니다.

상권현황〉매출지수〉매출통계 확인하기

소상공인 상권정보시스템에서는 ① 지역과 업종을 지정하여 '현황보기'를 클릭하면 선택업종의 '총매출 변화추이'를 시계열로 보여줍니다. 선택한 지역 및 업종에 관한 ② 업소별(시장규모) 시계열 변화 추이와 ③ 지역별(배달주문규모) 시계열 변화를 조회하는 기능을 제공합니다. [그림 8-16] 왼쪽 하단에 위치한 ④ '매출지수 적용업종'은 매출지수에 적용되는 소분류의 업종 목록을 나타냅니다.

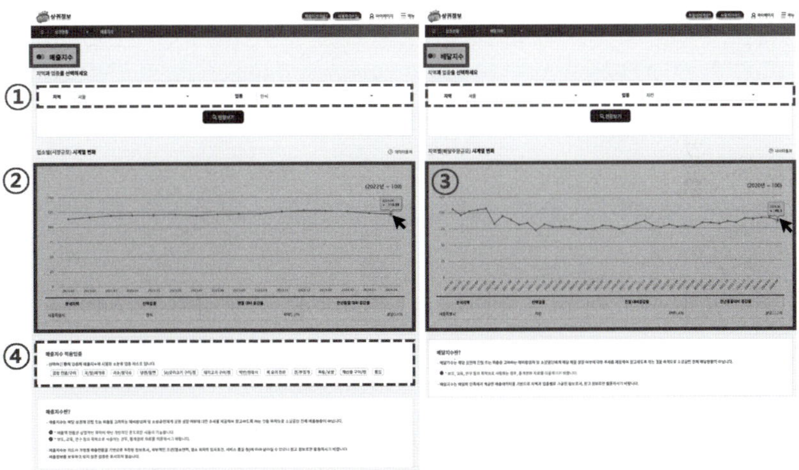

출처: 소상공인 상권정보시스템(2024). https://sg.sbiz.or.kr

[그림 8-16] 소상공인 상권정보시스템: 매출통계 조회하기

이외에도 소상공인 상권정보시스템은 매우 다양한 상권정보를 제공하고 있습니다. 다만 분석결과를 해석하고 이해하는 것은 사용자의 몫입니다. 상권정보시스템은 자료와 정보를 제공하는 시스템이므로 이를 바탕으로 지식과 지혜를 만드는 것은 사용자 자신이 해결해야 합니다. 따라서 창업을 위해 상권과 점포를 선정한다거나 기존 사업자가 마케팅을 위해 상권분석을 한다면 이론적이고 실무적인 학습이 추가로 필요합니다. 상권분석은 단순히 수치화된 결과만을 얻는 것이 목적이 아닙니다. 창업자와 기존 사업자 그리고 컨설턴트와 같이 상권분석을 하는 주체에 따라서 달성하고자 하는 목적이 모두 다르므로 해당 목적을 명확히 하고, 그 목적을 달성하기 위한 상권분석과 해석 그리고 전략을 수립할 수 있도록 학습하고 다양한 분석을 시도하는 노력이 필요하다는 점을 꼭 기억해야 합니다.

나이스비즈맵 사용법

CHAPTER 9

나이스비즈맵은 기본적인 무료 서비스와 차별화된 유료 서비스를 통해 사용자들이 효과적으로 상권을 분석하고, 최적의 입지를 선정하는 데 필요한 종합적인 데이터를 제공합니다. 이를 통해 상권의 특성을 정확히 파악하고, 성공적인 사업 전략을 수립할 수 있습니다. 나이스비즈맵의 다양한 기능과 서비스를 활용하여 상권분석과 입지선정을 보다 효율적으로 수행할 수 있습니다.

나이스비즈맵이 뭔가요?

'나이스비즈맵'은 '나이스평가정보'에서 제공하는 상권분석시스템의 명칭으로, 신규 창업자와 기존 사업자 모두에게 점포 관리와 마케팅에 필요한 정보를 부동산 정보 및 GIS 분석 솔루션과 융합하여 과학적으로 분석해 보고서 형태로 제공합니다. 이러한 정보를 필요로 하는 대상을 정리하면 다음과 같습니다.

첫째, 창업아이템과 점포 선정으로 고민하는 예비창업자 및 컨설턴트

둘째, 사업의 활성화를 위해 고민하는 기존 사업자 및 컨설턴트

셋째, 가맹점 개발과 활성화를 위해 고민하는 프랜차이즈 본부

나이스비즈맵에서 취득할 수 있는 정보는 '매출수익분석, 경쟁분석, 고객분석, 지역분석' 등으로 분류할 수 있는데 각각의 세부적인 내용은 사용법과 함께 살펴봅니다.

나이스비즈맵 접속하기

네이버, 다음, 구글 등의 포털사이트에 접속하여 검색창에 '나이스비즈맵'을 입력하면 나이스평가정보의 나이스비즈맵(https://m.nicebizmap.co.kr) 사이트에 접속할 수 있습니다. 첫 화면은 [그림 9-1]과 같습니다. 시스템을 이용하려면 이 화면에서 먼저 '상권 분석하기' 버튼을 클릭해야 합니다.

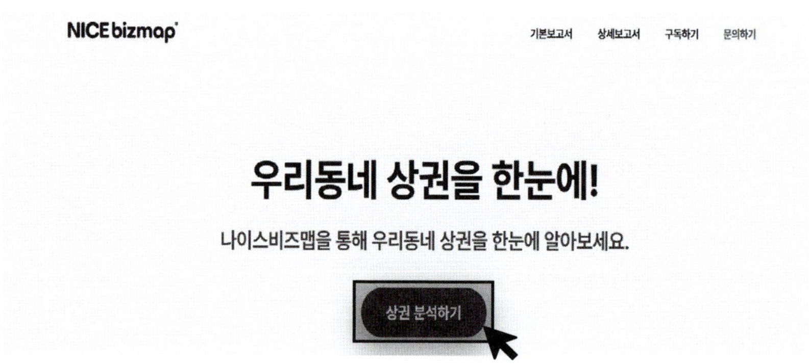

출처: 나이스비즈맵(2024). https://m.nicebizmap.co.kr

[그림 9-1] 나이스비즈맵 초기화면

나이스비즈맵 제공 서비스

나이스비즈맵 상권분석서비스에서 제공되는 서비스는 [그림 9-2]에서 보는 바와 같이 '기본보고서, 상세보고서, 유동인구, 밀집도, 뜨는 업종, 영상콘텐츠'의 총 6가지로 구성되어 있습니다. 여기서 '상세보고서'를 제외한 나머지 5가지 상권분석서비스는 모두 무료로 사용 가능합니다. 이와 같이 나이스비즈맵은 다양한 무료 서비스와 유료 서비스를 통해 사용자들이 효과적으로 상권을 분석하고, 성공적인 사업 전략을 수립할 수 있도록 지원합니다. 나이스비즈맵을 활용하면 상권의 특성을 파악하고, 경쟁력 있는 입지를 선정하는 데 큰 도움이 될 것입니다.

출처: 나이스비즈맵(2024). https://m.nicebizmap.co.kr

[그림 9-2] 나이스비즈맵 상권분석서비스: 제공 서비스

무료 제공 서비스

나이스비즈맵은 사용자가 상권분석을 효과적으로 수행할 수 있도록 다양한 무료 서비스를 제공합니다. 이러한 무료 서비스는 초기 단계에서 유용한 기본 정보를 제공하여 상권분석과 입지 선정에 도움을 줍니다. 나이스비즈맵에서 제공하는 주요 무료 서비스에 대해 소개하겠습니다.

기본보고서

나이스비즈맵의 기본보고서는 특정 지역의 상권을 분석하여 해당 지역의 주요 고객층, 업종 밀집도, 시장규모, 점포당 매출규모, 점포 수 변화, 결제 및 이용 건수, 비용 및 수익 통계, 매출 비중, 그리고 고객 특성을 종합적으로 제공합니다. 이를 통해 상권의 전반적인 현황을 파악할 수 있습니다. 기본분석보고서에 대한 자세한 사용법은 다음 파트에서 자세히 살펴보겠습니다.

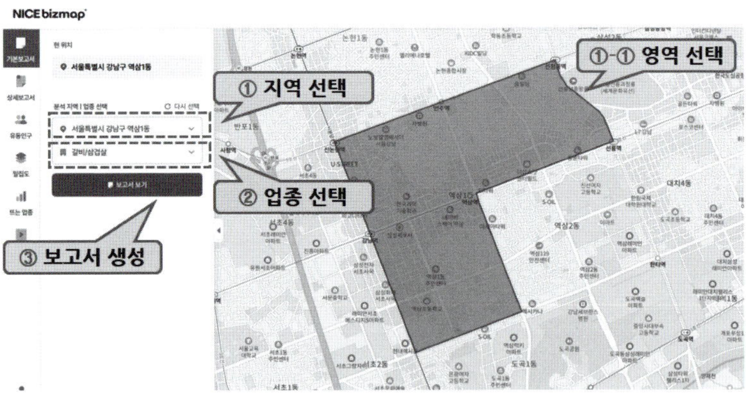

출처: 나이스비즈맵(2024). https://m.nicebizmap.co.kr

[그림 9-3] 나이스비즈맵 상권분석서비스: 기본보고서

유동인구

유동인구 서비스는 특정 지역의 유동인구 밀도를 시각적으로 확인할 수 있는 기능을 제공합니다. 이를 통해 사용자는 상권의 잠재력을 평가하고, 최적의 입지를 선정하는 데 도움을 받을 수 있습니다. 선택한 지역의 유동인구 밀도가 등급별로 색상으로 구분되어 지도에 표시되며, 유동인구가 많은 지역과 적은 지역을 한눈에 파악할 수 있어 상권의 유동인구 특성을 쉽게 이해할 수 있습니다. 유동인구 밀도를 통해 특정 상권의 잠재력을 평가하고, 창업이나 매장 이전 시 중요한 참고 자료로 활용할 수 있습니다.

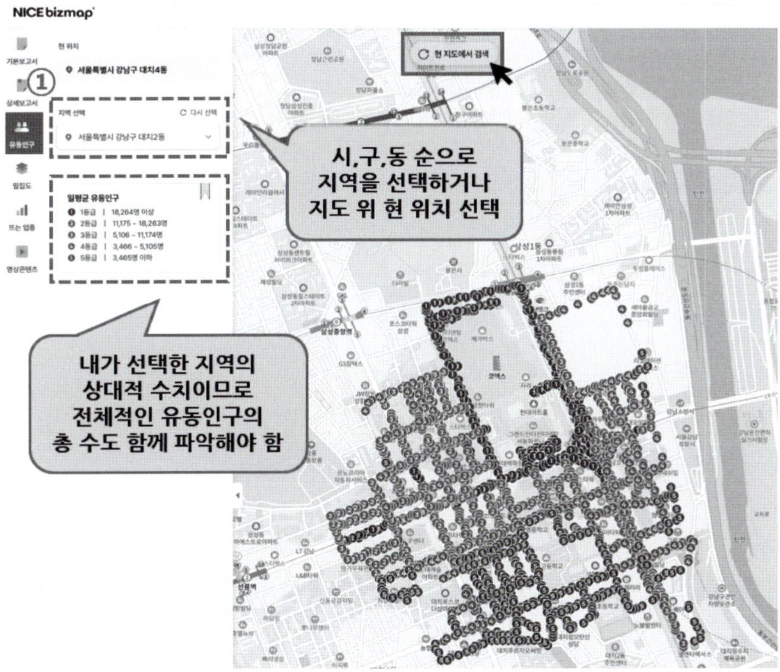

출처: 나이스비즈맵(2024). https://m.nicebizmap.co.kr

[그림 9-4] 나이스비즈맵 상권분석서비스: 유동인구

밀집도

점포 밀집도를 통해 상권 내 경쟁상황, 시장포화도, 최적의 입지, 고객 유입 가능성 등을 파악할 수 있습니다. 이를 통해 창업자나 사업 확장을 계획하는 경영자는 전략적인 의사결정을 내리고, 성공적인 비즈니스 운영을 위한 기반을 마련할 수 있습니다.

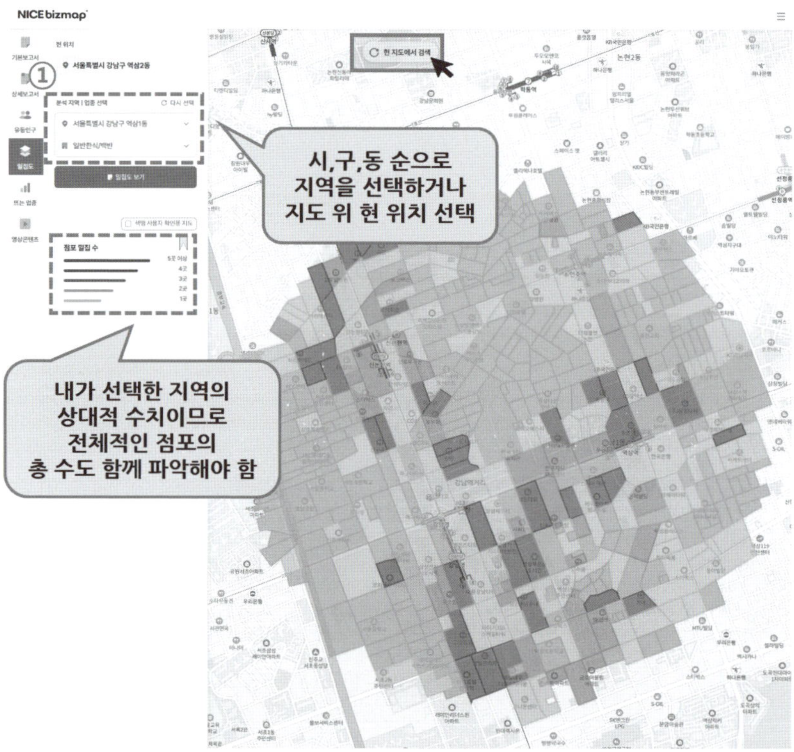

출처: 나이스비즈맵(2024). https://m.nicebizmap.co.kr

[그림 9-5] 나이스비즈맵 상권분석서비스: 점포 밀집도

뜨는 업종

[그림 9-6]의 왼쪽에서 ① '지역선택' 메뉴를 이용하여 분석하고자 하는 상권을 시, 군, 동의 순으로 선택하여 원하는 지역을 지정하거나 지도 위에서 직접 원하는 위치를 클릭하여 선택할 수 있습니다. 지역을 선택하고 나면 ② 선택한 지역에서 매출 또는 점포 수가 증가하고 있는 업종을 확인할 수 있습니다. 예를 들어, 서울시 성북구 성북동에서는 ③ 매출/점포 수 증가 1위 업종이 '갈비/삼겹살'로 나타나고 있습니다. 더욱 자세한 분석을 원하면 ④ '보고서 생성' 버튼을 클릭하면 기본분석보고서가 생성됩니다. 이를 통해 해당 상권의 시장 트렌드와 소비자 수요를 파악하고, 이를 기반으로 성장 가능성이 높은 업종을 선택하여 성공적인 창업 및 사업 확장 전략을 세울 수 있습니다.

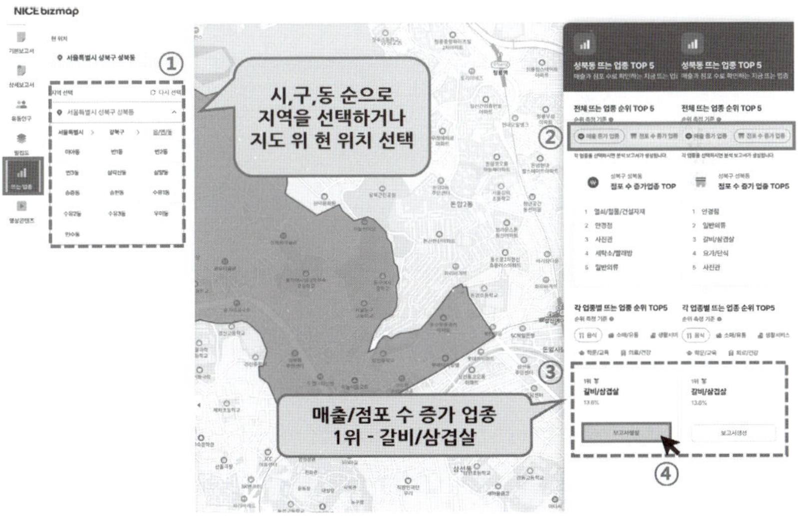

출처: 나이스비즈맵(2024). https://m.nicebizmap.co.kr

[그림 9-6] 나이스비즈맵 상권분석서비스: 뜨는 업종

영상콘텐츠

나이스비즈맵은 사용자가 상권분석을 보다 쉽고 재미있게 이해할 수 있도록 다양한 영상콘텐츠를 제공합니다. 이 서비스는 상권분석의 기초부터 심화 내용까지 폭넓게 다루며, 사용자가 필요한 정보를 영상으로 쉽게 접할 수 있도록 도와줍니다.

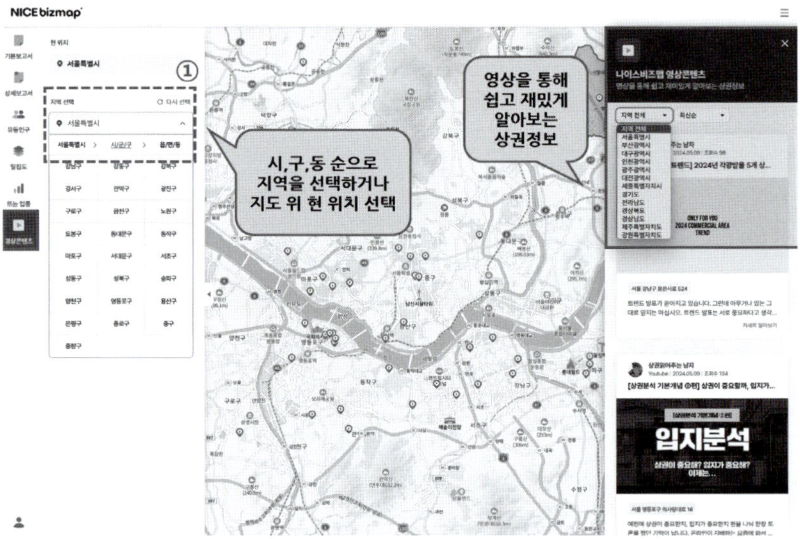

출처: 나이스비즈맵(2024). https://m.nicebizmap.co.kr

[그림 9-7] 나이스비즈맵 상권분석서비스: 영상콘텐츠

기본분석보고서 사용법

나이스비즈맵 상권분석서비스에서 무료로 제공하고 있는 기본분석보고서를 위주로 나이스비즈맵의 사용법을 살펴보면 다음과 같습니다.

첫째, [그림 9-8]의 왼쪽에서 ① '분석지역' 메뉴를 이용하여 분석하고자 하는 상권을 시, 군, 동의 순으로 선택합니다. 일반적으로 상권을 분석할 때는 자신이 원하는 지역을 직접 설정하는 것이 일반적이지만 나이스비즈맵의 무료서비스는 동 단위로만 상권을 선택할 수 있습니다. 다만 유료서비스에서는 상권을 자신이 원하는 범위로 설정할 수 있습니다.

둘째, 지역을 선택하고 나면 ② '분석업종'에서 자신이 원하는 업종을 대, 중, 소분류 순으로 선택합니다. 만약 내가 선택한 지역에 원하는 업종의 수가 3개 미만이라면 선택할 수 없습니다.

셋째, ③ '보고서 보기' 버튼을 클릭하여 기본 분석을 실행합니다.

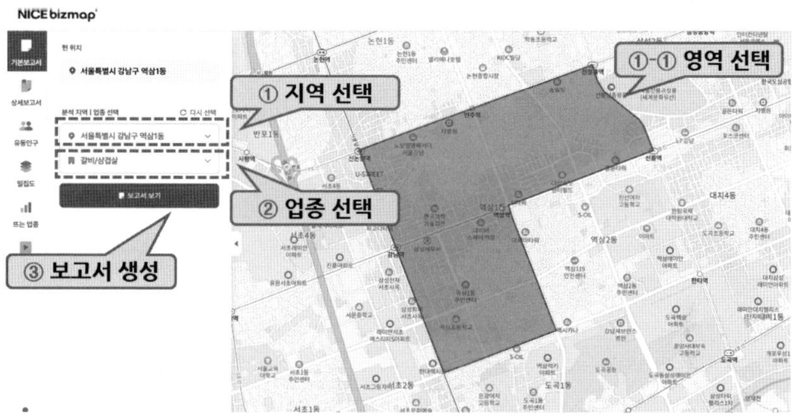

출처: 나이스비즈맵(2024). https://m.nicebizmap.co.kr

[그림 9-8] 나이스비즈맵 상권분석서비스: 기본보고서 초기화면

기본분석보고서의 출력화면은 [그림 9-9]와 같습니다. 가장 먼저 출력된 화면은 '상권의 특성'입니다. 기본분석보고서에는 '상권특성, 밀집도, 시장규모, 매출규모, 점포 수' 등이 나타납니다. 화면 우측 상단의 '표 전체보기'를 클릭하면 상세한 데이터를 표로 확인할 수 있습니다. 이를 통해 데이터를 보다 쉽게 분석하고 이해할 수 있습니다.

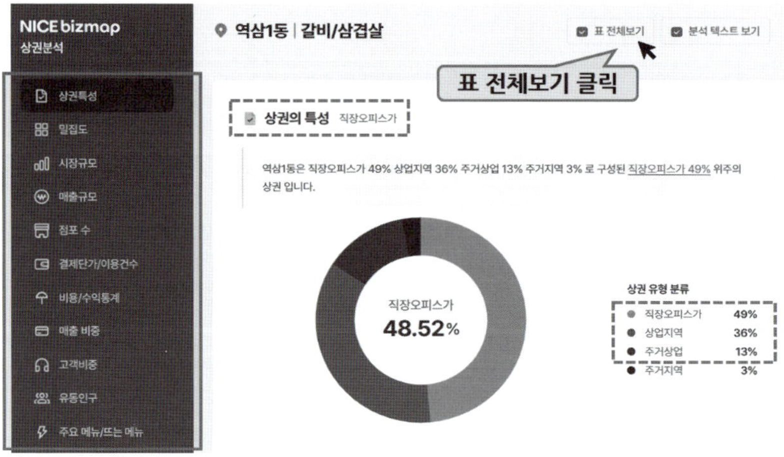

출처: 나이스비즈맵(2024). https://m.nicebizmap.co.kr

[그림 9-9] 나이스비즈맵 기본분석보고서: 초기화면

상권특성

역삼1동 상권은 직장 오피스가 49%, 상업지역 36%, 주거상업 13%, 주거지역 3%로 구성된 직장인 오피스 상권입니다. 직장 오피스가가 48.52%로 가장 높은 비율을 차지하고 있어, 주로 직장인들이 많은 지역임을 알 수 있습니다. 이러한 상권 특성은 해당 지역의 소비 패턴과 고객층을 이해하는 데 중요한 정보를 제공합니다.

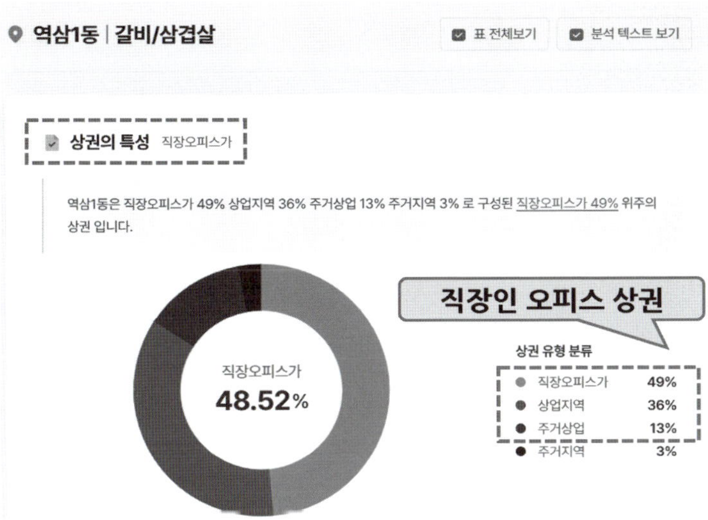

출처: 나이스비즈맵(2024). https://m.nicebizmap.co.kr

[그림 9-10] 나이스비즈맵 기본분석보고서: 상권특성

밀집도

나이스비즈맵의 기본분석보고서에서는 상권 내 업종 밀집도에 대한 데이터를 제공합니다. 밀집도 분석은 특정 업종이 상권 내에서 차지하는 비율을 파악할 수 있도록 하여 상권의 특성과 경쟁 상황을 이해하는 데 중요한 정보를 제공합니다. 예를 들어 [그림 9-11]에서 역삼1동 내 갈비/삼겹살 업종은 전체 점포 수의 2.1%를 차지하며, 이는 전국 평균보다는 낮지만 서울특별시와 강남구 내 비율보다는 높습니다. 이를 통해 해당 상권이 비교적 갈비/삼겹살 업종의 밀집도가 높은 지역임을 알 수 있습니다. 해당 업종의 신규 창업을 고려할 때, 상권 내 경쟁 상황을 충분히 고려할 필요가 있습니다.

선택업종 밀집도 해당상권 내 2.1%

선택영역 내 갈비/삼겹살 점포 수는 74개이며, 해당 상권 내 전체 업종 점포 수는 3,460개입니다.
해당 업종은 선택영역에서 전체의 2.1%비율을 차지하고 있으며, 전국 평균 업종 구성비보다 0.4%↓ 낮은 것으로 나타납니다.

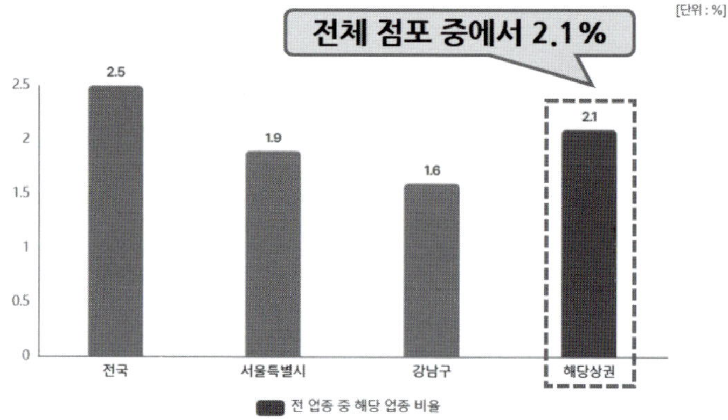

⊕ 데이터 표로 보기

구분	전국	서울특별시	강남구	역삼1동
전체 업종수	1,525,201개	257,706개	20,302개	3,460개
해당 업종수	37,664개	4,871개	315개	74개
비율	2.5%	1.9%	1.6%	2.1%

출처: 나이스비즈맵(2024). https://m.nicebizmap.co.kr

[그림 9-11] 나이스비즈맵 기본분석보고서: 밀집도

시장규모

분석대상 상권의 선택업종을 대상으로 시장규모에 대한 데이터를 제공합니다. 이를 통해 상권의 매출 추이를 파악하고, 상권 내 업종의 경제적 활동을 파악할 수 있으며, 변동성이 큰 시장규모를 고려하여 사업 전략을 수립하고 대응방안을 마련하는 데 중요한 자료가 됩니다.

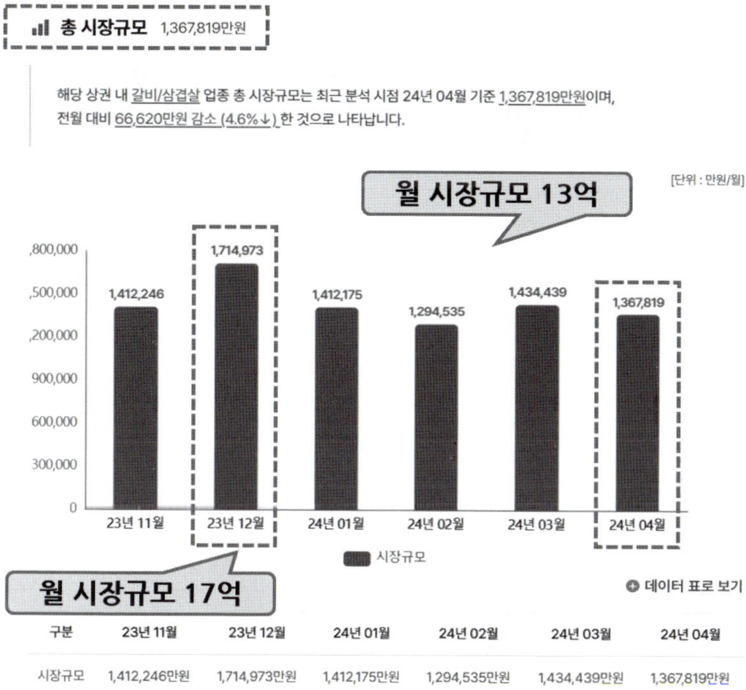

출처: 나이스비즈맵(2024). https://m.nicebizmap.co.kr

[그림 9-12] 나이스비즈맵 기본분석보고서: 시장규모

매출규모

매출규모 분석으로는 분석대상 상권 내 갈비/삼겹살 업종의 매출 현황을 상세히 보여줌으로써, 상권의 경쟁력과 시장 상황을 종합적으로 파악할 수 있게 해줍니다. 예를 들어 [그림 9-13]과 같이 상위 20% 점포의 매출이 하위 20% 점포의 매출보다 약 14.5배 높다는 것은 상위 20% 점포의 매출이 매우 높음을 볼 때, 경쟁력 있는 점포는 상당히 높은 매출을 기록하고 있습니다. 이는 품질, 서비스, 위치 등의 요인이 반영된 결과일 가능성이 큽니다. 상위 몇몇 점포들이 전체 평균을 크게 높이고

있음을 의미합니다.

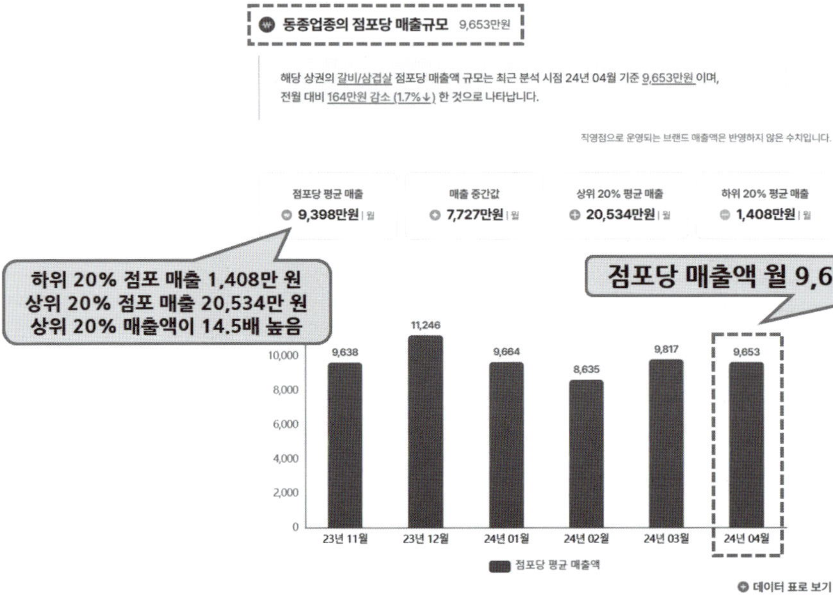

구분	23년 11월	23년 12월	24년 01월	24년 02월	24년 03월	24년 04월
점포당 매출액	9,638만원	11,246만원	9,664만원	8,635만원	9,817만원	9,653만원

출처: 나이스비즈맵(2024). https://m.nicebizmap.co.kr

[그림 9-13] 나이스비즈맵 기본분석보고서: 매출규모

점포 수

[그림 9-14]는 해당 상권의 동종 업종의 점포 수를 보여줍니다. 이 데이터는 최근 분석 시점에서 상권 내 갈비/삼겹살 점포 수의 변화를 보여줍니다. 점포 수가 전월 대비 1개 증가, 3개월 전과 비교했을 때 점포 수가 동일하므로, 단기적으로는 큰 변동 없이 안정적으로 유지되고 있음을 확인할 수 있습니다.

동종업종의 점포 수 74개

해당 상권에서 운영 중인 갈비/삼겹살 점포 수는 최근 분석 시점 24년 04월 기준 74개이며, 전월 대비 1개 증가↑,
3개월 전 대비 동일 한 것으로 나타납니다.

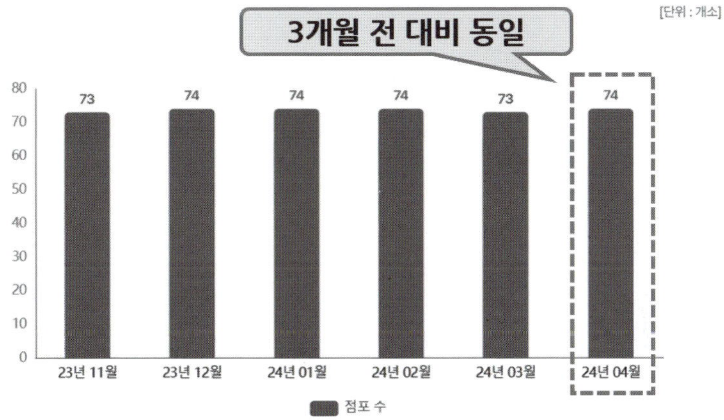

데이터 표로 보기

구분	23년 11월	23년 12월	24년 01월	24년 02월	24년 03월	24년 04월
점포 수	73개	74개	74개	74개	73개	74개

출처: 나이스비즈맵(2024). https://m.nicebizmap.co.kr

[그림 9-14] 나이스비즈맵 기본분석보고서: 점포 수

결제단가/이용건수

결제단가와 이용건수를 분석하면 여러 가지 해석이 가능합니다. 예를 들어, 해당 상권의 월별 이용건수 93,940건을 총 점포 수 74개로 나누면 점포당 약 1,269건의 결제가 이루어집니다. 이를 영업일 30일 기준으로 나누면 하루 평균 결제건수는 약 42건이 발생합니다. 만약 테이블이 15개 있는 매장이라면 하루 약 3회전 할 수 있는 매장입니다. 상권 내에는 대형점포와 소형점포가 함께 있으므로 획일적인 기준을 적

용할 수는 없지만 이러한 데이터를 바탕으로 상권 내에서의 수요를 반영한 효율적인 매장 구조를 설계해 볼 수 있습니다.

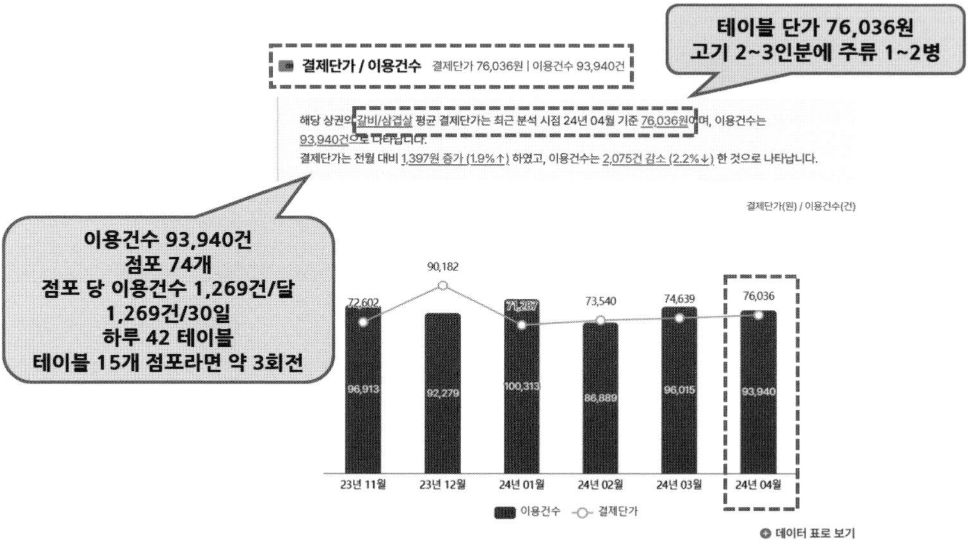

구분	23년 11월	23년 12월	24년 01월	24년 02월	24년 03월	24년 04월
이용건수	96,913건	92,279건	100,313건	86,889건	96,015건	93,940건
결제단가	72,602원	90,182원	71,287원	73,540원	74,639원	76,036원

출처: 나이스비즈맵(2024). https://m.nicebizmap.co.kr

[그림 9-15] 나이스비즈맵 기본분석보고서: 결제단가/이용건수

비용/수익통계

비용/수익통계는 외식업체의 재무상태를 파악하고, 이를 통해 운영 효율성을 높이는 데 중요한 자료를 제공합니다. [그림 9-16]은 약식 손익계산서이므로, 실제 매장의 환경에 따라 다를 수 있음을 고려하여 참고하기 바랍니다.

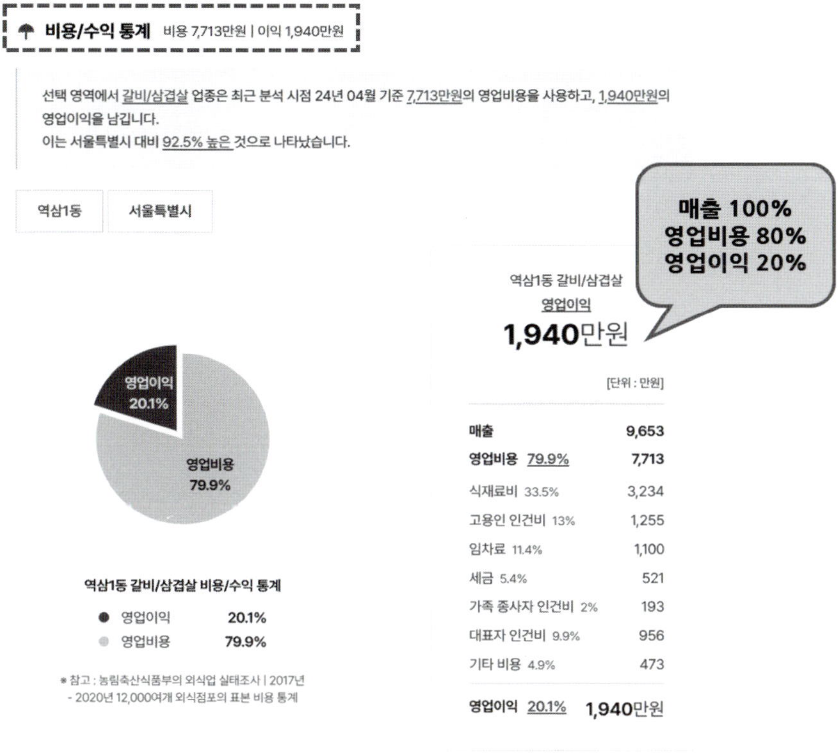

출처: 나이스비즈맵(2024). https://m.nicebizmap.co.kr

[그림 9-16] 나이스비즈맵 기본분석보고서: 비용/수익통계

매출 비중

매출 비중 분석을 통해 어떤 요일과 시간대에 집중해야 높은 매출을 달성할 수 있는지 파악할 수 있습니다. 영업시간을 설정하거나 영업시간에 따른 직원들의 근무스케줄을 계획할 때 활용할 수 있습니다.

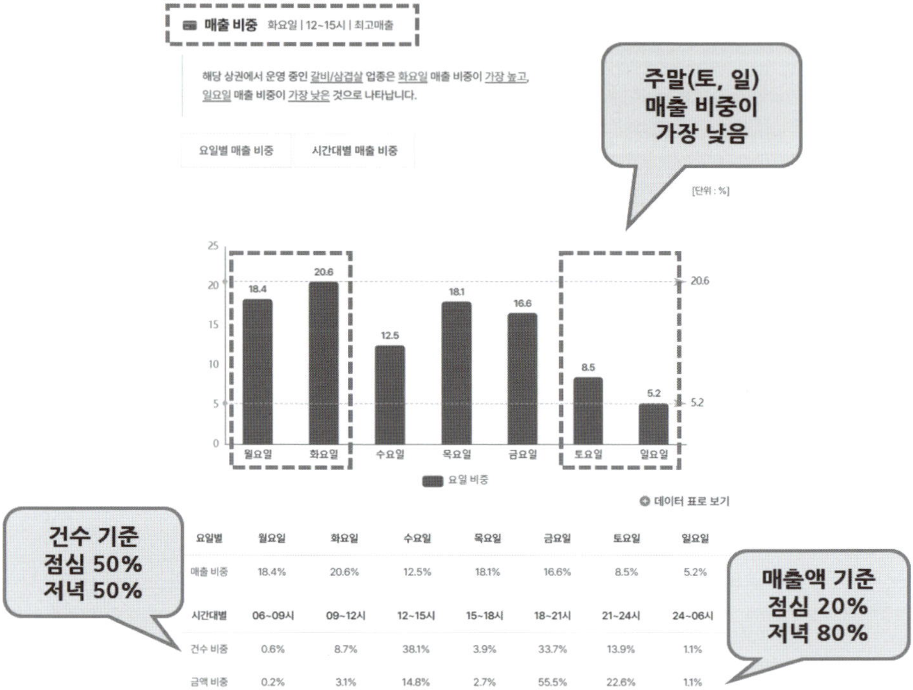

요일별	월요일	화요일	수요일	목요일	금요일	토요일	일요일
매출 비중	18.4%	20.6%	12.5%	18.1%	16.6%	8.5%	5.2%

시간대별	06~09시	09~12시	12~15시	15~18시	18~21시	21~24시	24~06시
건수 비중	0.6%	8.7%	38.1%	3.9%	33.7%	13.9%	1.1%
금액 비중	0.2%	3.1%	14.8%	2.7%	55.5%	22.6%	1.1%

출처: 나이스비즈맵(2024). https://m.nicebizmap.co.kr

[그림 9-17] 나이스비즈맵 기본분석보고서: 요일별/시간대별 매출 비중

고객 비중

고객 비중 분석은 해당 상권의 인구특성과 고객특성을 비교하기에 적합한 자료입니다. 자신의 점포 고객특성과 비교한다면 매우 유의미한 시사점을 도출할 수 있습니다. 마케팅 전략 수립에도 유효적절하게 활용할 수 있습니다.

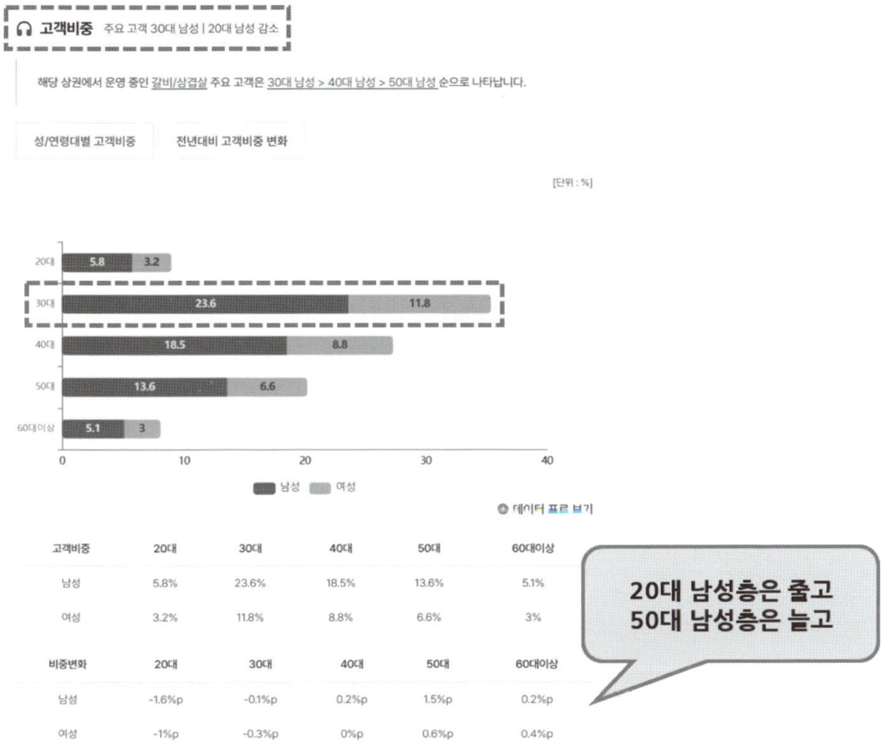

고객비중	20대	30대	40대	50대	60대이상
남성	5.8%	23.6%	18.5%	13.6%	5.1%
여성	3.2%	11.8%	8.8%	6.6%	3%

비중변화	20대	30대	40대	50대	60대이상
남성	-1.6%p	-0.1%p	0.2%p	1.5%p	0.2%p
여성	-1%p	-0.3%p	0%p	0.6%p	0.4%p

출처: 나이스비즈맵(2024). https://m.nicebizmap.co.kr

[그림 9-18] 나이스비즈맵 기본분석보고서: 성/연령대별 고객비중

유동인구

유동인구 분석은 거주인구에 비해서 외부에서 유입되는 인구일 가능성이 높습니다. [그림 9-18]과 같이 성/연령대별 고객현황으로 기존 고객과 비교하여 목표고객을 선정하는 데 활용할 수 있습니다.

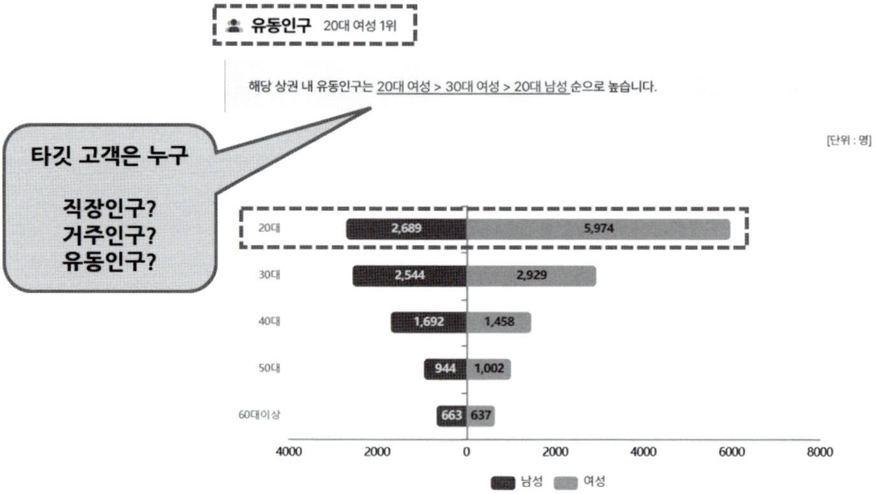

구분	20대	30대	40대	50대	60대이상	총계
합계	8,663명	5,473명	3,150명	1,946명	1,300명	20,532 명
남성	2,689명	2,544명	1,692명	944명	663명	8,532 명
여성	5,974명	2,929명	1,458명	1,002명	637명	12,000 명

출처: 나이스비즈맵(2024). https://m.nicebizmap.co.kr

[그림 9-19] 나이스비즈맵 기본분석보고서: 유동인구

주요 메뉴/뜨는 메뉴

주요 메뉴/뜨는 메뉴 분석은 전국적으로 소비자들이 어떤 메뉴를 선호하고 있는지를 나타내며, 트렌드 메뉴를 파악하는 데 유용합니다. [그림 9-20]에 따르면 전국적으로 인기가 높은 주요 메뉴는 갈비구이이며, 최근 인기가 급상승하고 있는 뜨는 메뉴는 돼지고기구이입니다. 전국 메뉴 트렌드 분석을 통해 현재 가장 인기 있는 메뉴를 파악하고, 이를 매장 메뉴 구성에 반영함으로써 고객의 만족도를 높일 수 있습니다.

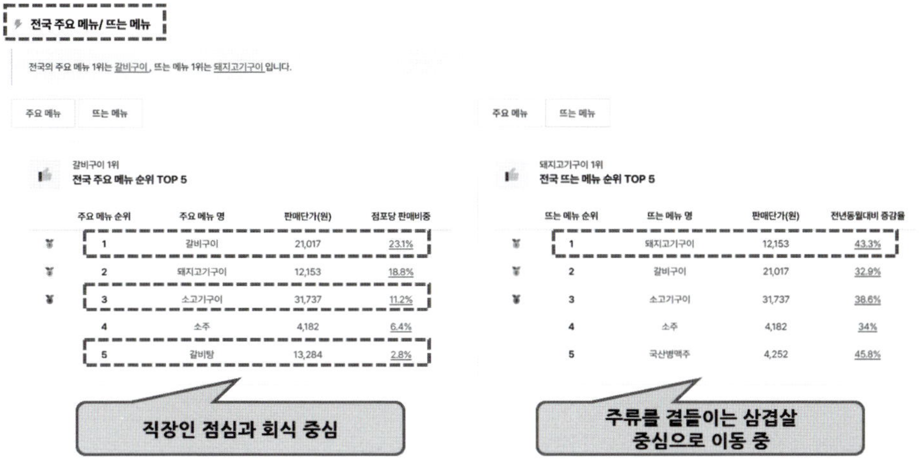

전국 주요 메뉴/ 뜨는 메뉴

전국의 주요 메뉴 1위는 갈비구이, 뜨는 메뉴 1위는 돼지고기구이 입니다.

주요 메뉴 뜨는 메뉴

갈비구이 1위
전국 주요 메뉴 순위 TOP 5

주요 메뉴 순위	주요 메뉴 명	판매단가(원)	점포당 판매비중
1	갈비구이	21,017	23.1%
2	돼지고기구이	12,153	18.8%
3	소고기구이	31,737	11.2%
4	소주	4,182	6.4%
5	갈비탕	13,284	2.8%

주요 메뉴 뜨는 메뉴

돼지고기구이 1위
전국 뜨는 메뉴 순위 TOP 5

뜨는 메뉴 순위	뜨는 메뉴 명	판매단가(원)	전년동월대비 증감율
1	돼지고기구이	12,153	43.3%
2	갈비구이	21,017	32.9%
3	소고기구이	31,737	38.6%
4	소주	4,182	34%
5	국산병맥주	4,252	45.8%

출처: 나이스비즈맵(2024), https://m.nicebizmap.co.kr

[그림 9-20] 나이스비즈맵 기본분석보고서: 전국 주요 메뉴/뜨는 메뉴

유료 제공 서비스

나이스비즈맵의 유료 서비스인 '상세분석'은 외식업 창업자나 경영자에게 매우 유용한 도구로, 상권분석, 사업성 진단, 매출분석, 경쟁분석, 고객분석, 지역분석 등 다양한 정보를 종합적으로 제공합니다.

첫째, 상권분석을 통해 상권 내 주거 및 직장인구, 주요시설, 상권유형 등을 파악할 수 있으며, 상권 전체의 인구통계와 유동인구 흐름을 제공합니다.

둘째, 사업성 진단은 매출 성장성, 안정성, 고객 구매력, 수요 밀집도, 집객력 등의 지표를 통해 상권의 종합 등급과 평점을 평가하고, 예상매출액을 추정하며 손익분기점을 분석하여 사업의 타당성을 진단합니다.

셋째, 매출분석을 통해 상권 내 동종 업종의 평균매출, 매출분포, 건당 단가, 결제건수 등의 통계를 제공하고, 월별, 요일별, 시간대별 매출 특성을 분석하여 매출 예측을 돕습니다.

넷째, 경쟁분석을 통해 경쟁업체의 점포 수 변화, 운영 연수, 포화 상태 등을 분석하여 경쟁상황을 평가하며, 성장기, 집중기, 침체기 등 업종의 성장 단계를 구분하여 전략 수립에 도움을 줍니다.

다섯째, 고객분석을 통해 상권 내 고객의 인구통계학적 특성(연령, 성별, 소득 수준 등)을 분석하고, 고객선호도와 재방문 비중 등을 파악하여 맞춤형 마케팅 전략을 수립할 수 있습니다.

마지막으로, 지역분석을 통해 유동인구, 주거인구, 상업시설, 교통시설 등 지역 내 인프라와 인구통계를 제공하며, 상권 활성도와 집객력을 평가하여 점포 입지 선정에 도움을 줍니다.

이 서비스는 창업자나 사업자가 상권에 대한 종합적인 정보를 바탕으로 보다 정확한 사업계획을 세우고, 성공 가능성을 높일 수 있도록 지원합니다.

나이스비즈맵의 상세분석서비스 사용방법을 단계별로 설명하겠습니다.

① [그림 9-21]의 왼쪽 메뉴에서 '상세보고서'를 클릭합니다.
② 아이디와 비밀번호를 입력하고 '로그인' 버튼을 클릭합니다.
③ 분석하고자 하는 지역을 시, 구, 동 순으로 선택하거나 주소나 등록된 상호명으로도 검색하여 선택할 수 있습니다.
④ 분석할 영역의 반경을 선택합니다.

⑤ 분석하려는 업종을 선택합니다.

⑥ 비용 항목을 입력합니다. (임대료, 인건비, 재료비 등)

⑦ '분석하기' 버튼을 클릭하여 분석 내용을 생성합니다.

⑧ 원하는 상권보고서를 선택합니다. 보고서는 1회 권한 구매 또는 묶음상품 구매로 선택할 수 있습니다.

⑨ '결제하기' 버튼을 클릭하여 결제를 완료합니다.

이와 같은 단계로 상세보고서는 기본보고서와 달리 보고서 형태로 (3개월 보관) 출력이 가능합니다. 선택 업종과 지역의 사업성 진단 시 참고 자료로 사용할 수 있습니다.

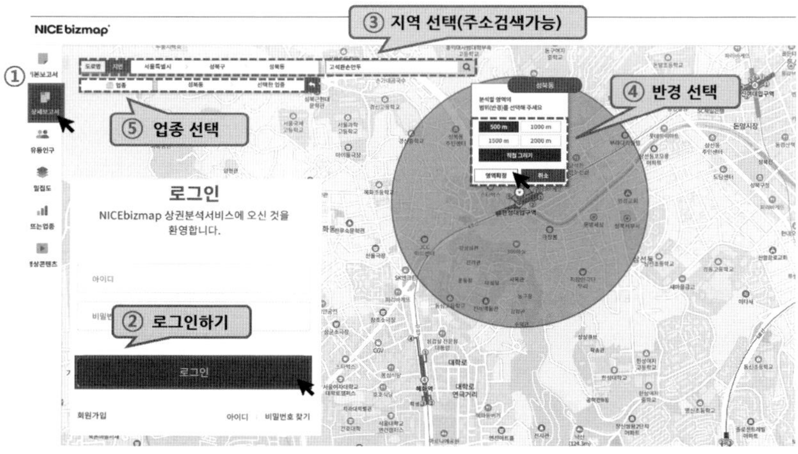

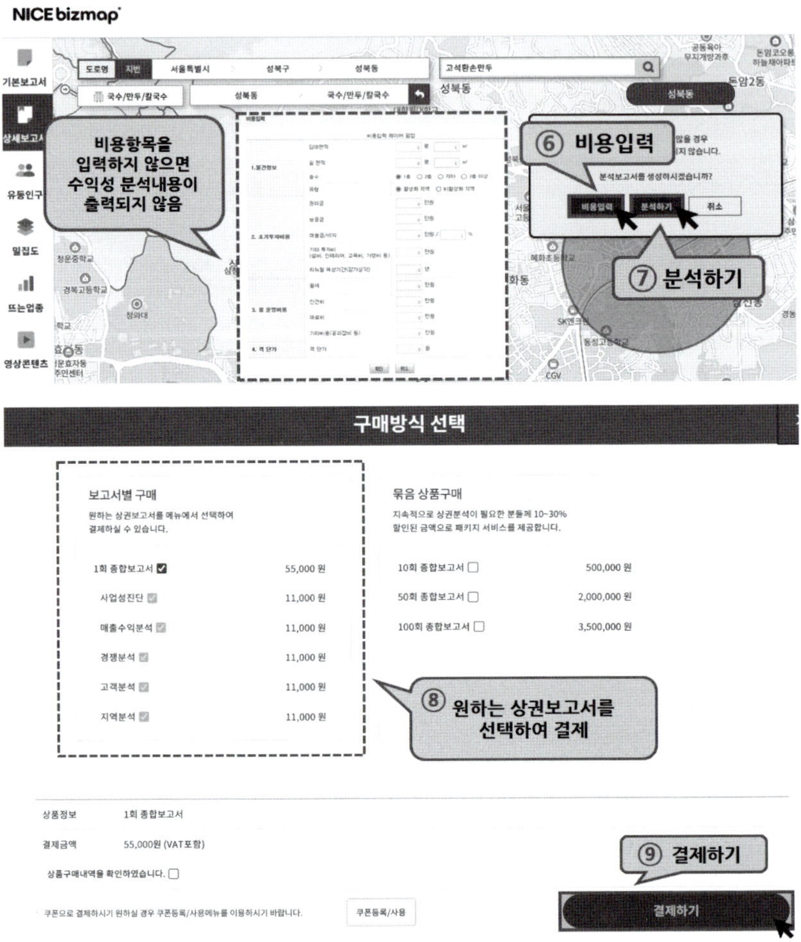

출처: 나이스비즈맵(2024). https://m.nicebizmap.co.kr

[그림 9-21] 나이스비즈맵 상세분석보고서 사용법

나이스지니데이타

나이스지니데이타는 나이스비즈맵을 포함한 다양한 데이터 기반 서비스를 제공하는 데이터 전문 회사로, 빅데이터를 수집, 분석, 가공하여 다양한 산업 분야에 유용한 정보를 제공합니다. 상권분석서비스 외에도 POS 데이터플랫폼은 편의점, 외식, 리테일의 POS 빅데이터를 분석하여 매출, 판매 트렌드, 고객행동, 재고관리, 맞춤형 마케팅 전략을 지원합니다. NICE MARKET INFO는 시장동향과 소비자분석을 제공하는 구독형 서비스로, 맞춤형 리포트와 데이터 기반 인사이트를 제공합니다. 또한, 디지털 라이프 데이터 댐은 온 · 오프라인 데이터를 통합 분석하여 고객행동과 선호도를 파악하고, 마케팅 및 고객관계 관리전략을 지원합니다.

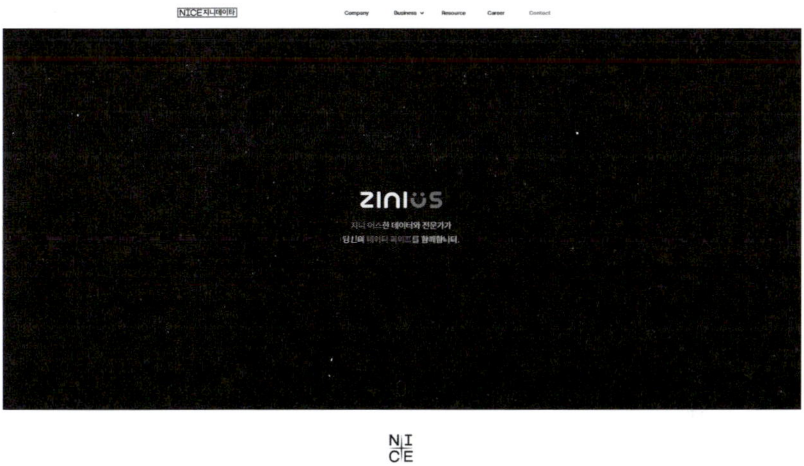

출처: 나이스비즈맵(2024). nicezinidata.com

[그림 9-22] 나이스지니데이타 메인 화면

출처: 나이스비즈맵(2024). nicezinidata.com

[그림 9-23] 나이스지니데이타: 기타 서비스 화면

[그림 9-24]와 같이 나이스지니데이타에서 제공하는 서비스 중 하나인 POS 데이터플랫폼은 이러한 다양한 데이터를 종합하여 사용자가 상권을 효과적으로 분석할 수 있도록 지원합니다. 예를 들어, 외식 데이터(카드)와 배달 데이터(카드)를 통해 매출 추이를 파악하고, 메뉴 데이터(POS)를 통해 인기 메뉴와 비인기 메뉴를 구분할 수 있습니다. 생활 인구 데이터(통신)와 주거인구 데이터(공공)를 결합하면, 특정지역의 유동인구와 주거인구의 상관관계를 분석하여 상권의 잠재고객층을 더 정확하게 예측할 수 있습니다. 프랜차이즈 데이터를 통해서는 프랜차이즈 업종의 시장점유율과 성장 가능성을 평가할 수 있습니다.

이를 통해 사용자는 상권의 경쟁력을 파악하고, 최적의 입지를 선택하며, 맞춤형 마케팅 전략을 수립할 수 있습니다. 예를 들어, 특정지역에서 갈비/삼겹살 업종의 시장규모와 점유율을 분석하여 신규 창업의 타당성을 평가하고, 경쟁력 있는 메뉴와 서비스를 개발하는 데 필요한 데이터를 제공받을 수 있습니다.

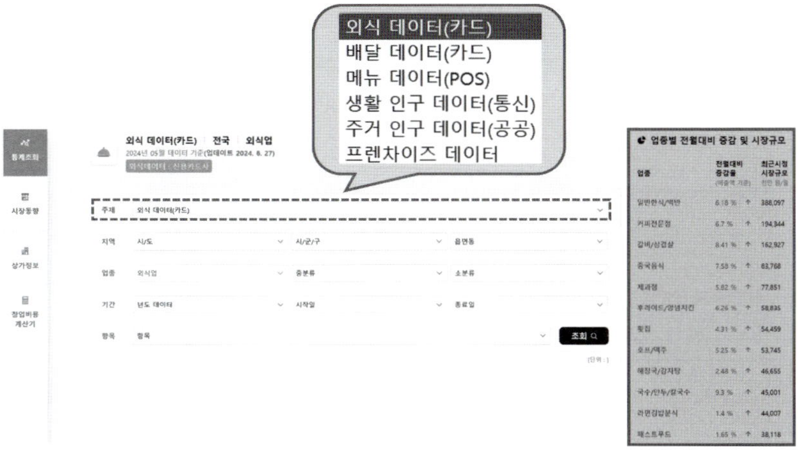

출처: 나이스비즈맵(2024). nicezinidata.com

[그림 9-24] 나이스지니데이타: POS 데이터플랫폼

지금까지 나이스지니데이타가 제공하는 나이스비즈맵 상권분석시스템에 대하여 사용법을 정리해 보았습니다.

최근 나이스비즈맵은 더욱 다양한 데이터와 기능을 제공하며, 사용자 경험을 향상시키기 위해 지속적으로 업데이트되고 있습니다. 예를 들어, POS 데이터플랫폼, NICE MARKET INFO, 디지털 라이프 데이터뎁 등 다양한 데이터 기반 서비스는 사용자들에게 더욱 풍부한 정보를 제공하여 보다 정교한 상권분석을 가능하게 합니다.

앞으로도 상권분석시스템은 많은 기관들이 연구개발을 통해 다양한 형태로 출시될 것으로 예상됩니다. 모든 시스템은 각기 나름대로의 특성과 장단점을 가지고 있습니다. 사용자들은 하나의 시스템에만 의존하기보다는 각각의 시스템의 특징을 잘 파악하고, 필요한 부분을 취사선택하여 적절히 활용하는 노력이 필요합니다.

CHAPTER 10 오픈업 사용법

오픈업이 뭔가요?

'오픈업'은 누구나 쉽게 접근할 수 있는 상권 정보를 제공하는 서비스입니다. 기존의 복잡하고 느린 상권 정보 서비스의 문제점을 개선하여, 간편하고 효율적인 상권 정보를 제공하는 것을 목표로 합니다. 다양한 빅데이터를 기반으로 하여, 사용자들이 필요한 정보를 쉽고 빠르게 얻을 수 있도록 돕습니다. 국가 부처, 통신사, 카드사 등에서 수집한 데이터를 바탕으로 AI가 계산한 추정 매출을 제공하며 지속적인 데이터 업데이트로 최신 정보를 유지합니다. 주요 사용자는 예비창업자, 기존 사업자, 컨설턴트, 프랜차이즈 본부 등입니다. 매출 정보, 주거인구, 고객분석, 경쟁분석 등 다양한 정보를 시각적으로 제공하고 있습니다. 실제 창업을 위해서는 추가적인 현장조사와 마케팅 조사가 필요하며, 제공 데이터는 참고용으로 활용하기 바랍니다.

오픈업 접속하기

네이버, 다음, 구글 등의 포털사이트에 접속하여 검색창에 "오픈업"을 입력하면 오픈업(https://www.openub.com) 사이트에 접속할 수 있습니다. 첫 화면은 [그림 10-1]과 같습니다. 시스템을 이용하려면 오른쪽 메뉴 탭에서 ① '로그인' 버튼을 클릭하면 ② 카카오로 연결되는 창이 뜨고, 회원가입 후 로그인을 하면 됩니다.

출처: 오픈업(2024). https://www.openub.com

[그림 10-1] 오픈업 초기화면

오픈업의 구성 확인하기

오픈업 초기화면의 우측 하단에 있는 '메뉴' 버튼을 클릭하면 [그림 10-2]와 같은 시스템 구성을 볼 수 있습니다. 메뉴는 '고객 탐색, 업종 필터, 상권 생성, 관심 목록, 저장 목록, 오픈업 보고서, 오픈업 이용 가이드, 깃발 최적화, 외식업 창업 계산기'로 구성되어 있으며, '오픈업 이용 가이드' 서비스에서는 예비창업자를 위해 미리 파악해 두면 좋은 요소들을 정리해 제공하고 있습니다.

출처: 오픈업(2024). https://www.openub.com

[그림 10-2] 오픈업 메뉴 구성

상권분석 시작하기

오픈업에서 제공되는 상권분석보고서는 예비창업자와 기존 사업자를 위하여 '업종 경쟁 강도 분석, 타깃 탐색, 주요 시간대 확인 등'을 포함하여 분석하고자 하는 상권 전반의 평균 매출부터 주요 타깃과 활성 시간대까지 여러 상권을 비교 분석하기에 매우 유용합니다.

상권 검색

[그림 10-3]의 ①번 검색창에 분석하고자 하는 상권을 검색합니다.

출처: 오픈업(2024). https://www.openub.com

[그림 10-3] 오픈업 상권 검색

상권 그리기 및 관심 상권 등록하기

[그림 10-4]의 오른쪽 상단 탭에서 ② '상권' 버튼을 눌러, 범계역 주변 상가권을 다각형을 이용하여 정밀하게 선택합니다. 상권 그리기는 원형, 사각형, 혹은 다각형을 이용하여 원하는 모양을 자유롭게 설정할 수 있으며, 분석 가능한 최대 넓이는 50만㎡입니다. 이는 한쪽 끝에서 다른 쪽 끝까지 도보로 5~7분이면 이동 가능한 거리입니다. 다만, 타깃 고객이 더욱 짧은 거리를 선호한다면 분석 크기를 줄여야 합니다. 다각형으로 상권을 지정할 때는 클릭하여 점을 찍어가며 원하는 지역을 선택합니다. 마지막에 시작했던 점을 클릭하면 상권이 닫히며 다각형이 완성됩니다. 이를 통해 보다 정밀한 상권 설정이 가능합니다. 이 밖에도 상권을 만드는 방법은 [그림 10-4]의 오른쪽 상단 탭의 '빠른상

권' 버튼을 클릭하면 현재 지도 중심지를 기준으로 빠르게 상권이 원형으로 그려집니다. 또 건물을 기준으로 상권을 만들고 싶을 때에는 [그림 10-3]의 왼쪽 상단 ①번 검색창 밑에 있는 '건물 중심 상권 생성' 버튼을 클릭하시면 상권이 만들어집니다. 상권 그리기를 마친 후에는 ③번 '관심' 등록 버튼을 클릭하여 관심 상권으로 등록합니다. '관심 상권'으로 등록하면, [그림 10-4] 오른쪽 탭 '관심 목록' 버튼을 클릭하면 1개까지 등록이 가능하며, 해당 상권에 대한 데이터를 쉽게 접근하고 관리할 수 있습니다. 추후 분석이나 비교 시 유용하게 사용할 수 있습니다. 다른 상권을 관심 상권으로 등록하고 싶다면, 관심 해제를 통해 저장 공간을 비울 수 있습니다. 관심 상권 외에도 [그림 10-5]와 같이 관심 매장을 등록할 경우, 최대 10개까지 등록 가능하며 각 매장의 추정 매출을 확인할 수 있습니다.

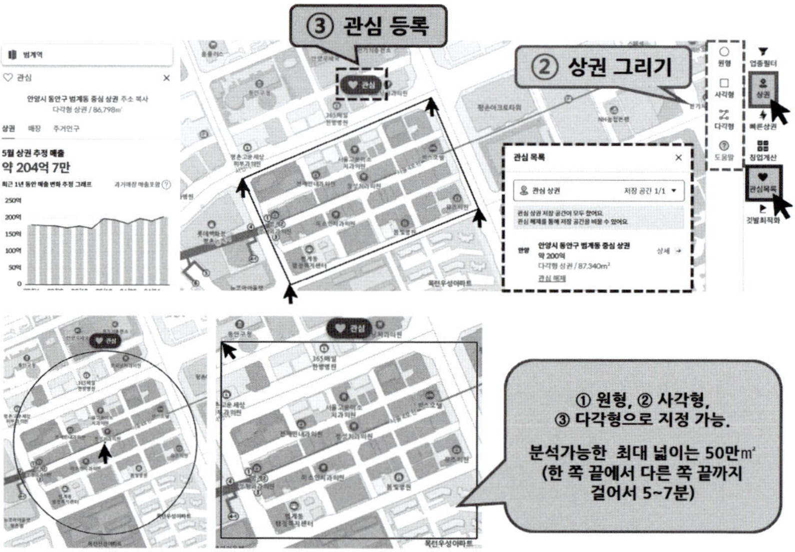

출처: 오픈업(2024). https://www.openub.com

[그림 10-4] 오픈업 상권 그리기 및 관심 상권 등록하기

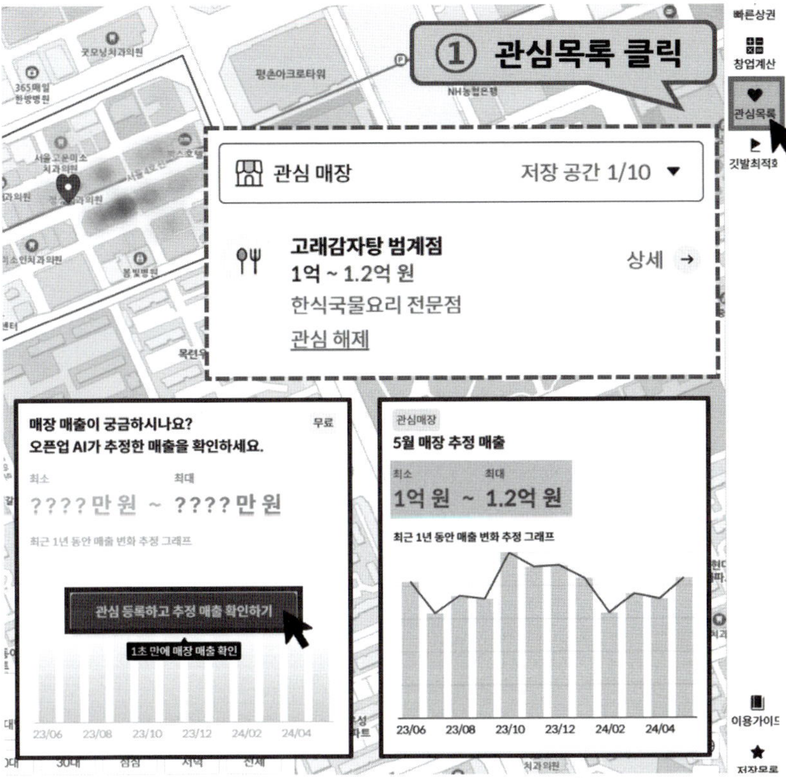

출처: 오픈업(2024). https://www.openub.com

[그림 10-5] 오픈업 관심 매장 등록하기

업종 선택하기

[그림 10-6]의 왼쪽 상단에 보이는 ④번 '상권' 버튼을 클릭하면 분석하고자 하는 상권의 전체 업종에 대한 5월 추정 매출값이 나옵니다. ⑤번 '업종필터'를 클릭한 후, '음식' 업종을 선택하면 음식 업종에 대한 매출 데이터와 현황을 분석할 수 있습니다. 업종필터에서 '세부 업종'을 선택하면, '한식', '중식', '일식', '패스트푸드', '카페' 등 세부 업종에 대한 매출 데이터와 현황을 분석할 수 있습니다. 이를 통해 보다 구체적인

업종 분석이 가능하며, 타깃 고객의 소비 패턴을 이해하는 데 도움이 됩니다.

출처: 오픈업(2024). https://www.openub.com

[그림 10-6] 오픈업 업종 선택

상권분석 확인하기

상권분석결과 화면은 [그림 10-7]과 같이 나타납니다. 현재 화면은 오픈업을 통해 분석한 5월 상권 매출은 약 131억 원으로, 최근 1년 동안 매출 변동 추정 그래프를 보면 매출이 비교적 안정적으로 유지되고 있음을 알 수 있습니다. 특히, 23년 12월에 최고점을 기록한 이후 소폭 하락했으나 다시 안정적인 증가세를 보이며 5월에는 약 131억 원으로 추정되었습니다.

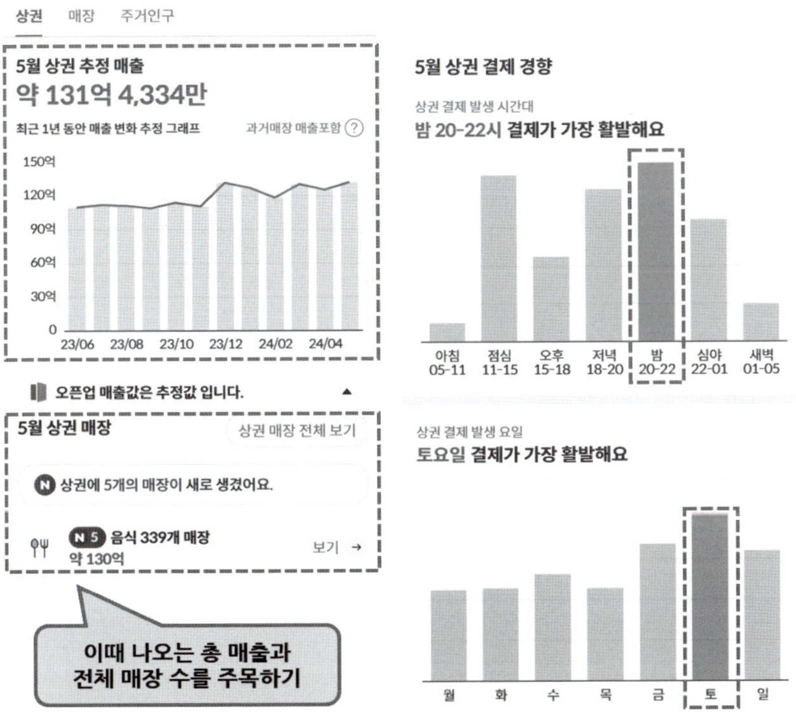

출처: 오픈업(2024). https://www.openub.com

[그림 10-7] 오픈업 상권분석 상권1

결제 경향을 살펴보면, 결제가 가장 활발한 시간대는 밤 20시에서 22시 사이로 나타났습니다. 이는 해당 상권이 야간 활동이 많은 지역임을 나타냅니다. 또한, 토요일에 결제가 가장 많이 발생하는 것으로 나타났으며, 토요일에 결제가 많이 발생하는 것은 해당 상권이 주말에 특히 활성화되는 지역임을 의미합니다. 특히, 휴일에도 결제가 활발하게 이루어지고 있어, 해당 상권이 평일보다 주말과 휴일에 더욱 활성화된다는 것을 알 수 있습니다. 이를 통해 주말 고객의 특성과 소비 패턴을 분석하여 맞춤형 서비스를 제공함으로써 고객 만족도를 높이고,

재방문율을 증가시킬 수 있습니다.

5월 상권 내 매장 수를 보면, 총 339개의 음식 매장이 있으며 이 중 5개의 매장이 새로 생겼습니다. 총 매출은 약 130억 원으로, 매장 한 곳당 평균 매출을 계산하면 약 3,836만 원이 됩니다. 이는 매장이 많아도 각 매장의 매출이 고르게 유지되고 있음을 의미합니다.

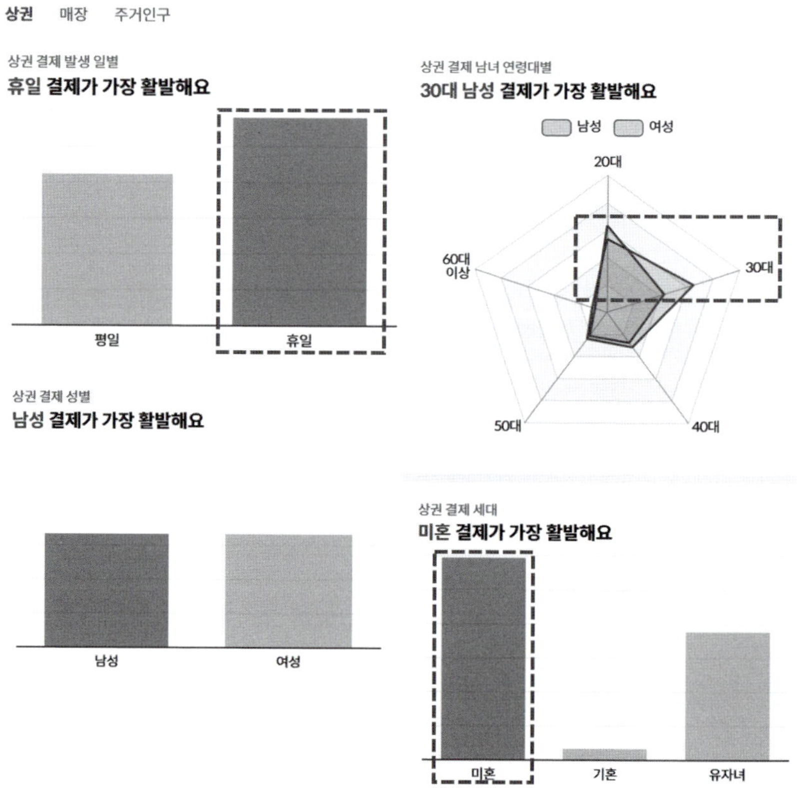

출처: 오픈업(2024). https://www.openub.com

[그림 10-8] 오픈업 상권분석 상권2

업종 경쟁 강도를 분석해 보면, 총 매출과 전체 매장 수를 통해 매장 한 곳당 평균 매출을 계산하여 경쟁 강도를 파악할 수 있습니다. 매출이 높다고 해서 반드시 유리한 상권은 아닙니다. 매장 수가 많다면 경쟁이 치열할 수 있기 때문에, 평균 매출을 고려하여 실제 경쟁 상황을 분석하는 것이 중요합니다.

상권 결제 성별을 보면, 남성의 결제가 여성보다 활발한 것으로 나타났습니다. 연령대별로는 30대 남성의 결제가 가장 활발하며, 이는 30대 남성이 주요 소비층임을 나타냅니다. 결제 세대별로는 미혼자의 결제가 가장 활발한 것으로 나타났습니다.

이에 따라 제안하는 전략은 다음과 같습니다. 첫째, 밤 20시에서 22시와 토요일에 결제가 활발한 점을 고려하여 야간 및 주말 프로모션을 강화하고, 이 시간대에 맞춘 특별 이벤트를 진행하는 것이 좋습니다. 둘째, 매장 한 곳당 평균 매출을 계산하여 경쟁 강도를 파악하고, 신규 진입 시 차별화된 메뉴와 서비스를 제공하여 경쟁력을 높이는 것이 중요합니다. 셋째, 젊은 층과 미혼자를 타깃으로 한 마케팅 전략을 수립하여 이들의 관심을 끌 수 있는 메뉴 및 서비스를 개발합니다. 마지막으로, 1인 가구 비율이 높은 점을 고려하여 소형 메뉴 및 배달 서비스를 강화하는 것이 좋습니다.

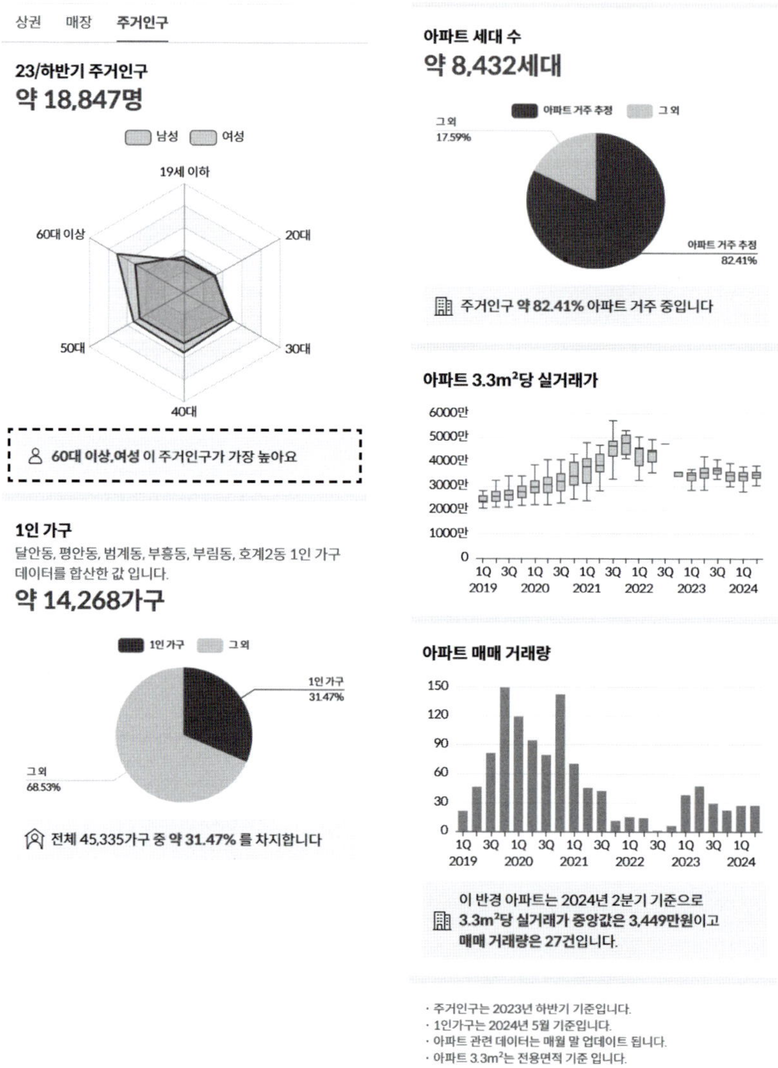

출처: 오픈업(2024). https://www.openub.com

[그림 10-9] 오픈업 상권분석 주거인구

안양시 동안구 범계동 중심 상권의 주거인구는 약 18,847명이며, 60대 이상 여성의 비율이 가장 높습니다. 총 8,432세대 중 82.41%가 아파트에 거주하고 있으며, 1인 가구 비율은 약 31.47%로 나타났습니다. 그러나 범계역 상권에서는 주거인구보다는 유입인구가 주 고객이라는 점을 알 수 있습니다. 이 외에도 아파트 세대 수, 아파트 실거래가, 아파트 매매 거래량도 조회하는 기능을 제공합니다.

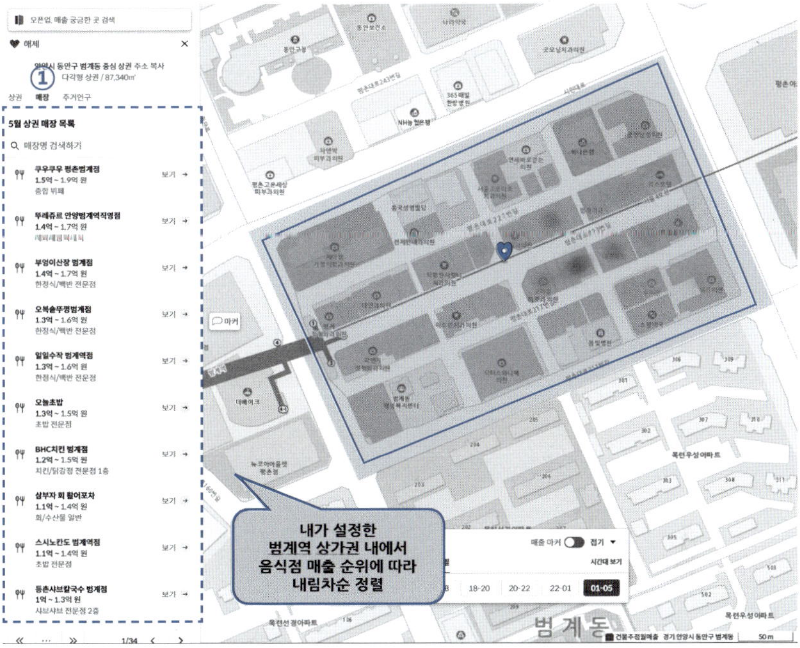

출처: 오픈업(2024). https://www.openub.com

[그림 10-10] 오픈업 매출 순위별 상권 내 주요 매장 리스트

고객 탐색하기

고객 탐색 기능을 사용하면 히트맵을 통해 원하는 고객 유형의 매출이 높고 낮은 지역을 빠르게 탐색할 수 있습니다. 고객 탐색을 시작하려면 원하는 고객 유형을 클릭하면 됩니다. 클릭한 고객의 매출이 높은

곳은 진한 붉은색으로, 낮은 곳은 옅은 연두색으로 표시됩니다. 마지막으로 클릭한 고객 유형을 다시 클릭하면 고객 탐색이 종료됩니다.

고객 탐색 시 히트맵과 매출 마커를 동시에 볼 수 있으며, 고객 탐색란의 오른쪽 상단의 매출 마커 스위치 버튼을 통해 설정할 수 있습니다. 더 세분화된 고객 탐색을 할 수 있도록 업종 필터와 고객 탐색을 동시에 사용할 수 있습니다. 예를 들어 업종 필터로 음식을 선택한 후 고객 탐색에서 20대로 설정하면, 음식점의 매출 중에서 20대 고객의 매출이 높은 곳을 진한 붉은색으로 표시합니다.

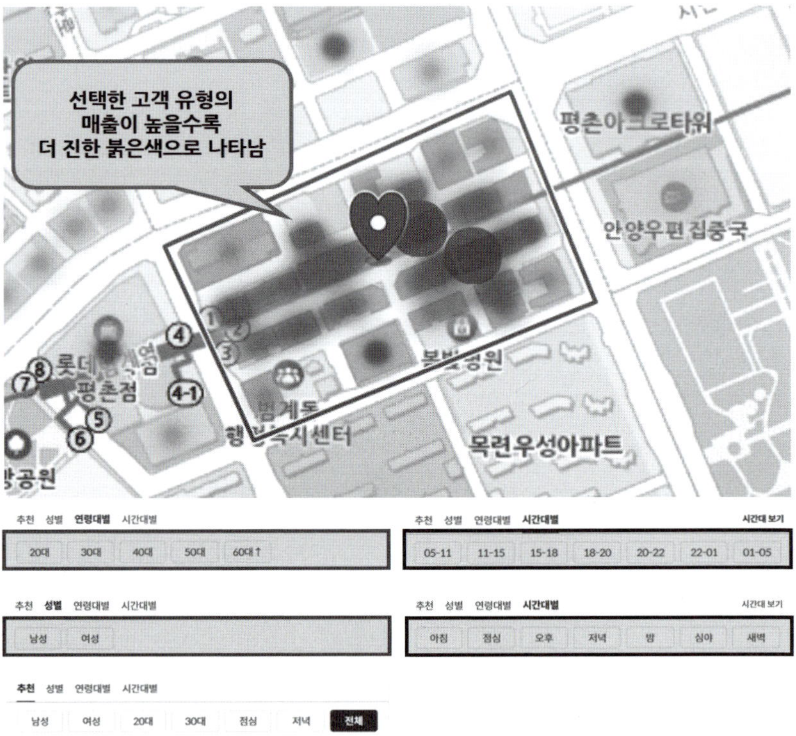

출처: 오픈업(2024). https://www.openub.com

[그림 10-11] 오픈업 고객 탐색

전국 단위 상권분석하기

전국 단위 상권분석을 통해 전략적 입지 선정, 시장 성장성 평가, 타깃 고객층 파악, 경쟁 상황 분석, 부동산 동향 이해, 맞춤 전략 수립, 리스크 분산 등의 이점을 얻을 수 있습니다.

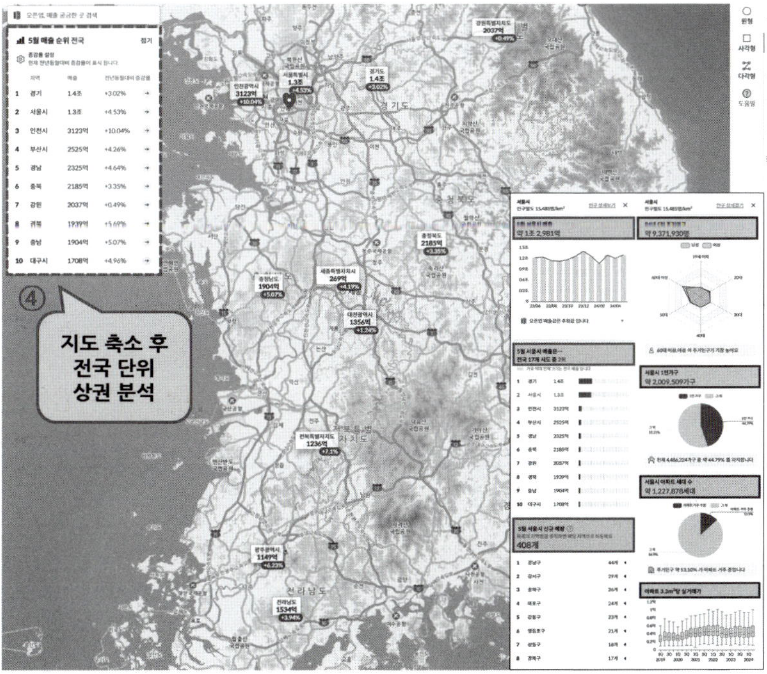

출처: 오픈업(2024). https://www.openub.com

[그림 10-12] 오픈업 전국 상권분석2

외식업 창업 계산기

오픈업에서 제공하는 서비스인 외식업 창업 계산기를 사용하는 단계별 방법을 소개하겠습니다.

[그림 10-13]의 오른쪽 상단 탭에 있는 ① '창업계산' 버튼을 클릭합니다. 검색창이 뜨면, ② 창업할 지역을 선택합니다. ③ 창업할 업종을 선택하여 버튼을 클릭합니다. 업종을 고른 후, ④ 창업할 매장의 크기를 선택합니다. ⑤ 매장의 층수를 선택합니다. ⑥ 어떤 건물에 있는 매장인지 선택합니다. 이 선택은 임대료 책정에 반영됩니다.

이 단계를 통해 초기 창업 비용과 예상 매출을 계산할 수 있습니다.

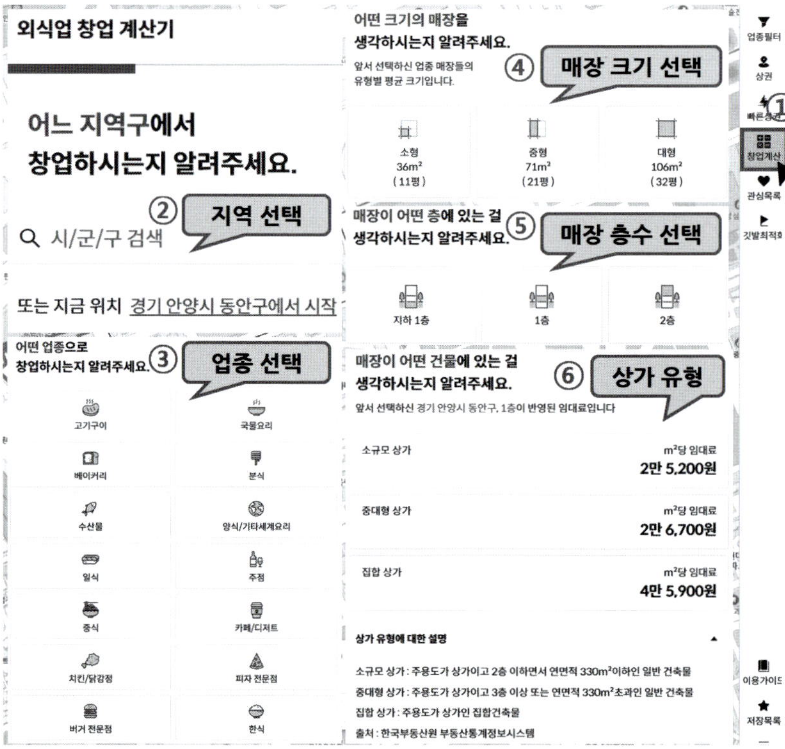

출처: 오픈업(2024). https://www.openub.com

[그림 10-13] 오픈업 외식업 창업 계산기

출처: 오픈업(2024). https://www.openub.com

[그림 10–14] 오픈업 외식업 창업 계산기

오픈업 외식업 창업 계산기를 통해 예비창업자가 알게 되는 정보는 다음과 같습니다.

첫째, 예상 창업 비용입니다. 지역, 업종, 면적, 층, 상가 유형을 입력하면 총 창업 비용을 계산할 수 있습니다. 예를 들어, 경기 안양시 동안구에서 한식 업종으로 중형(71m^2) 매장을 1층의 소규모 상가에 창업할 경우, 총 창업 비용은 약 5,501만 원으로 계산됩니다. 세부 비용으로는 첫 월 임대료가 178만 원, 보증금이 1,780만 원, 인테리어 비용이 3,543만 원으로 예상됩니다.

둘째, 월 최소 목표 매출입니다. 안정적인 운영을 위해 필요한 최소 매출을 알 수 있습니다. 예를 들어, 경기 안양시 동안구 한식 매장의 안정적인 운영을 위해서는 월 최소 매출 1,780만 원이 필요하며, 이는 보통 영업일 3일 내에 임대료를 충당할 수 있는 매출입니다.

셋째, 매장 목표입니다. 목표 매출을 달성하기 위해 100개의 매장 중 어느 정도의 순위에 들어야 하는지 알 수 있습니다. 예를 들어, 상위 48.1%에 들어야 목표 매출을 달성할 수 있습니다.

넷째, 성수기와 비성수기 분석입니다. 결제 건수가 1년 평균보다 20% 이상 높은 성수기와 낮은 비성수기를 파악할 수 있습니다. 예를 들어, 성수기는 7월이며 비성수기는 6월입니다. 이를 통해 성수기에는 집중적으로 운영하고, 비성수기에는 대비할 수 있습니다.

다섯째, 배달 매출 비중입니다. 배달 매출이 전체 매출에서 차지하는 비율을 알 수 있으며, 배달 매출이 높은 지역을 파악할 수 있습니다. 예를 들어, 경기 안양시 동안구의 배달 매출 비중은 11.5%이며, 배달 매출이 높은 지역은 신촌동, 호계2동, 비산2동입니다.

여섯째, 프랜차이즈 창업 비용 비교입니다. 비슷한 창업 비용으로 가능한 한식 업종 프랜차이즈의 창업 비용을 비교할 수 있습니다. 예를 들어, 덮덮밥과 희귀한족발의 예상 창업 비용은 각각 5,923만 원과 5,970만 원입니다.

이 외에도 고객 남녀 연령대별 분석을 통해 주 고객층을 파악할 수 있으며, 이는 주로 30대 남성, 40대 남성, 50대 남성임을 알 수 있습니다.

이를 통해 창업 준비 과정에서 필요한 다양한 정보를 종합적으로 알 수 있습니다.

깃발 최적화 서비스 소개

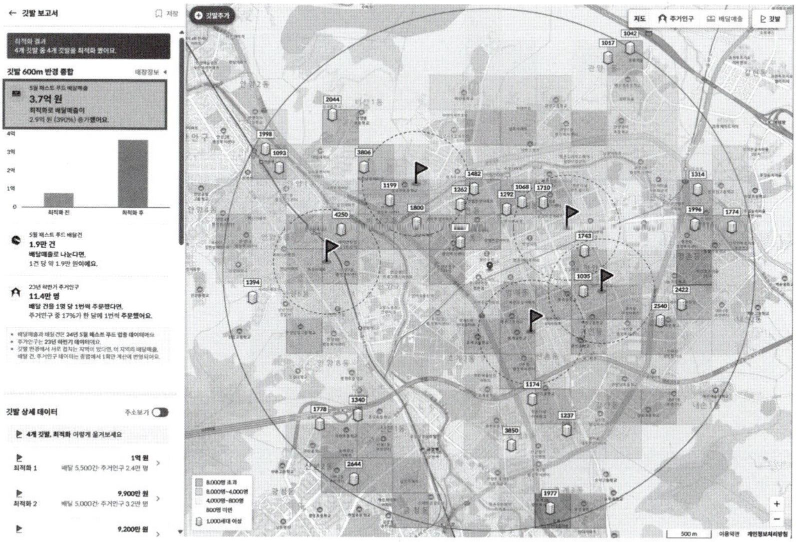

출처: 오픈업(2024). https://www.openub.com

[그림 10-15] 오픈업 깃발 최적화

오픈업의 배달 깃발 최적화 서비스는 배달 매출을 극대화하기 위해 좋은 위치에 깃발을 설정하는 도구입니다. 예비창업자와 기존 사업자의 배달 전략을 새롭게 고민할 때 유용합니다. 이 서비스는 배달앱에서 좋은 위치에 깃발을 설정해 최대한 많은 고객에게 노출되도록 합니다. 계획 중인 깃발 위치를 입력하면, 오픈업의 분석 결과를 제공하여 최적의 깃발 위치와 예상 매출 증가 효과를 확인할 수 있습니다. 이를 통해 깃발 위치를 이동하여 배달 매출을 14% 증가시킬 수 있음을 보여줍니다. 사장님들은 배달 매출을 극대화할 수 있는 최적의 위치를 쉽게 찾고, 실질적인 매출 증가를 기대할 수 있습니다.

오픈업은 핀다가 2022년 7월 인수한 빅데이터 상권분석 플랫폼으로, 매월 70만 개의 전국 상권 매출 및 인구통계 데이터를 꾸준히 쌓아 현재까지 누적 1억 1000개 이상의 데이터를 보유하고 있습니다. 핀테크 기업 핀다가 자사 빅데이터 상권분석 서비스 오픈업 사용자 1200여 명을 대상으로 설문조사를 진행한 결과, 10명 중 9.4명이 상권분석 데이터가 사업에 도움이 되었다고 응답했습니다. 예비창업자 및 기존 사업자 모두 외식업에 대한 관심이 높았으며, 오픈업을 통해 사업장의 추정 매출을 무료로 공개하는 것에 대해 80%가 긍정적으로 평가했습니다.

황창희 오픈업 프로덕트 오너는 "오픈업은 단순히 남의 매출을 들여다보거나 맞히기 위한 서비스가 아니고 이러한 기술을 통해 상권을 파악하고 아이템과 입지를 선정하는 데에 도움을 주기 위해 존재하는 서비스로서 여러 소상공인들의 실패하지 않는 창업을 돕겠다."고 말했습니다. 또한, 사용자들은 각각의 시스템의 특징을 잘 파악하고 필요한 부분을 적절히 활용하는 노력 역시 필요합니다.

핀다와 오픈업이 많은 소상공인과 예비창업자들의 성공적인 창업을 돕기를 진심으로 응원합니다.

PART 4

상권과 입지 조사 · 분석

CHAPTER 11

온라인 상권분석

온라인 상권분석의 개요

오프라인 상권은 웹사이트에서 확인할 수 있는 상권분석 시스템과 통계청 자료, 현장조사 등을 통해서 분석합니다. 그러나 오프라인 상권분석만으로 자신의 제품을 구매하는 소비자 특성과 경쟁점의 특성, 경쟁점의 소비자 특성을 파악하는 데 한계가 있습니다. 오프라인 상권에서 조사된 소비자와 경쟁자가 온라인 상권의 소비자, 경쟁자와 특성이 다르기 때문입니다. 따라서 4차 산업혁명 시대의 외식기업 성장을 위한 전략을 수립하기 위해서는 온라인과 오프라인을 결합한 상권분석이 필요합니다.

온라인 중심 기업인 아마존닷컴은 온라인 사업을 오프라인 사업으로Online to Offline 확장하여 소비자의 니즈를 충족시켜 주고 있습니다. 또한 오프라인 중심 기업이었던 스타벅스는 오프라인에서 온라인 사업으로Offline to Online 확장하며 상권의 범위를 확장하고 있습니다. 배달의 민족, 쿠팡잇츠, 요기요와 같은 배달플랫폼은 오프라인 사업이었던 외식업을 온라인 사업의 영역으로 만들었습니다. 이러한 온라인과 오프라인 양쪽 채널을 활용하여 기업이 소비자들에게 접근하는 전략은 눈여겨볼 필요가 있습니다. 무엇보다 기업의 행동 변화와 함께 소비자들도 온라인과 오프라인을 연계하는 활동에 더 적극적입니다. 이는 스마트폰이나 컴퓨터 성능이 고급화되고 애플리케이션이 세분화되면서 온라인 생활이 일반화되었기 때문입니다. 소비자들의 온라인과 오프라인 연계를 통한 삶의 방식은 사회적 행위와 경제적 행위 양쪽에서 나타나고 있으며, 사회적 행위는 경제적 행위에 영향을 미치고 있습니다.

온라인 상권분석 정의

온라인 상권분석은 오프라인 상권분석과 개념적으로는 동일합니다. 다만 오프라인 상권분석의 대상이 부동산의 공간적 범위를 대상으로 하는 분석인데 반하여 온라인 상권분석은 소셜네트워크 서비스Social Network Service를 대상으로 한다는 차이가 있습니다. 따라서 온라인 상권분석은 창업과 사업을 목적으로 선택한 상권을 중심으로 소셜분석을 하는 것으로 정의할 수 있습니다. 소셜분석의 대상은 3C분석으로 온라인 상권의 회사Company, 소비자Consumer, 경쟁자Competitor가 됩니다.

온라인 상권분석이란?

온라인 상권분석은 '상권 및 입지분석에 필요한 정보와 시사점을 취득할 목적으로 SNS(Social Network Service)에서 사람들이 일방적으로 작성한 글이나 서로 주고받는 대화를 수집 · 분류 · 분석하는 기술, 서비스, 활동'을 의미한다.

온라인 상권분석 프로세스

온라인 상권분석을 목적으로 이루어지는 소셜분석의 궁극적인 목적은 목표 투자수익률 달성을 위한 전략과 전술의 수립이며, 이를 좀 더 구체적으로 제시하면 다음과 같습니다.

첫째, 소셜분석이란 소셜네트워크 서비스SNS를 대상으로 이루어지는 키워드분석, 추세분석, 내용분석, 분류분석 등을 의미합니다. 소셜분석의 대상은 네이버, 구글, 다음과 같은 포털사이트와 앱기반의 인스타그램, 페이스북, 카카오스토리, 트위터, 밴드 기타 등 앱기반의 다양한 소셜네트워크 서비스 등이 될 수 있습니다. 또한 최근 그 영향력이 점점 커지고 있는 동영상 기반의 유튜브, 릴스, 틱톡 서비스 등도 포함됩니다.

둘째, 온라인 상권분석은 창업자뿐만 아니라 기존 사업자가 경쟁력을 확보하고 지속적으로 사업을 유지하기 위한 것으로 일회성이 아닌 정기적으로 반복 수행해야 하는 사업을 유지 발전시키기 위한 필수 활동입니다.

셋째, 3C(회사, 경쟁사, 소비자)분석은 온라인 상권을 구성하는 환경적 요인으로 상권분석의 대상 변수입니다. 특히 온라인 상권분석에서 기존 사업자의 브랜드에 대한 분석은 소비자와 경쟁자에 대한 분석 이전에 객관적이고 합리적으로 이루어져야 합니다.

넷째, 예비창업자의 경우 업종중심 접근법과 상권중심 접근법으로 구분하여 분석할 수 있습니다. 업종중심 접근법의 온라인 상권분석은 선택한 업종과 분석할 상권을 중심으로 동종업종분석과 경쟁(유사)업종분석, 소비자 분석을 진행합니다. 점포가 정해진 상권중심 접근법의 온라인 상권분석은 소상공인 상권정보시스템, 나이스비즈맵, 오픈업,

마이프차와 같은 다양한 분석툴을 통해 선택한 상권이나 업종을 중심으로 경쟁(유사)업종분석과 소비자 분석을 진행할 수 있으며, 업종중심 접근법과 같은 방식으로 분석할 수 있습니다. 이와 같은 분석은 자사의 경쟁력 확보를 위한 전략을 도출하기 위한 목적으로 해야 합니다.

다섯째, 목표투자 수익률을 달성할 수 있는 전략과 전술이란 소셜네트워크 서비스SNS를 활용하여 경쟁자의 고객관심도 수준과 소비자의 니즈를 만족시키기 위한 것입니다. 따라서 기존 사업자나 예비창업자가 구체적인 콘셉트의 방향과 마케팅 방법을 기획하고 실행하기 위한 계획을 수립하는 것을 의미합니다.

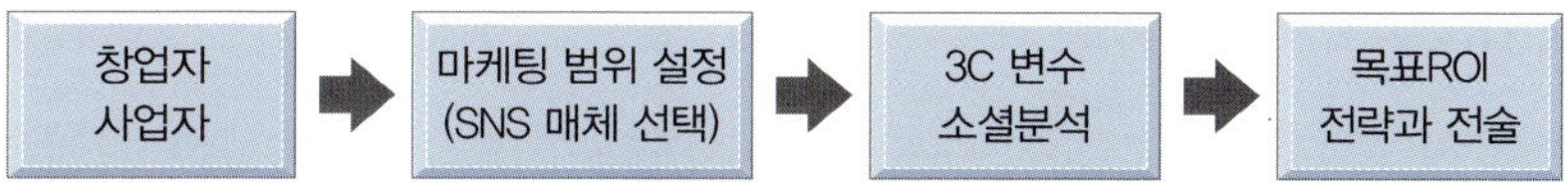

[그림 11-1] 온라인 상권분석 프로세스

온라인 상권분석 도구

온라인 상권분석은 온라인에서 형성된 상권과 입지분석에 필요한 정보와 시사점을 취합할 목적으로 사람들이 일방적으로 작성한 글이나 주고받는 대화를 수집, 분류, 분석하는 과정입니다.

온라인 상권분석을 위해 사용되는 도구는 포털사이트(네이버, 네이버지도, 네이버데이터랩, 네이버블로그, 다음, 카카오맵, 구글, 구글지도 등), 페이스북, 인스타그램과 앱으로 서비스되고 있는 다이닝코드, 캐치테이블, 식신, 요기요, 배달의 민족, 트립어드바이저, 썸트렌드 등이 있습니다. 분석 방법은 키워드 분석, 추세분석, 내용분석, 분류분석, 순위분석, 통계분석 방법이 있습니다. 분석 방법에 대한 정의는 목차별로 구체적으로 설명하도록 합니다. 분석영역은 오프라인, 온라인, 시간적, 공간적으로 영역을 설정합니다.

온라인 상권분석의 궁극적인 분석 대상은 기존 사업자의 자사분석과 예비창업자의 업종분석입니다. 다음으로 경쟁사 분석으로 온라인 상에서 경쟁상대가 소비자들에게 인지되고 있는 특성을 찾아냅니다. 마지막으로 소비자분석입니다. 소비자분석은 오프라인 상권분석의 분석자료와 온라인 상권분석의 차이를 자세히 정리하여 사업아이템과 부합하는 목표 타깃 소비자를 선택하는 것을 목적으로 합니다.

[그림 11-2]는 온라인 상권분석 방법론을 정리한 'KYG 모형'입니다. 앞으로 온라인 상권분석을 할 때 분석 도구, 분석 방법, 분석 영역, 분석 대상별로 적절히 활용합니다.

[그림 11-2] 온라인 상권분석을 위한 KYG 모형

온라인 상권분석은 소비자 조사를 목적으로 실행하던 표본조사 중심의 기존 조사가 가지는 한계를 극복하기 위한 방법으로 개발된 기법입니다. 과거에는 많은 시간과 비용을 들여야만 파악할 수 있었던 소비자 인식과 행동을 빅데이터 분석이 일반화되면서 적은 비용으로 실시간 또는 정기적으로 파악할 수 있다는 장점이 있습니다.

앞서서 온라인 상권분석은 기존 사업자가 경쟁력을 확보하고 지속적으로 사업을 유지하기 위해서 정기적으로 반복 수행해야 하는 필수 활동이라고 했습니다. 따라서 본 장에서는 청주시 오창읍에 위치해 있는 '우미솥'을 중심으로 온라인 상권분석을 설명하고자 합니다. [그림 11-3]은 카카오맵(https://map.kakao.com)을 활용하여 우미솥의 위치를 확인한 것입니다. 점포를 중심으로 반경 3.0km의 현황을 보면 산업단

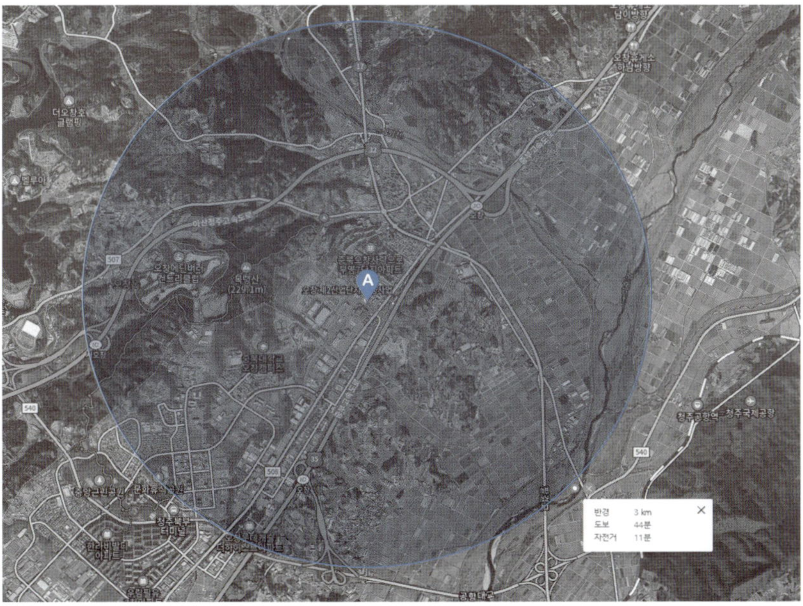

출처: 카카오맵 https://map.kakao.com

[그림 11-3] 우미솥의 상권과 입지 현황

지와 아파트가 있는 주거지역이 공존하지만 산과 논밭도 많은 것이 확인됩니다. 우미솔은 소비자에게 어떻게 인식되고 있는지 온라인 상권 분석을 위해 개발된 'KYG 모형'의 분석 방법을 활용하여 살펴보도록 합니다.

키워드 분석

온라인 상권분석에서 키워드 분석이란 소셜미디어에서 사람들이 이용하는 키워드 현황, 키워드별 조회수, 월별 추이, 연관 키워드 등을 이용하여 상권을 대표하는 키워드, 상권 특성, 주요 업종 및 브랜드, 소비자 인식, 연계 소비 등에 대한 정보를 분석하는 활동을 의미합니다.

키워드 분석을 위해 가장 먼저 포털사이트 네이버를 활용하여 자동완성 검색어를 조사합니다. [그림 11-4]처럼 네이버 검색창에 '우미솔'을 입력하여 자동완성 검색어를 확인합니다. 자동완성 서비스는 이용자가 찾으려는 내용을 검색어로 최대한 잘 표현하게 도와주는 역할을 합니다. 사용자가 의도한 검색어의 일부만 입력해도 문자가 포함된 다양한 자동완성어를 추천하여 줍니다. '오창 우미솔'이 자동완성 검색어로 확인됩니다. 비슷한 기능으로 연관검색어가 있으나 최근에는 상호와 관련된 연관검색어는 점점 줄어드는 추세입니다.

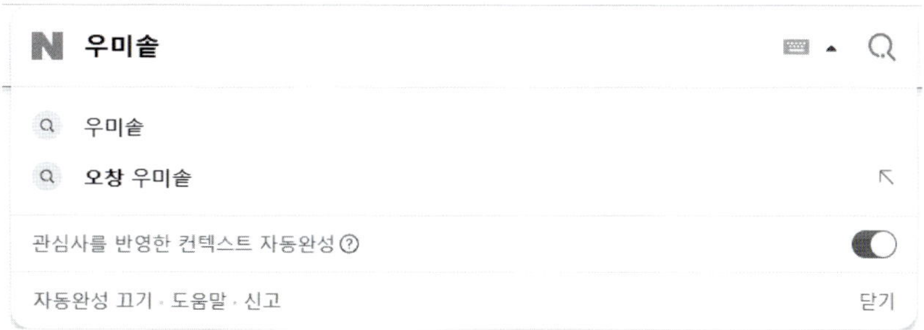

[그림 11-4] 네이버 자동완성 검색어

네이버에서는 자동완성으로 만들어지는 키워드 검색수와 월별 변화 추이를 별도로 운영하고 있는 웹사이트 '네이버 검색광고'(https://searchad.naver.com)에서 확인할 수 있습니다.

네이버 검색광고는 네이버의 아이디와 패스워드로 로그인이 가능하나 별도의 가입 승인절차를 거쳐야 합니다. 네이버 아이디와 패스워드를 검색광고와 같이 사용할 경우 주의가 필요합니다.

네이버 검색광고를 유료광고 목적으로 사용하면 개인 계정의 이메일 등에 관한 정보가 노출될 수 있습니다. 일반적으로 네이버 검색광고 사이트에서 별도로 회원가입을 하여 아이디와 패스워드를 부여받는 것이 좋습니다. 네이버 검색광고 회원가입은 [그림 11-5]처럼 네이버 검색창에 '네이버 검색광고'라고 검색한 후, 네이버 검색광고 사이트를 클릭하여 [그림 11-6]과 같이 회원가입을 진행합니다.

[그림 11-5] 네이버 광고 사이트 찾기

출처: https://searchad.naver.com/

[그림 11–6] 네이버 검색광고 홈

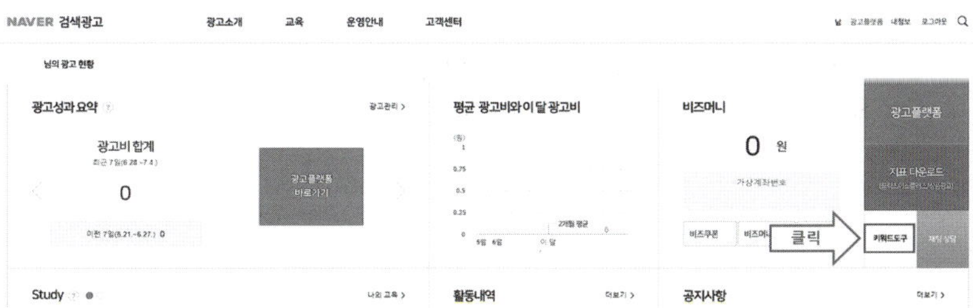

출처: https://searchad.naver.com/my-screen

[그림 11–7] 네이버 검색광고 키워드 도구

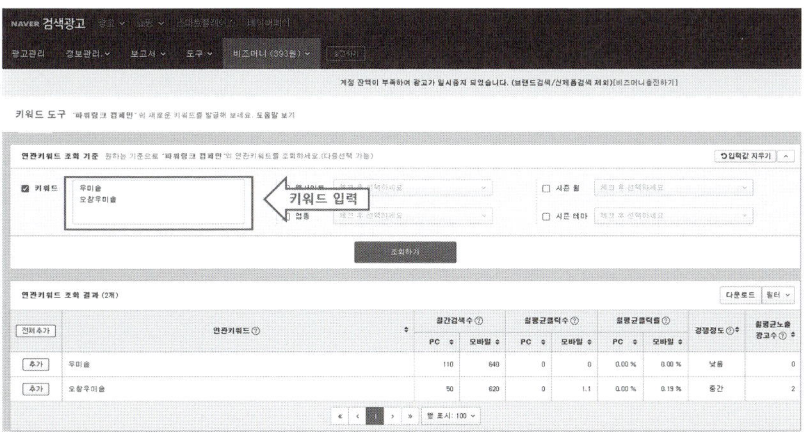

출처: https://searchad.naver.com/my-screen

[그림 11–8] 네이버 검색광고 키워드 입력

회원가입 후, [그림 11-7]과 같이 '키워드 도구'를 클릭하여 검색하려는 키워드 '우미솔, 오창우미솔'을 [그림 11-8]과 같이 검색창에 입력하여 '조회하기'를 클릭합니다. 검색된 키워드는 [그림 11-9]와 같이 모바일과 PC중 어떤 플랫폼으로 검색하였는지 확인할 수 있습니다. 또한 [그림 11-10]과 같이 검색한 키워드를 클릭하면 남자, 여자, 연령대 별로 어떤 매체를 이용해서 키워드를 검색했는지 확인할 수 있습니다. 성별과 연령대별 비중은 나의 상품을 찾는 소비자의 특성과 추이를 확인하는 지표로 사용할 수 있습니다.

출처: https://searchad.naver.com/my-screen

[그림 11-9] 네이버 검색광고 키워드 조회

출처: https://searchad.naver.com/my-screen

[그림 11-10] 네이버 검색광고 키워드 클릭

대부분의 검색 키워드는 소비자들이 모바일에서 검색한다는 것을 확인할 수 있습니다. 그렇다면 어느 시기에 가장 많이 조회하고 누가 검색하는지 [그림 11-11]을 참고하세요.

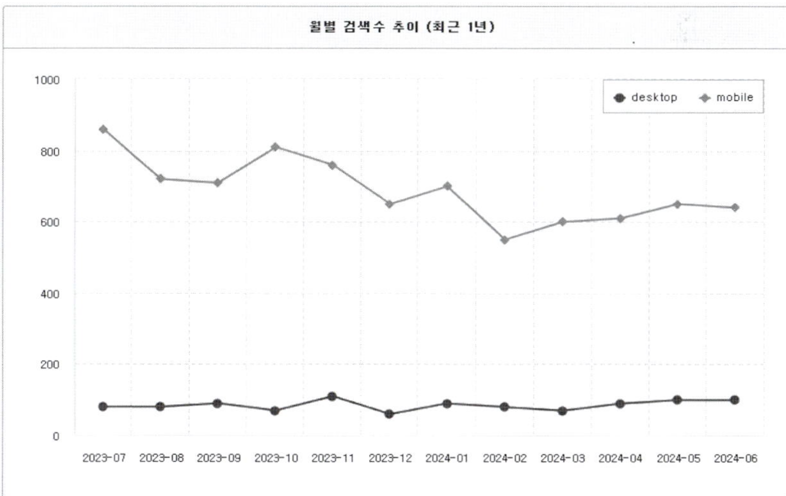

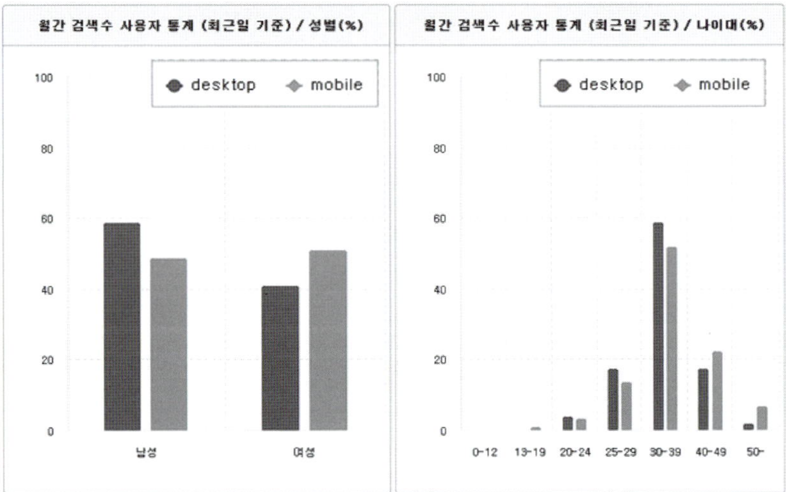

출처: https://searchad.naver.com/my-screen

[그림 11-11] 네이버 검색광고 검색 추이 현황

검색 추이는 1년간의 데이터를 월별로 표시해 줍니다. 검색 추이를 보면 7월부터 2월까지 등락은 있지만 하락하는 검색 추이를 보입니다. 3월부터 조금씩 검색량이 다시 증가하고는 있지만 그동안의 하락세를 넘어서는 정도는 아닙니다. 검색하는 소비자 유형을 보면 30대 남성의 검색 빈도가 높으며 모바일보다는 PC로 검색을 합니다.

이러한 행태가 나타나는 이유를 유추해 보면, 근처의 직장인들이 식사를 해결하기 위해 '우미솥'을 확인하고 있다고 볼 수 있습니다. 여성 역시 30대 비중이 높고 모바일로 검색을 합니다. 이 또한 점심 식사를 위한 검색일 가능성이 높다고 볼 수 있습니다. 네이버 플레이스에서는 데이터가 쌓이는 양에 따라 확인할 수 있는 '테마 키워드'의 '인기토픽'과 '찾는 목적'에서 검색 의도를 확인할 수 있습니다. 또한 검색 추이에서 시기별로 무엇에 집중해야 할지 점포 운영 계획을 수립하는 근거로 사용할 수 있습니다.

또한 [그림 11-12]와 같이 '오창우미솥, 오창국밥' 등의 자동완성 검색어와 업종과 관련된 검색어 추이 변화를 확인하여 시기별로 관련 키워드를 활용하는 소비자의 니즈와 그에 부합하는 마케팅 전략을 수립하는 데 키워드 분석 내용을 활용할 수 있습니다.

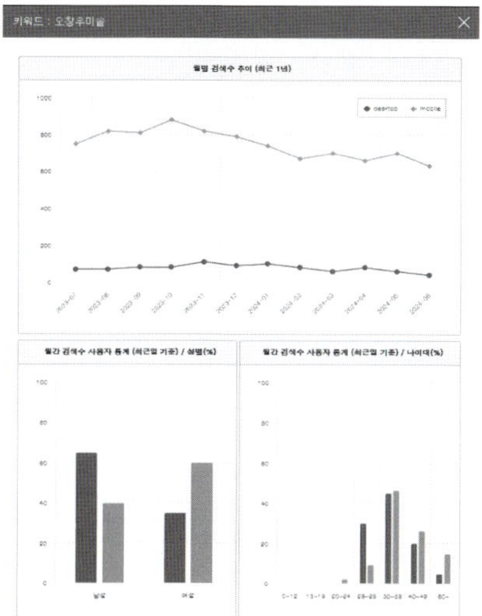

▲ 키워드-오창우미솥

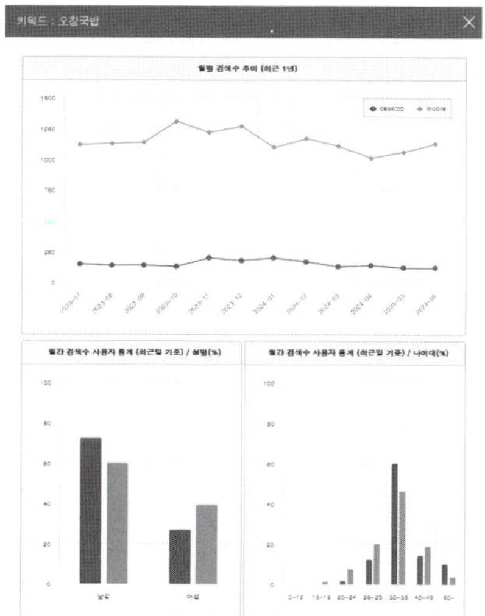

▲ 키워드-오창국밥

출처: https://searchad.naver.com/my-screen

[그림 11-12] 자동완성, 업종 관련 검색어 추이

위와 같이 분석한 키워드를 하나의 그래프로 비교하면 매출액과 같이 움직이는 키워드와 서로 다르게 움직이며 활성화되는 키워드를 확인할 수 있습니다. [그림 11-13]은 특정 점포의 실제 매출액과 키워드 분석을 하나의 그래프로 비교한 사례입니다. 시기별로 집중해야 하는 키워드가 다름을 확인할 수 있습니다. 또한 활성화된 키워드는 오프라인 상권의 특성 또는 변화를 예측하는 데 이용할 수 있습니다.

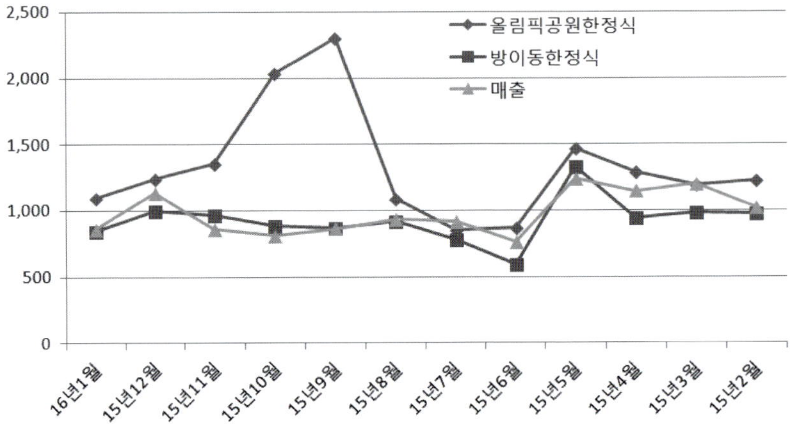

[그림 11-13] 키워드 분석 사례

키워드 분석을 통해서 〈표 11-1〉처럼 상권의 크기를 비교하는 것도 가능합니다. 키워드 검색수가 높을수록 소비자가 많이 찾는 상권으로 해석할 수 있습니다. 이와 같이 키워드 분석을 통해서 내가 위치한 상권의 키워드 조회수만으로 소비자 수요와 경쟁점 사이의 경쟁 정도를 파악할 수 있습니다.

〈표 11-1〉 전국 맛집의 키워드 조사 현황표(2024년 상반기)

연번	키워드	PC 검색수		모바일 검색수	
		월간	일	월간	일
1	홍대맛집	19,900	663	169,500	5,650
2	제주도맛집	16,200	540	61,100	2,037
3	강남역맛집	24,200	807	133,700	4,457
4	강릉맛집	25,900	863	197,600	6,587

5	건대맛집	10,900	363	83,600	2,787
6	속초맛집	23,800	793	186,200	6,207
7	연남동맛집	10,400	347	79,500	2,650
8	부산맛집	22,300	743	133,900	4,463
9	신촌맛집	8,240	275	61,900	2,063
10	잠실맛집	15,400	513	110,900	3,697
11	합정맛집	10,100	337	58,800	1,960
12	가로수길맛집	3,670	122	28,500	950
13	광화문맛집	13,500	450	75,500	2,517
14	울산맛집	10,700	357	83,000	2,767
15	춘천맛집	9,340	311	81,700	2,723
16	거제맛집	5,430	181	59,700	1,990
17	수원역맛집	9,450	315	76,600	2,553
18	서울역맛집	14,400	480	103,200	3,440
19	여의도맛집	20,800	693	102,100	3,403
20	종로맛집	11,600	387	65,400	2,180
21	동대문맛집	4,290	143	43,500	1,450
22	진주맛집	6,460	215	61,200	2,040
23	인사동맛집	3,840	128	35,600	1,187
24	압구정맛집	6,670	222	45,300	1,510
25	양재역맛집	7,930	264	31,800	1,060
26	성신여대맛집	5,180	173	41,700	1,390
27	충주맛집	8,350	278	68,700	2,290
28	노원맛집	4,790	160	55,100	1,837
29	망원동맛집	2,980	99	22,800	760
30	교대역맛집	6,400	213	25,200	840
31	선릉역맛집	8,850	295	34,900	1,163
32	신논현맛집	5,180	173	29,600	987
33	안양맛집	4,740	158	34,400	1,147

34	담양맛집	5,490	183	65,000	2,167
35	청담맛집	1,920	64	16,200	540
36	양주맛집	3,480	116	42,300	1,410
37	목동맛집	3,060	102	24,700	823
38	종각맛집	5,170	172	22,400	747
39	아산맛집	4,390	146	44,100	1,470
40	상수맛집	1,520	51	10,400	347
41	상암동맛집	3,180	106	13,100	437
42	오산맛집	4,570	152	38,400	1,280
43	남해맛집	4,940	165	44,900	1,497
44	서산맛집	5,200	173	50,800	1,693
45	야탑맛집	4,580	153	33,800	1,127
46	마포맛집	3,440	115	21,000	700
47	이대맛집	1,610	54	10,700	357
48	연희동맛집	3,000	100	26,600	887
49	공덕맛집	5,300	177	26,700	890
50	역삼역맛집	6,590	220	20,200	673

추세분석(트렌드 분석)

추세분석(트렌드 분석)은 소셜미디어에서 소비자들이 이용하는 특정 키워드의 조회수를 수년간 추적하여 변화를 측정함으로써 상권분석에 필요한 제품의 수명주기, 수요 등의 특정 이슈에 대한 정보를 얻는 활동입니다. 키워드 분석에서 검색된 핵심 키워드를 중심으로 추세분석을 진행합니다.

트렌드 분석을 위한 도구로 네이버(https://www.naver.com)와 구글(https://www.google.com)을 활용합니다. [그림 11-14]에서 확인된 바와 같이 2024년 상반기 국내 포털사이트 검색순위는 네이버가 1위, 세계적인 검색 포털사이트인 구글은 2023년 상반기 대비 5.77% 상승하면서 국내 포털사이트 검색순위 2위에 올랐습니다. 시간이 지날수록 구글의 인지도가 높아지고 자료 정보원의 신뢰도가 증가하던 추세가 다소 주춤한 상황입니다. 하지만 절대적이었던 네이버의 점유율이 점점 약해지고 있습니다.

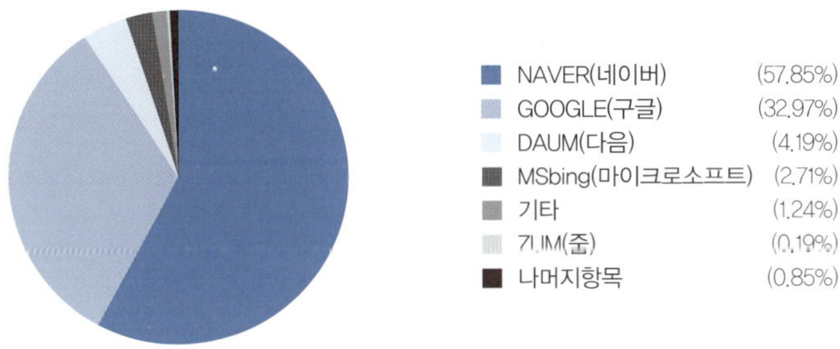

순위	구분		기간내평균	기간시작 (2024-01-01/A)	기간끝 (2024-06-30/B)	기간내변화율 (B-A)
1	NAVER	NAVER(네이버)	57.85%	51.96%	59.73%	2.23%
2	Google	GOOGLE(구글)	32.97%	28.30%	34.07%	5.77%
3	Daum	DAUM(다음)	4.19%	4.64%	3.05%	1.59%
4	bing	MSbing(마이크로소프트)	2.71%	1.79%	1.79%	0.00%
5		기타	1.24%	1.98%	0.41	1.57%
6	zum	ZUM(줌)	0.19%	0.20%	0.10%	0.10%

출처: http://internettrend.co.kr/trendForward.tsp

[그림 11-14] 2024년 상반기 국내 포털사이트 검색순위

[그림 11-15]는 국내 포털사이트의 약 8년간 변화 추이를 기록한 내용입니다.

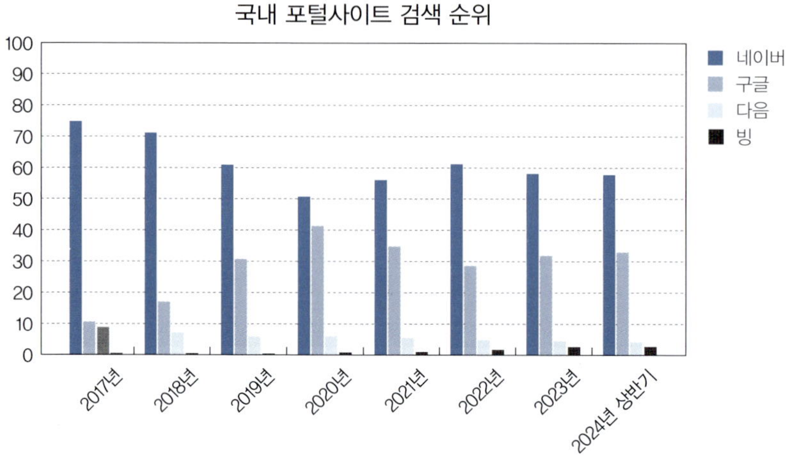

	2017년	2018년	2018년	2018년	2018년	2018년	2018년	2024년 상반기
네이버	74.74	71.1	60.9	50.67	56.1	61.2	58.16	57.85
구글	10.57	17	30.67	41.27	34.73	28.55	31.87	32.97
다음	8.9	7.09	5.81	6	5.46	4.83	4.51	4.19
빙	0.55	0.51	0.38	0.83	10.2	1.74	2.64	2.71

주: 분석기간 2017년 1월 1일 ~ 2024년 6월 30일

[그림 11-15] 국내 포털사이트 검색순위 분석표

인기 있는 국내 포털사이트의 검색엔진을 사용하여 효율적으로 활용할 수 있는 트렌드 분석 방법을 학습합니다.

네이버 트렌드 분석

네이버 트렌트 분석(https://datalab.naver.com/keyword/trendSearch.naver)은 [그림 11-16]과 같이 진행합니다.

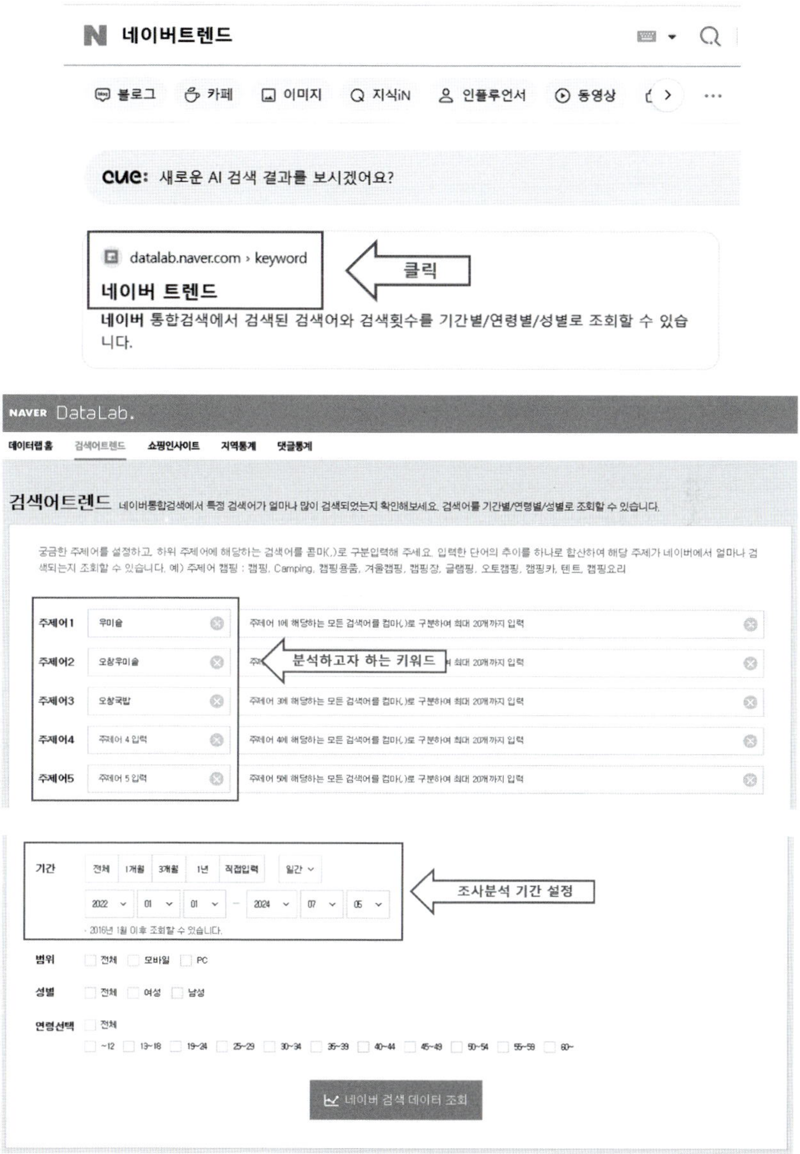

출처: https://datalab.naver.com/keyword/trendSearch.naver

[그림 11-16] 네이버 트렌드 분석방법

네이버 트렌드 분석의 검색 키워드 수는 1개에서 5개까지 동시에 입력하여 비교할 수 있습니다. 일반적으로 경쟁점의 키워드를 기록하여 경쟁 정도를 파악할 수도 있으며 특정 키워드 하나의 추이를 분석할 수도 있습니다. 분석기간 설정도 가능합니다. 분석 시점을 중심으로 3년간의 추이를 볼 수 있습니다. 창업 예정자나 기존 사업자는 자료를 자주 검색하여 정리해 두면 상권의 변화를 빠르게 인지하여 대처할 수 있습니다. 또한 네이버 트렌드는 분석 범위와 성별, 연령을 선택하여 분석할 수 있습니다. 만약 1년간의 추이를 확인하고 싶다면 네이버 검색광고의 최근 1년간 자료를 참고하여 활용합니다.

키워드 분석에서 검색된 '우미솥, 오창우미솥, 오창국밥'을 네이버 트렌드로 3년간의 추이를 살펴보면 [그림 11-17]과 같습니다.

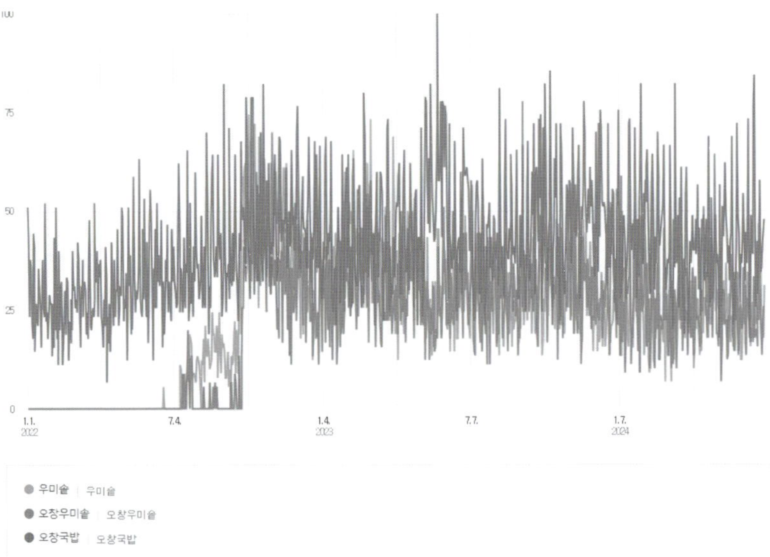

출처: https://datalab.naver.com/keyword/trendSearch.naver

[그림 11-17] 네이버 트렌드 추이

2022년 1월부터 2022년 12월까지 추이는 매우 규칙적입니다. 업종을 나타내는 오창국밥의 경우 국밥과 관련된 아주 특별한 일이 일어나지 않는 한 검색 추이는 같은 패턴을 보일 것 같습니다. 하지만 우미솥과 오창우미솥 키워드는 예외의 상황이 발생할 수 있습니다. 장사가 너무 잘되어 그래프가 상승하거나 검색이 되지 않아 하락하거나 할 것입니다. 현재 2022년 7월 오픈 이후로 약 2년간 꾸준하게 유지되는 검색 추이로 볼 때 사업이 안정적으로 유지되고 있다는 것을 알 수 있습니다. 조금 더 활성화시키려면 오창국밥과 같은 업종 키워드 혹은 오창맛집과 같은 지역키워드가 상승하는 시기에 온라인 마케팅을 통해 키워드 조회수를 늘리는 활동을 할 수 있습니다. 단, 경영자가 점포의 특성에 맞게 관리해야 합니다. 점포의 특성이란, 점포의 규모나 메뉴 조리의 효율성을 고려해야 한다는 의미입니다. 무조건 온라인 마케팅으로 활성화된다고 좋은 것은 아닙니다. 찾아오는 소비자를 고객으로 맞이하려는 준비가 충분히 되어 있어야 합니다.

이처럼 온라인상의 키워드 검색 추이만을 가지고 해당 점포의 특성과 전략을 도출할 수 있습니다. 따라서 온라인상에 노출되어 있는 자료들이 결국 상권분석의 핵심 키워드를 찾는 것이며, 그것을 통해 나와 경쟁자, 그리고 소비자를 분석할 수 있는 매우 중요한 단서가 되는 것입니다. 무엇보다 경쟁자를 분석하는 데 활용할 수 있습니다. 또한 우미솥을 온라인에서 확장하기 위해 어떤 키워드로 노출해야 하는 것인지 인지할 수 있습니다.

외식사업자는 소셜미디어를 이용하는 타깃 소비자의 동기요인을 파악하여 타깃에 적합한 서비스를 제공해야 합니다. 소비자의 심리적 동기가 가장 중요한 만큼 방문했던 외식업체를 통해서 본인을 자랑할 수 있는 기회를 마련해 주는 것이 필요하기 때문입니다. 또한 소비자의 적극적인 참여를 이끌어 낼 수 있는 이벤트를 제공하기 위한 노력도 병행해야 합니다.

이외에도 네이버 트렌드 분석은 다양한 기능을 가지고 있습니다. 지금까지 분석한 영역은 네이버 데이터 랩(https://datalab.naver.com) 기능 중 '검색어 트렌드'의 검색어를 활용한 네이버 트렌드 분석이었습니다. 네이버 데이터 랩에 어떤 기능이 있는지 살펴볼까요.

[그림 11-18]은 네이버 데이터 랩의 홈 화면입니다. 홈 화면은 5개의 카테고리로 구분되어 있으며 쇼핑인사이트를 제일 먼저 보여줍니다. 쇼핑인사이트는 쇼핑 분야별 클릭 추이와 분야별 검색어 현황을 보여줍니다.

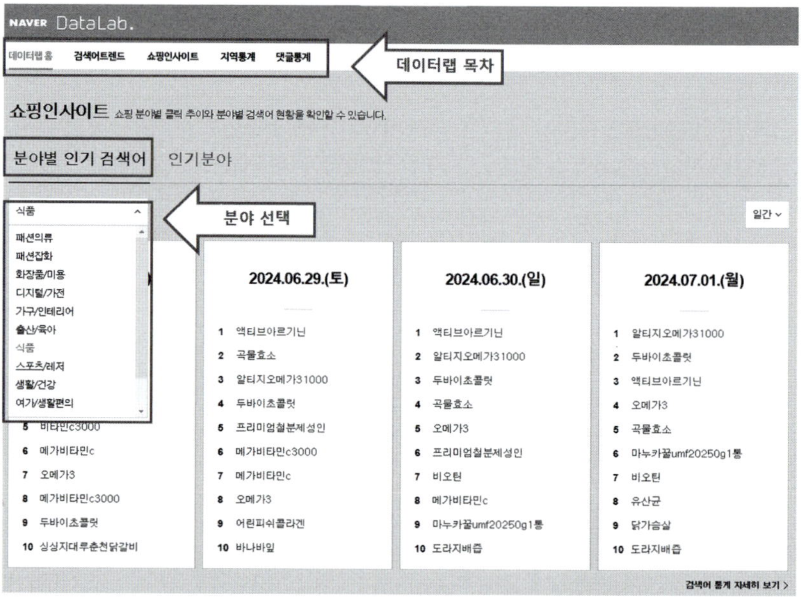

[그림 11-18] 네이버 데이터 랩의 쇼핑인사이트

[그림 11-19]는 분야별 인기 검색어를 보여주는 서비스입니다. 소비자들의 관심사를 파악할 수 있는 검색어를 일간, 주간, 월간 단위로 보여줍니다.

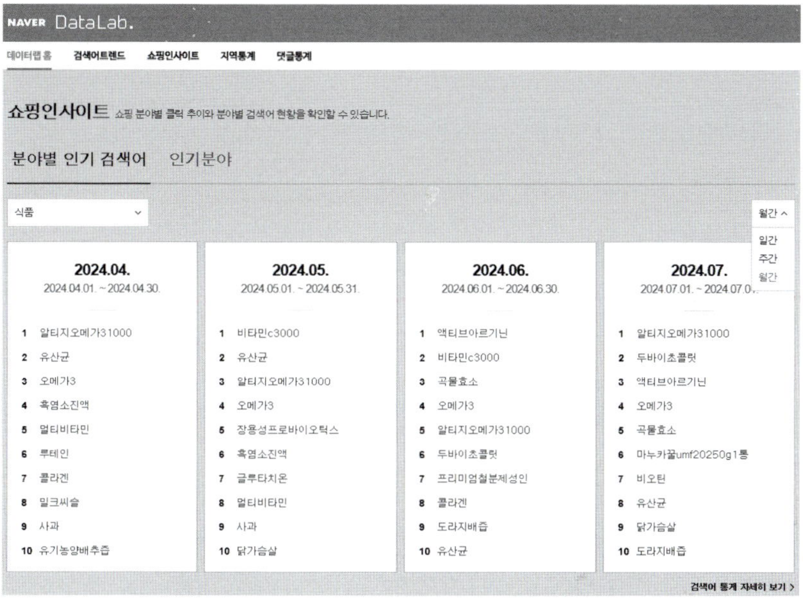

[그림 11-19] 네이버 데이터 랩 홈의 분야별 인기 검색어

[그림 11-20]은 분야별 인기 검색어에서 원하는 키워드를 클릭하면 해당 키워드의 클릭량 추이를 제공하며 물론 PC와 모바일, 여성과 남성, 연령별 비중을 자세히 제공합니다.

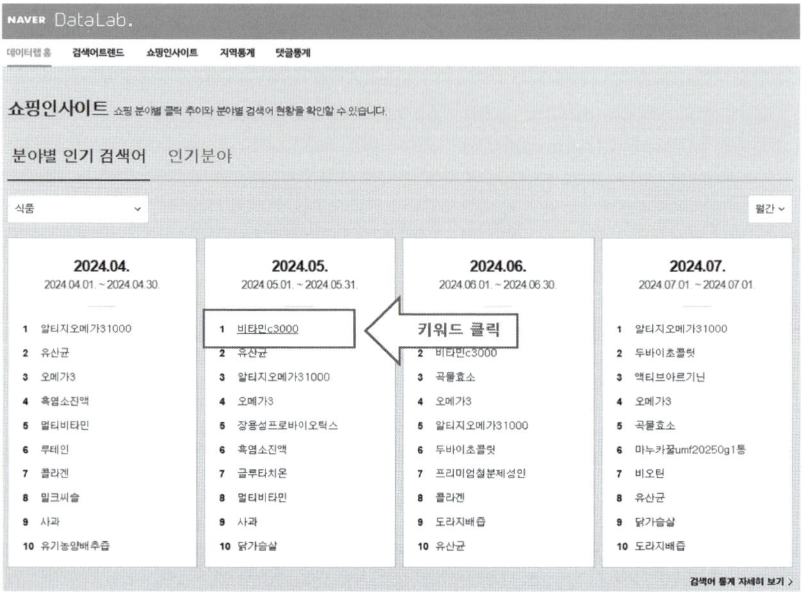

[그림 11-20] 네이버 데이터 랩 홈의 분야별 인기 검색어

[그림 11-21]의 검색어 트렌드는 네이버 통합검색에서 특정 검색어가 얼마나 많이 검색되었는지 확인하는 것으로 네이버 트렌드 분석으로 앞부분에서 충분히 설명했습니다. 온라인 상권분석에서 가장 많이 활용하게 됩니다.

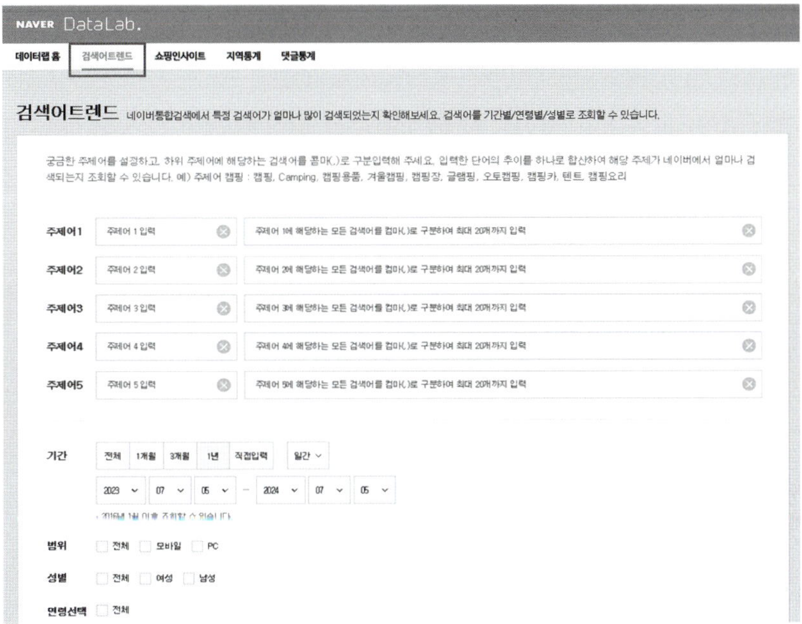

[그림 11-21] 네이버 데이터 랩 홈의 검색어 트렌드

[그림 11-22]는 '쇼핑인사이트' 메뉴로 '분야 통계'와 '검색어 통계'는 네이버를 통해 검색되는 다양한 쇼핑과 관련된 클릭 추이를 보여주고 있습니다. 또한 연령별/성별 정보를 일별, 월별, 연별, 전체로 상세히 조회 할 수 있습니다. 네이버 검색광고에서 확인할 수 있는 부분과 중복되긴 하지만 별도의 로그인 없이 네이버 계정에서 확인할 수 있다는 것과 가시적으로 보기 좋게 구성한 부분이 장점이라고 할 수 있습니다.

[그림 11-22] 하단 쇼핑분야 트렌드 비교 창은 비교를 원하는 분야를 선택 후 조회를 클릭하면 분야별 클릭 횟수 트렌드를 확인할 수 있도록 구성되었습니다. 사례로 식품 범주에서 냉면이란 키워드를 조회하였습니다. 그래프만으로 냉면이란 제품이 활성화되는 시기를 확인할 수 있습니다. 이와 같은 결과는 활성화되지 못하는 시기의 전략을 미

리 계획해야 한다는 것으로 해석할 수 있습니다. 무엇보다 활성화되는 시기도 최대 매출을 관리하기 위한 인력 문제와 직원의 근무시간, 물류를 어떻게 관리할 것인지를 계획해야만 한다는 것을 사전에 파악할 수 있도록 근거 자료를 제공해 줍니다.

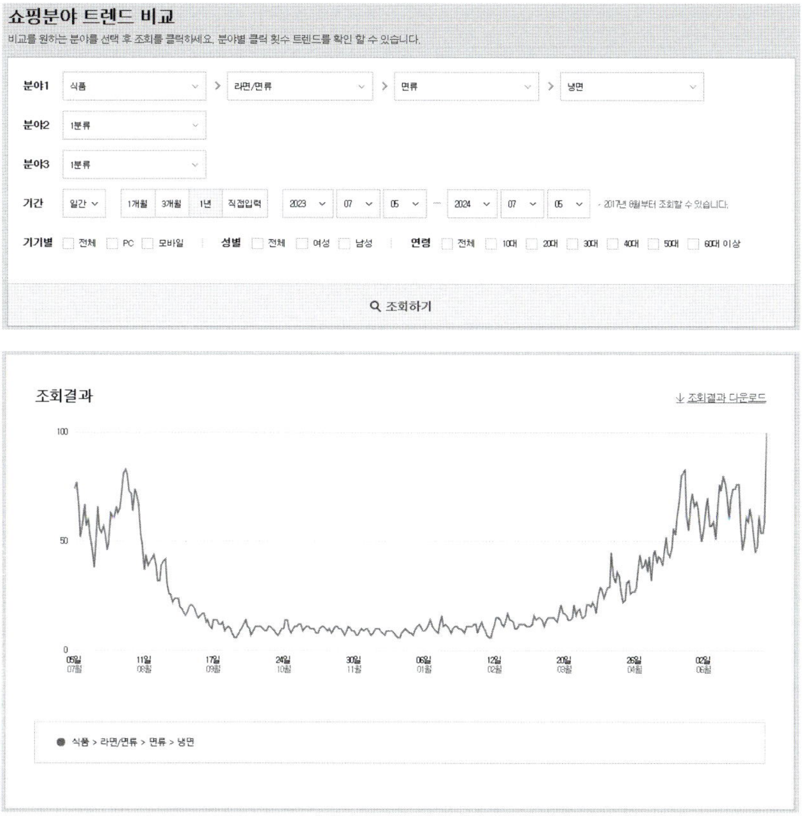

[그림 11-22] 네이버 데이터 랩 홈의 쇼핑인사이트

[그림 11-23]의 '지역통계'는 '지역별 관심도'에서 시/군/구 지역을 하나 선택하면, 해당 지역의 관심 업종 순위 및 업종별 인기 지역을 확인할 수 있습니다. 우미솥이 위치하고 있는 충청북도 청주시 청원구 중심으로 인기업종 1위는 생활이며, 음식점은 2위를 차지하고 있습니다. 가장 활성화된 지역은 우암동, 오창읍, 율량동으로 확인됩니다. 예비 창업자가 눈여겨 볼만한 분석도구입니다.

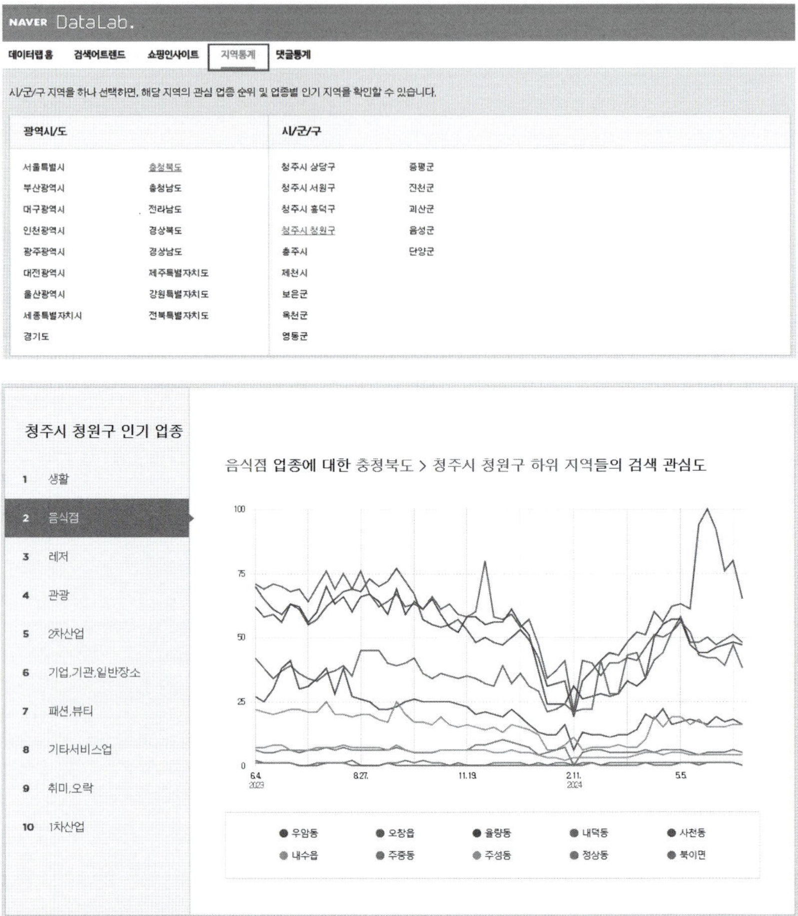

[그림 11-23] 네이버 데이터 랩 홈의 지역통계

[그림 11-24]는 뉴스 서비스에서 작성된 댓글 현황을 데이터로 확인할 수 있습니다. 뉴스 기사의 다양한 댓글을 통해 트렌드와 소비자의 인식을 파악할 수 있습니다. 네이버 데이터 랩은 온라인 상권분석을 할 수 있는 도구를 지속적으로 개편하고 있습니다. 어떻게 활용할 것인가에 대한 답을 얻으려면 분기별로 검색하여 조사하고 응용하는 방

법을 스스로 터득하면서 자신이 원하는 인사이트를 찾기 위해 노력해야 합니다.

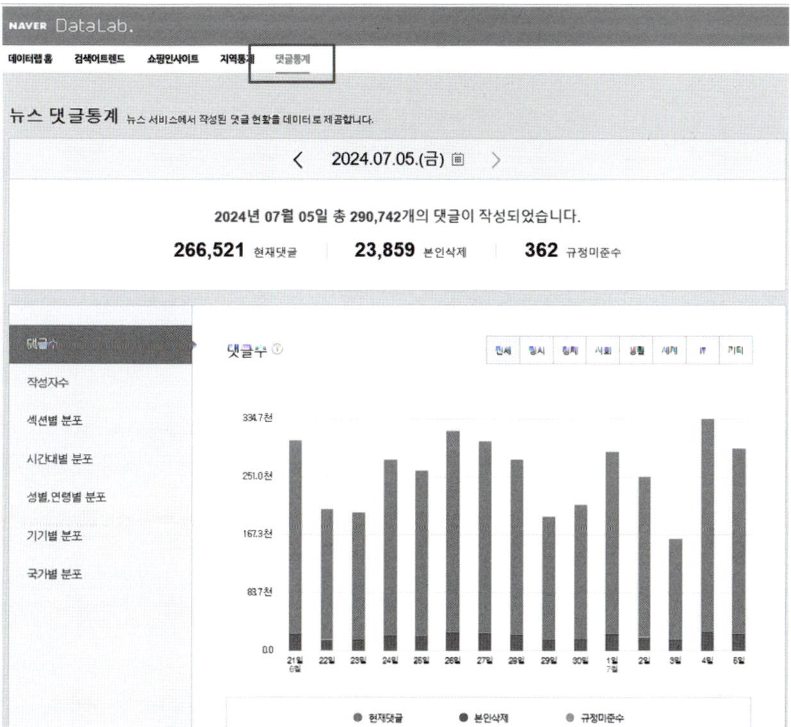

[그림 11-24] 네이버 데이터 랩 홈의 댓글통계

Google 트렌드 분석

구글 트렌드 분석은 네이버 트렌드와 비슷하다고 할 수 있지만 구글을 활용하여 검색하는 수가 부족하여 정확도는 조금 낮을 수 있습니다. 하지만 앞으로 구글의 행보는 우리가 상상할 수 없는 정도의 파급력을 갖출 것으로 판단됩니다. 구글의 트렌드 분석 역시 검색되는 키워드의 추세를 실시간으로 보여주는 빅데이터 기반의 서비스입니다. 키워드에 대한 관심도를 분석하고 검색횟수가 가장 많았던 때를 100으로 하여 시기별로 상대적 수치를 환산하여 보여줍니다. 구글 트렌드는 국제적으로 굵직굵직한 사건들을 예견하는 것으로도 주목을 끌고 있습니다.

분석을 위해 구글 검색창에서 [그림 11-25]와 같이 '구글 트렌드'라고 검색을 합니다.

[그림 11-25] 구글 트렌드

구글 트렌드를 클릭하면 [그림 11-26]과 같이 검색어 또는 주제어를 입력하는 창이 나타납니다.

[그림 11-26] 구글 트렌드 검색창

스타벅스라는 키워드를 입력하면 [그림 11-27]과 같이 추세를 확인할 수 있습니다. 구글 트렌드의 키워드 추세표는 4가지 조건을 적용할 수 있으며 스타벅스를 사례로 분석한 내용은 다음과 같습니다. 스타벅스 키워드 추세를 대한민국으로 설정하고 분석기간은 20년, 카테고리는 전체, 검색 기준은 웹 기준으로 분석해 보았습니다.

[그림 11-27] 구글 트렌드 검색어 입력

구글 트렌트 추세표의 4가지 조건

첫 번째, 분석하고자 키워드의 추세를 나라별로 분석할 수 있으며 전 세계를 대상으로 분석할 수 있다는 확장성이 있다.
두 번째, 키워드 추세 그래프는 20년간의 추세를 한번에 볼 수 있고 분석기간을 조금 더 디테일하게 1시간, 4시간, 1일, 7일, 30일 등과 같이 특정한 기간을 설정하여 분석할 수 있다.
세 번째, 분석하고자 하는 키워드의 범주를 설정하는 것인데 25가지(건강, 게임, 과학, 금융, 뉴스, 미용&건강, 식음료, 여행 등)로 디테일하게 분류하여 분석할 수 있다.
네 번째, 검색기준이다. 검색 기준은 웹 검색, 이미지 검색, 뉴스 검색, 구글쇼핑, 유튜브로 설정할 수 있다.

[그림 11-28]은 스타벅스의 키워드 추세와 함께 비교하고 싶은 키워드를 입력하여 비교분석한 사례입니다. 비교분석할 수 있는 키워드 수

는 최대 5개입니다. 스타벅스와 커피, 원두로 비교분석한 자료를 해석하면 우리나라 커피시장이 활성화되었던 시기(2011~2014년)를 구글 트렌드 분석을 통해 확인할 수 있습니다. 스타벅스는 활성화된 시기와 전혀 관계없이 꾸준히 성장하는 브랜드라는 것을 볼 수 있습니다. 또한 원두커피에 대한 시장의 수요 증가도 추정 가능합니다.

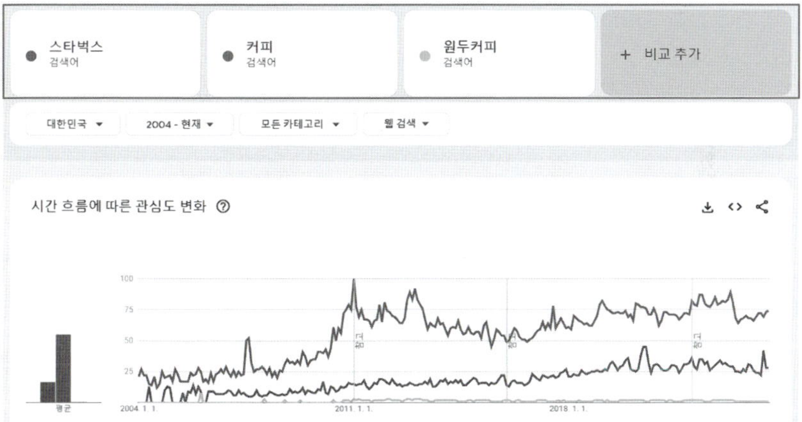

[그림 11-28] 구글 트렌드 검색어 비교분석

구글 트렌드는 검색어 추이에 더해서 하단에 [그림 11-29]와 같이 지역별 관심도를 보여줍니다. 관심도는 비교분석한 키워드를 모두 보여줍니다. 스타벅스의 경우 서울특별시, 부산광역시, 대전광역시, 대구광역시 순으로 관심이 집중되는 것을 확인할 수 있습니다. 커피의 경우는 서울특별시, 인천광역시, 강원도, 부산광역시 순으로 관심도가 집중되는 것을 볼 수 있습니다. 원두커피는 제주특별자치도, 서울특별시, 경기도, 대전광역시, 부산광역시 순으로 관심이 높다는 것을 확인할 수 있습니다.

[그림 11-29] 구글 트렌드 검색어 비교분석 관심도

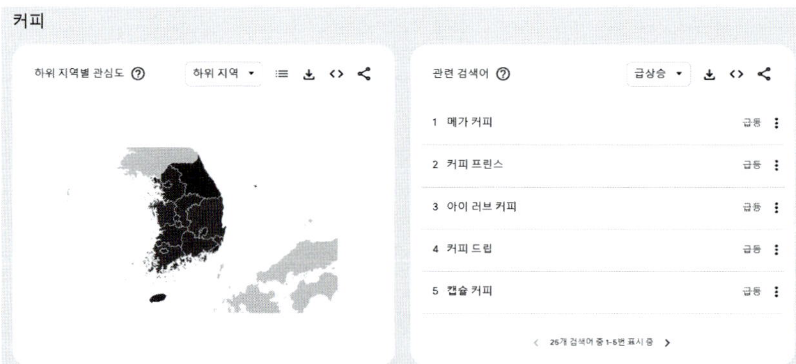

[그림 11-30] 구글 트렌드 비교 검색어의 연관 검색어

또한 스타벅스와 관련하여 비교분석했던 키워드별 연관 검색어를 같이 보여 줍니다. 스타벅스는 메뉴, 커피는 메가커피, 원두커피는 커피머신과 같이 순위별로 분석해 줍니다. 이와 같이 구글 검색이 더욱 활성화된다면 구글 트렌드 분석의 파급효과는 온라인 상권분석에서 핵심이 될 수 있습니다.

내용분석

키워드 분석과 추세분석에 이어 내용분석에 관한 내용을 살펴보겠습니다. 내용분석은 SNS에 사람들이 다양하게 올린 비정형 텍스트에 담긴 메시지의 특성, 의도, 구조 등을 객관적인 유목과 단위를 이용하여 조사 분류하는 방법입니다. 내용분석은 매우 과학적인 결과를 얻기 위해 분석유목과 분석단위를 타당한 수준에서 결정해야만 합니다. 상권분석에 필요한 상권의 월별 특성을 조사하기 위한 것으로 방문목적, 동반자, 방문시간, 구매한 메뉴와 가격, 만족도, 후기 등을 구체적으로 유목화해야 합니다.

분석유목은 일반적인 연구의 변인에 해당하는 것으로서 어떤 기준에 따라 어떤 항목으로 나누어 분석할 것인가를 의미하는 것입니다. 예를 들면, 맛집 리뷰의 내용은 방문월일, 방문시간(점심, 저녁), 방문목적, 방문일행, 구매음식, 지불수준, 만족도 등을 분석유목으로 사용할 수 있습니다. 분석단위는 기준과 항목에 따라 분류하고 빈도를 조사할 때 집계하는 내용의 최소단위를 의미합니다. 예를 들면 방문시간을 아침, 점심, 저녁, 심야 등으로 구분하는 것입니다.

내용분석의 결과는 〈표 11-2〉의 사례를 통해 확인할 수 있습니다. 우미솥의 내용분석 도구는 국내 포털사이트 네이버의 블로그 글만을 활용했습니다. 2024년 1월 1일~6월 30일까지 188건의 블로그 글 중 실제 방문 후기에 해당하는 64건의 글을 '방문목적, 방문시간, 선택 메뉴, 동반자, 서비스의 만족과 불만족'으로 분류하여 조사한 내용은 다음과 같습니다.

〈표 11-2〉 우미솥 블로그 기준 내용분석 사례

구분	건수	방문목적	방문시간	선택 메뉴	동반자	서비스 만족	불만족 참고사항
1월	14건	오창메가박스 영화관 가기 전 식사	점심	• 설렁탕 • 소국밥 • 아기설렁탕	아이들	• 솥밥이 좋다 • 깔끔한 수저집 • 건더기가 푸짐하다	소금 간 없음
2월	11건	청주랜드 방문 후 식사	점심	• 얼큰소국밥 • 소국밥 • 아기설렁탕	가족	• 밥이 너무 맛있음 • 군더더기 없어서 좋음 • 깔끔함	
3월	9건	청주공항 출국 전 식사	저녁	• 도가니탕 • 소국밥	연인	• 고기가 많다 • 질기지 않고 부드럽다 • 진하고 고소하다 • 깔끔하다	

4월	12건	감기기운 위한 보양 식사	저녁	• 소국밥 • 도가니탕	친구	• 퇴근후 소주 한잔 좋다 • 육수가 진득, 고소, 담백 • 고기가 푸짐하다 • 얇게 썰린 고기 • 통으로 들어간 도가니	소금 간 없음
5월	5건	해장을 위한 점심	점심	• 얼큰소국밥 • 왕꽃갈비탕	연인	• 얼큰한 맛 해장에 그만 • 고기가 신선하다 • 수육까지도 기대가 됨	
6월	13건	가족식사	점심	• 왕꽃갈비탕	가족	• 남자친구와 술 한잔 하러 올 정도로 좋음 • 분위기, 위생, 청결, 맛 모두 좋음	

188건의 블로그 글 중 우미솥에 방문한 손님들이 작성한 유효한 블로그 수는 64건이었으나 2024년 상반기 동안 우미솥을 방문한 고객들이 어떤 목적을 가지고 왔는지, 어떠한 것에 만족했고 어떤 것에 불만족했는지 내용분석을 통해 확인할 수 있습니다. 측정된 자료를 바탕으로 2024년 상반기 만족한 부분을 더욱 극대화시킬 수 있는 전략을 수립하고 새로운 프로모션을 진행하기 위한 대안을 찾을 수 있을 것입니다. 불만족으로 나타나거나 참고해야 할 부분에 대해서는 통제 가능한 부분은 수정 보완하고 통제 불가능한 맛을 평가한 부분이나 가격에 대해서는 경영자의 일관성을 유지하는 전략이 필요해 보입니다.

또한 내용분석을 통해 산업단지와 청주공항을 방문한 후 식사를 하러 오는 경우가 많다는 것을 확인할 수 있습니다. 단순한 식사가 아닌 보양식으로 건강한 음식이라고 인식하는 것을 확인할 수 있습니다. 또한 산업단지의 점심식사뿐 아니라, 가족중심의 식사를 위한 방문도 많은 것으로 확인할 수 있습니다. 이와 같이 내용분석의 결과는 온라인 상권분석을 위한 중요한 도구입니다.

내용분석 방법은 [그림 11-31]과 같이 네이버 검색창에 우미솥을 입력하고 블로그만 설정하여 검색을 누릅니다. 또한 기간 설정도 가능합니다. 기간은 1일, 1주, 1개월, 6개월 1년으로 설정할 수 있고, 직접 분석하고자 하는 기간을 입력할 수 있습니다. 우미솥의 경우 직접입력란에 2024년 1월 1일~2024년 6월 30일로 설정하여 분석합니다.

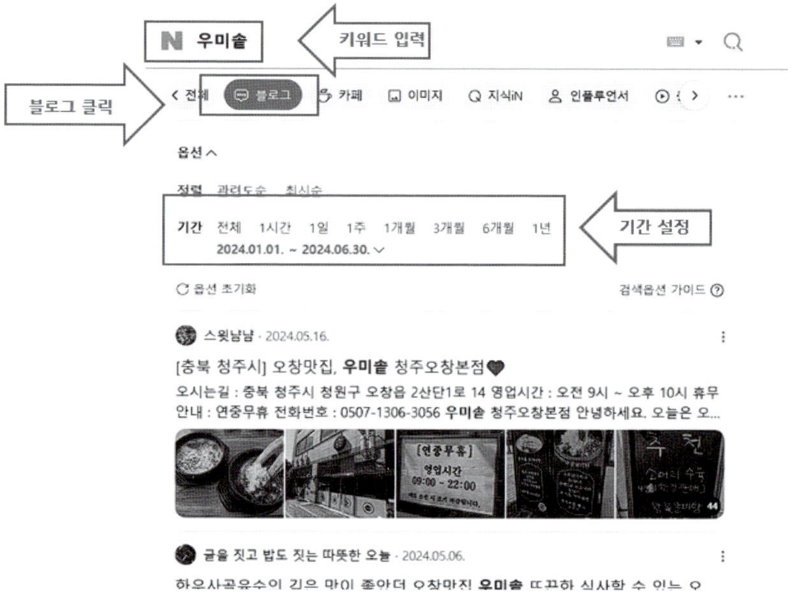

[그림 11-31] 네이버 내용분석을 위한 방법

블로그 내용분석을 위해 네이버에서는 검색 결과를 [그림 11-32]처럼 관련도순으로 보여줍니다.

[그림 11-32] 네이버 내용분석을 위한 블로그 관련도순 정렬

또한 상세검색은 분석하려는 여러 개의 키워드를 넣어서 [그림 11-33]과 같이 분석할 수 있습니다.

[그림 11-33] 네이버 내용분석을 위한 블로그 상세검색 결과

상세분석은 분석하고자 하는 점포의 특징을 넣어 정확하게 찾고 싶을 때 사용합니다. 네이버 검색창에 '우미솥'으로 검색하면 전국에 있는 모든 점포가 노출되므로 다른 점포가 함께 검색될 수 있습니다. 따라서 판매하고 있는 상품이나 제품명을 넣거나 특징을 나타내는 키워드를 포함시키면 원하는 글을 정확하게 찾을 수 있습니다. 과거에는 네이버에 상세검색 창이 있었으나 현재는 그 창이 없습니다. 하지만 " "와 +와 같은 기호를 사용하여 상세검색을 할 수 있습니다.

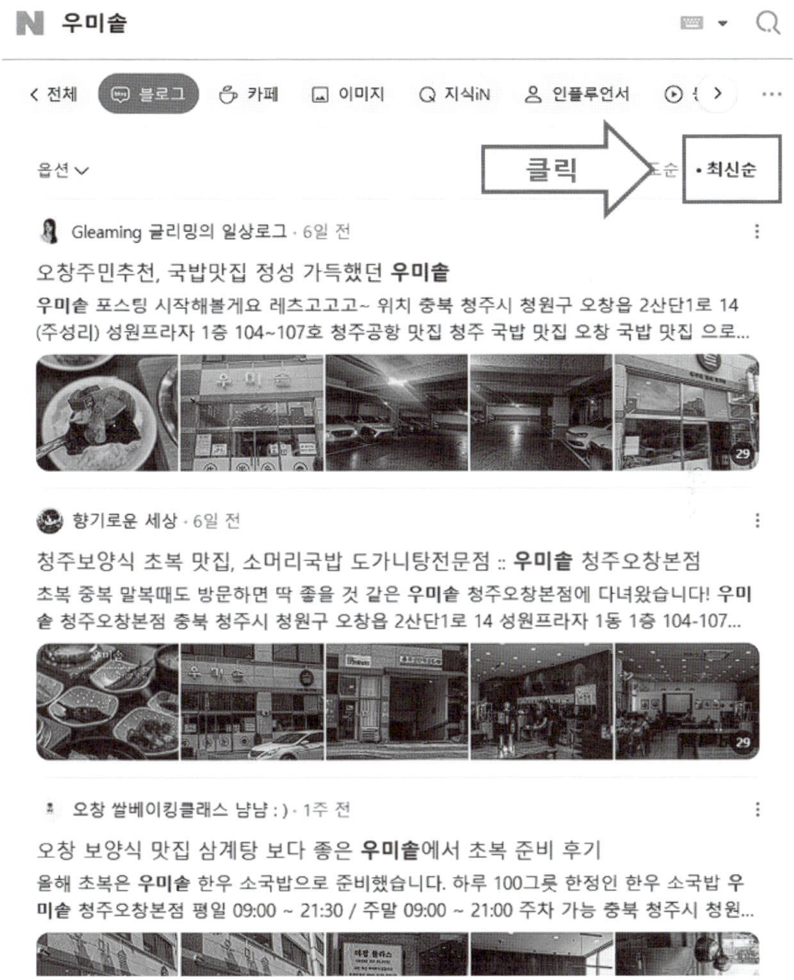

[그림 11-34] 네이버 내용분석을 위한 블로그 분석

본격적인 내용분석을 위해 정렬을 사용하여 최신순으로 설정 후 월별로 올라온 블로그를 읽고 분석하고자 하는 내용을 〈표 11-2〉의 내용분석 사례처럼 정리합니다.

분류분석

분류분석은 SNS상에 사람들이 입력한 텍스트에서 주요 키워드와 관계가 있는 단어를 특정한 기준과 빈도수로 정리하거나 감성언어 등을 긍정, 부정으로 분류하여 상권분석에 필요한 시사점을 찾아내는 활동입니다.

[그림 11-35]는 '썸트렌드'를 이용하여 우미솥의 대표 상품인 '국밥'에 관한 키워드를 중심으로 한 달간의 소비자 감성분석을 한 사례입니다. 감성분석 추이를 통해서 어떤 시기에 더욱 활성화되고 있는지 알 수 있습니다. 데이터 추출은 기본적으로 블로그, 뉴스를 포함하여 도출됩니다. 커뮤니티, 인스타그램, X(트위터) 등도 추가하여 추출할 수 있습니다.

출처: https://some.co.kr/analysis/social/mention

[그림 11-35] 썸트렌드 감성분석 사례

여기서 한 가지 주의할 점이 있습니다. 감성분석이긴 하지만 부정의 키워드에 대한 분류는 면밀히 확인해 볼 필요가 있습니다. 요즘 유행하는 키워드 자체가 긍정의 표현을 더욱 긍정으로 표현하기 위해 부정의 단어를 사용하는 경우가 있기 때문입니다. 예를 들어 '독한'이란 키워드는 부정의 요소를 가지고 있지만 때론 긍정의 감성으로 표현하기 때문입니다.

썸트렌드는 여러 가지 분류분석을 통해 [그림 11-36]과 같은 다양한 정보를 제공하고 있습니다.

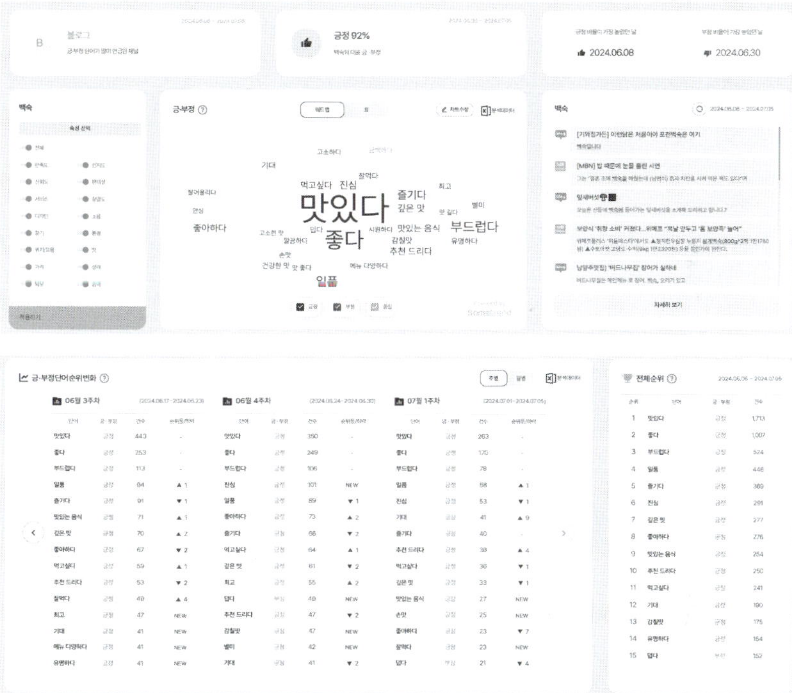

출처: https://some.co.kr/analysis/social/mention

[그림 11-36] 썸트렌드 감성분석 사례

우미솥과 연관되는 '국밥'이란 키워드의 감성분석 순위는 형용사와 명사로 나타납니다. 국밥이란 키워드는 매우 긍정적인 감성이슈를 만들어 내고 있다는 것을 확인할 수 있습니다.

분류분석을 위한 접속방법은 [그림 11-37] 및 [그림 11-38]과 같습니다. 썸트렌드는 포털사이트에서 검색하며 접속할 수 있고, 소셜 분석의 긍정 · 부정 분석을 통해 할 수 있습니다.

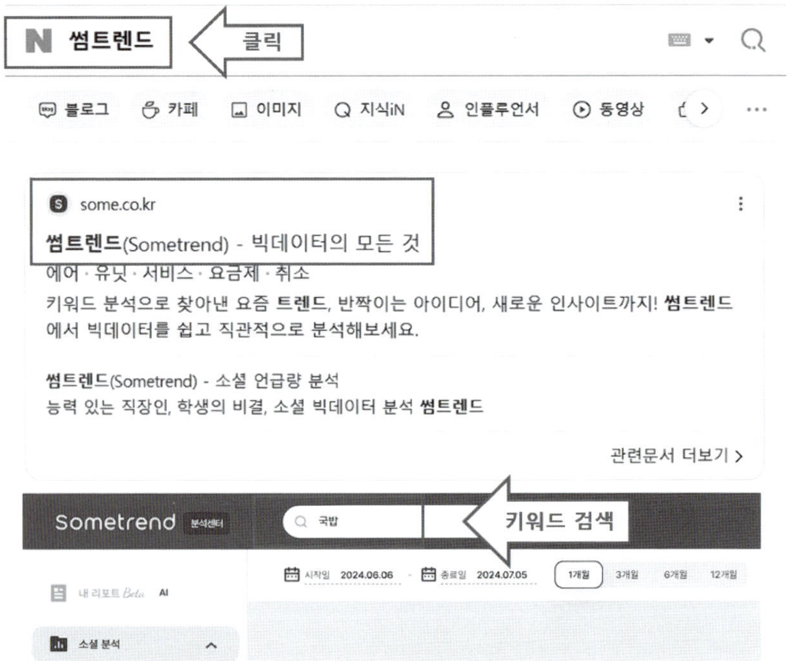

출처: https://some.co.kr/analysis/social/mention

[그림 11-37] 네이버 검색 후 썸트렌드

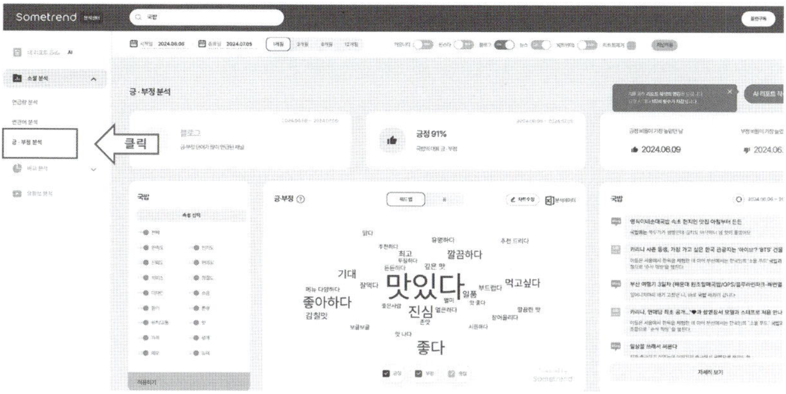

출처: https://some.co.kr/analysis/social/reputation

[그림 11-38] 썸트렌드 소셜 분석 긍정 · 부정 분석

순위분석과 통계분석

순위분석과 통계분석은 매우 다양한 소셜미디어를 통해 특정 상권의 점포 순위와 이용고객의 특성을 분석하는 활동입니다. 가장 쉽게 어떤 상권에 위치한 점포의 순위와 통계를 확인할 수 있는 도구로 네이버 플레이스를 들 수 있습니다. 네이버 플레이스 서비스를 이용해서 순위분석과 통계분석을 하는 방법은 [그림 11-39]와 같습니다.

오창국밥맛집
블로그
카페
이미지
지식iN
인플루언서
동영상
새로운 AI 검색 결과를 보시겠어요?
플레이스
내 업체 등록 · 신규장소 등록
영업중
실시간예약
쿠폰
포장주문
동서식당
우미솥 청주오창본점
마선생마약국밥 청주오창점
오창읍
내수역
국밥
고깃집
주차
입식
신선한
혼밥
넓은
마선생마약국밥 청주오창점
잡내 없는 오창 국밥 맛집
영업 중 · ★5 · 리뷰 126
대한민국 명장이 만든 명장국밥 오창 본사 직영점
알림받기 하면 매곰당면 군만두 반접시 쿠...
오늘 휴무 · 리뷰 999+ · 청주 청원구 오창...

[그림 11-39] 네이버 플레이스 사례

[그림 11-39]는 키워드 분석에서 도출되었던 핵심키워드 '오창국밥 맛집'을 이용한 네이버 플레이스 검색 결과입니다. 네이버 친화적인 구조라고 이야기하지만 일반적으로 지역에서 인기도가 높은 점포 순위라고 할 수 있습니다. 그곳에 '우미솥'이 포함되어 있습니다. 최근에는 이러한 순위를 뛰어 넘어 제일 상단에 노출이 가능한 네이버 플레

이스 광고가 온라인 마케팅의 중요한 수단으로 활용되고 있습니다.

각각의 점포를 클릭하면 위에서 잠시 언급했던 데이터랩의 테마 키워드의 분위기, 인기토픽, 찾는 목적 등을 통해 해당 점포들이 위치하고 있는 온라인상권의 특징을 잘 보여줍니다. 하지만 이러한 기능은 네이버에 많은 데이터가 축적되어 있는 업체들만 제공되고 있습니다. 오창국밥맛집에는 아쉽게도 이러한 정보를 찾아볼 수 있는 점포가 없습니다.

[그림 11-40]과 같이 데이터랩의 테마 키워드가 생성되어 있는 두 군

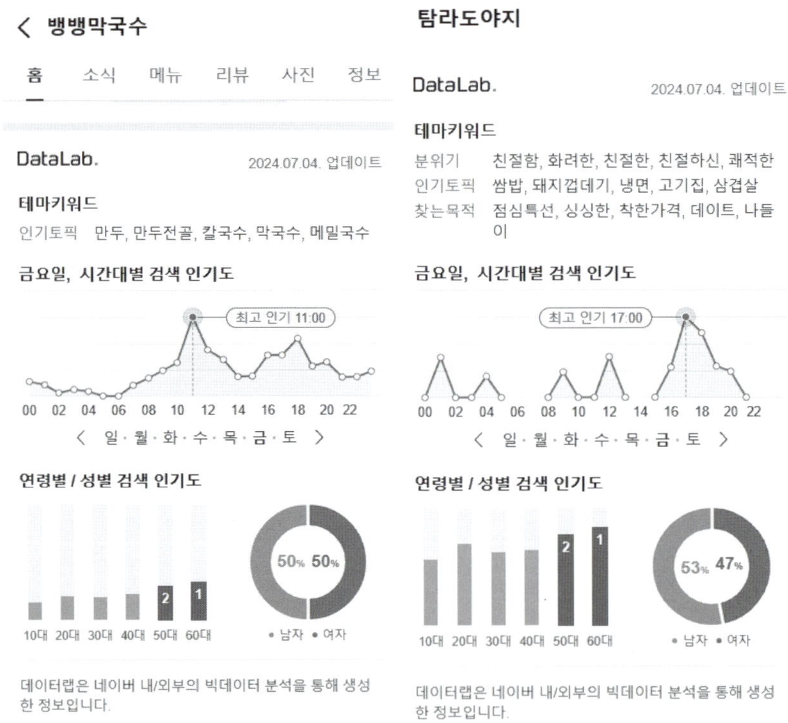

▲ 뱅뱅막국수 사례 ▲ 탐라도야지 사례

[그림 11-40] 네이버 플레이스 데이터랩 테마 키워드 사례

데 점포를 예시를 마련했습니다. 데이터 랩이 생성되어 테마 키워드의 분위기, 인기토픽, 찾는 목적 등을 통해 해당 점포들이 위치하고 있는 온라인 상권의 특징을 잘 보여줍니다. 통계적으로 분석된 요일별, 시간대별 검색 인기도와 연령별, 성별 인기도까지 분석 가능합니다.

온라인 상권분석에서 순위분석과 통계분석은 상권 특징을 중심으로 자사를 분석하고 경쟁자, 소비자를 분석할 수 있도록 도와줍니다. 누구나 사용할 수 있으며 어렵지 않게 접근할 수 있어 매우 중요한 상권분석 도구가 됩니다.

기타 분석

온라인 상권분석은 다양한 온라인 채널을 활용하여 소비자와 경쟁자를 분석할 수 있다는 장점이 있습니다. 특히 기타 분석에서는 앱을 이용하여 분석하는 부분을 안내합니다. [그림 11-41], [그림 11-42]는 다이닝코드와 캐치테이블을 소개하고 있지만 스마트폰을 활용하여 분석할 수 있는 다양한 앱들이 존재합니다. 다양한 앱은 분석하고자 하는 점포의 핵심 키워드는 물론 고객의 리뷰까지 제공합니다.

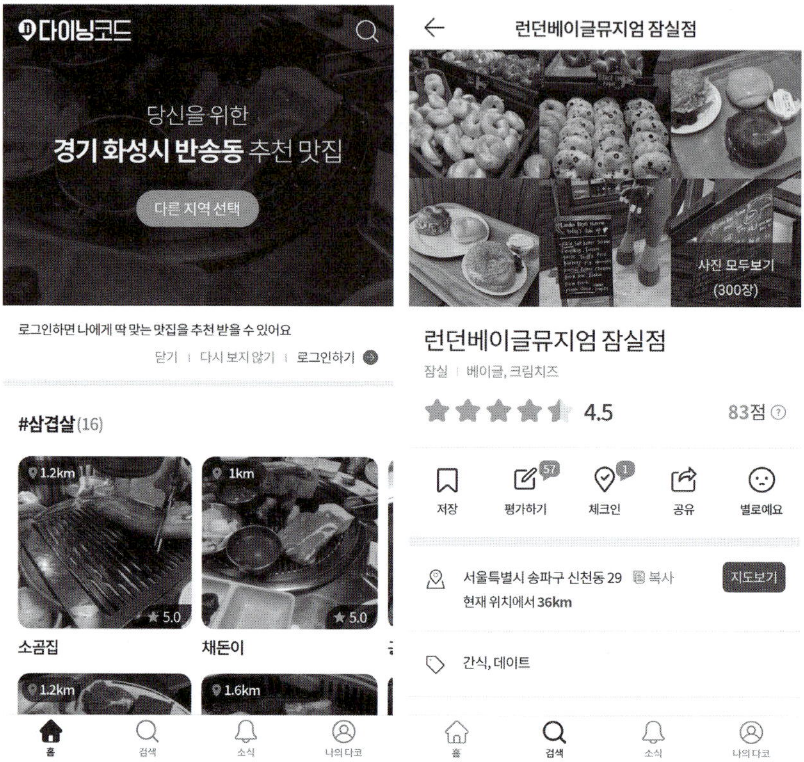

[그림 11-41] 다이닝코드 사례

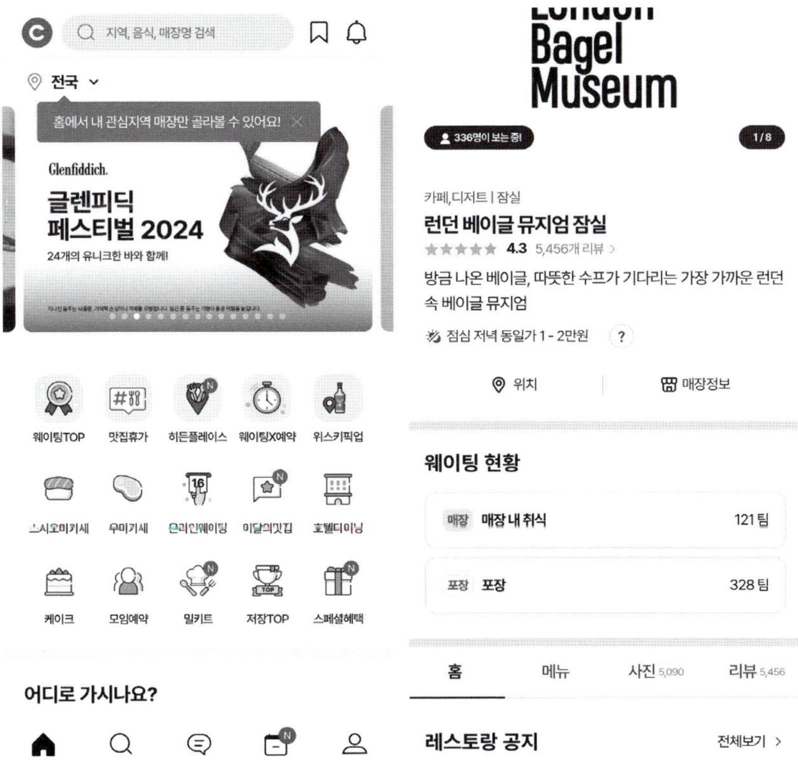

[그림 11-42] 캐치테이블 사례

오프라인 상권분석으로 1차 분석을 완료한 후, 온라인 상권분석을 하면 물리적 범위를 측정할 수 없는 고객과 소비자를 분석할 수 있는 장점이 있기 때문에 상권분석에서 매우 중요한 부분입니다. 온라인 상권분석을 자주 활용하여 노하우를 축적할 수 있도록 노력해야 합니다.

CHAPTER 12

상권 조사 · 분석

본서에서 상권과 입지를 조사하고 분석하기 위한 절차는 3단계로 설정하였습니다. 구체적으로 '상권 조사 · 분석, 입지 조사 · 분석, 사업타당성 분석 및 전략 수립'입니다. 본장에서는 가장 먼저 '상권 조사 · 분석 단계'를 설명합니다.

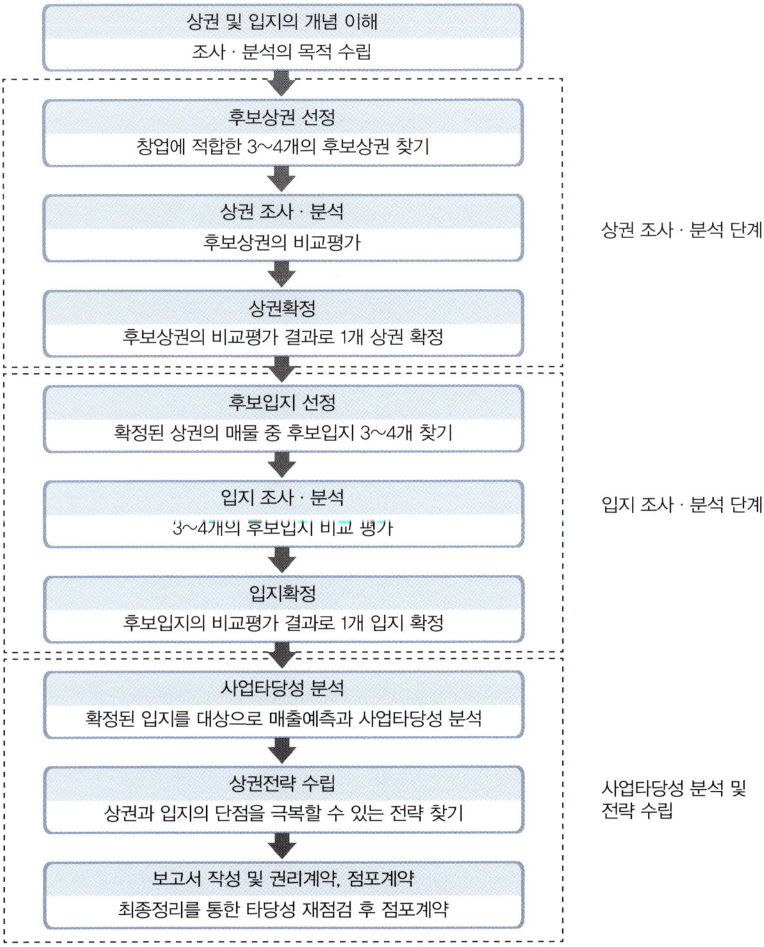

[그림 12-1] 상권 및 입지 조사 · 분석 프로세스

상권 조사 · 분석의 개요

창업을 고려하고 있는 예비창업자가 '상권 조사 · 분석과정'에서 얻고자 하는 핵심 내용은 '상권의 규모, 상권의 활성화 정도, 상권의 특성, 경쟁 정도, 상권의 발전 가능성' 등입니다. 창업자는 후보상권에 대한

세부정보를 수집하여 분석한 후 최종 상권을 선정하기 위하여 각각의 상권을 비교분석하게 됩니다. 이러한 내용을 정확하게 파악하기 위해서는 [그림 12-2]와 같은 절차를 준수하는 것이 좋습니다.

① 후보상권 선정
창업에 적합한 3~10개의 후보상권 찾기

↓

② 상권범위, 상권규모 지정
행정구역을 이용한 지정, 임의지정 등

↓

③ 상권특성 조사
① 행정구역상 특성, 인구 특성, 가구수, 거주형태, 소비지출 등

↓

④ 유동인구 조사
개략적인 유동인구 조사로 상권특성 파악

↓

⑤ 교통 및 통행량 조사
주요 교통수단 및 접근성 파악

↓

⑥ 경쟁점 밀집도 조사
시장규모를 기초로 상권 내 경쟁 정도 파악

↓

⑦ 상권의 변화 예측
상권의 성패를 좌우할 변화내용 파악

↓

⑧ 상권 확정
후보상권 비교평가 1개 상권 확정

↓

⑨ 상권분석도 작성
조사내용을 약도, 도표로 정리

[그림 12-2] 상권 조사 · 분석 프로세스

첫째, 후보상권을 선정합니다. 후보상권은 적게는 3곳에서 많게는 10여 곳까지 선정하게 되지만 창업자의 환경에 따라서 적정 수를 선택해야 합니다. 너무 적은 경우 다양한 상권을 파악하지 못할 수 있으며, 너무 많으면 시간과 비용투자가 커질 수 있습니다.

둘째, 선택된 후보상권들의 비교평가를 위하여 정확한 상권의 규모와 범위를 지정합니다. 상권의 규모와 범위는 상권단절 요인이 있는 경우 축소될 수 있으며, 도시계획 등에 의하여 구분된 지리적 특성을 고려할 필요도 있습니다. 상권은 행정구역을 기준으로 설정하기도 하고, 반경 몇 미터와 같이 임의로 구분하기도 합니다. 예를 들어 상권분석시스템을 이용하는 경우 주소지에 의하여 상권이 자동으로 설정되는 경우를 볼 수 있습니다. 이런 경우에는 해당 상권 규모와 범위가 적합한지 검토합니다.

셋째, 상권의 규모와 범위가 지정된 후에는 상권특성을 조사합니다. 세부적으로는 행정구역상 특성, 인구수, 가구수, 남녀비율, 연령대별 비율, 인구증감, 거주형태, 가계지출, 외식비 지출 등을 조사합니다. 인구특성(인구수, 가구수, 남녀비율, 연령대별 비율, 인구증감, 거주형태, 가계지출, 외식비 지출 등)은 주로 통계자료를 이용하여 파악합니다. 중소기업청 '상권정보시스템', 나이스비즈맵 '상권분석시스템', 지자체의 홈페이지, 기타 상권 내 인구특성을 파악할 수 있는 다양한 정보를 찾아서 이용하는 것이 좋습니다.

넷째, 유동인구(통행인구)를 조사합니다. 유동인구는 통계자료를 이용하는 방법과 정해진 요일과 정해진 시간대에 통행인구수와 통행자의 성향, 관찰을 통한 직접조사, 주메뉴 유효구매층 등을 면밀히 조사하는 현장조사법이 있습니다.

다섯째, 교통 및 통행량 조사를 통해 해당 상권으로의 접근성 등을 판단합니다.

여섯째, 상권 내 경쟁점들의 밀집도와 경쟁 정도를 파악합니다. 세부적인 경쟁점조사는 '입지 조사 · 분석 단계'에서 이루어지므로 여기서는 전체 시장규모 대비 경쟁업체 수가 과다하지 않은지와 강력한 경쟁점포로 인한 시장 독과점이 일어나고 있지 않은지 여부 등을 점검합니다.

일곱째, 향후 상권의 변화 가능성을 점검합니다. 도시계획이나 재개발, 재건축 등으로 상권의 발전 가능성과 쇠락 가능성을 예측해 보아야 합니다.

여덟째, 이상의 조사항목에 대한 비교분석을 통하여 최종상권을 선정합니다.

아홉째, 최종 선정된 상권을 대상으로 상권분석도를 작성함으로써 모든 자료를 한눈에 파악할 수 있도록 정리합니다.

이상 살펴본 상권 조사 · 분석 단계에서 점검해야 할 항목들은 상권 조사의 목적과 상황에 따라서 변동이 될 수 있으며, 추가로 필요한 내용이 발생할 수 있습니다. 조사자의 의도에 따라서 조사 항목을 세부적으로 재검토하시기 바랍니다.

상권력의 이해

상권 조사 · 분석에 앞서 '상권력'을 이해할 필요가 있습니다. 상권력이란 '상권의 힘'으로 점포 주변의 소비자가 방문할 가능성의 정도를 의미합니다. 상권의 힘이 강하려면 상권의 크기가 커야 하고 상권이 활성화되어야 합니다. 따라서 상권력은 '상권의 크기와 상권의 활성화 정도'라고도 합니다. 그리고 상권력의 분석은 '상권의 크기 및 상권의 활성화 정도를 분석하는 활동'입니다. 다만 상권의 크기가 배후 인구에 비하여 과도하게 큰 경우는 오히려 상권력이 약해지기도 합니다. 무조건 상권이 크기보다는 인구수에 적절한 크기와 다양한 점포 및 대형 점포의 적절한 조화가 더 중요합니다.

인구 대비 적절한 크기의 상권에 다양한 업종과 업태 그리고 집객시설이 조화롭게 활성화된 경우 가장 이상적인 상권력이라고 할 수 있습니다. 이와 같은 상권력에 영향을 미치는 다양한 요소들을 살펴보면 지형지세, 경쟁 정도, 점포들의 밀집도, 교통망과 도로조건, 집객시설의 유무 등이 있습니다.

지형지세

상권력에 영향을 미치는 중요한 요소는 지형지세입니다. 일반적으로 활성화된 상권은 낮은 곳에 위치합니다. 물이 높은 곳에서 낮은 곳으로 흐르는 이치와 같습니다. 따라서 상권 내에서 지형지세를 기준으로 경사진 곳이나 높은 곳은 피하는 게 좋습니다. 낮고 배후세대가 많은 곳에서 상권이 형성되기 때문입니다. 다만 최근에는 이러한 지형지세로 상권력을 설명하기 힘든 경우가 많습니다. 지형지세보다 다른 요인의 영향력이 더 커지고 있기 때문입니다.

점포 밀도

상권의 범위를 파악하다 보면, 점포 밀도가 높은 상권에서 상권력이 강한 것을 알 수 있습니다. 여기서 점포 밀도란 상가권의 면적 대비 점포의 수를 의미합니다. 예를 들어 1평방킬로미터 내에 100개의 점포가 있는 것보다 200개의 점포가 있는 경우 밀도가 높다고 할 수 있습니다. 점포 밀도가 높으면 작은 공간에서 소비자가 더 많은 점포를 방문할 수 있어서 상권이 활성화될 가능성이 높습니다. 다만 소비자의 수가 충분하지 않다면 높은 점포 밀도는 오히려 상권력을 떨어뜨릴 수도 있습니다.

일반적으로 상가권의 면적이 너무 넓으면 점포 밀도가 낮아지게 됩니다. 최근에 건설되는 신도시의 경우 점포 밀도가 낮아서 상권력이 약한 경우를 발견하게 됩니다. 주거면적에 비하여 상업지구의 면적이 너무 넓다면 점포의 밀도가 떨어지고 이는 상권력을 약하게 만드는 원인이 됩니다. 주거지역 대비 상가지역의 면적 비율이 중요한 이유입니다. 예를 들어 과거에 만들어진 평촌신도시는 주거지역 대비 상가지역 면적 비율이 낮아서 상권력이 강한 데 비하여 안산 고잔신도시의 경우는 주거지역 대비 상가지역의 비율이 높아서 상권력이 약해지는 대표적인 사례입니다.

점포 밀도와 유사한 개념으로 최근 관심의 대상이 되고 있는 과밀지수가 있습니다. 과밀지수란 특정 상권에 특정 업종의 과다 여부를 판단하는 기준입니다. 소비자 수요에 비하여 특정 업종의 점포 수가 많은 경우 공급과잉으로 판단하여 창업을 자제하도록 권하는 기준으로 활용할 수 있습니다. 세부적인 내용은 다음 자료를 참고하기 바랍니다.

점포이력평가 창업과밀지수

- 점포이력평가 메뉴에서 제공하는 '창업과밀지수'에 대한 상세한 내용을 확인하려면 화면에서 '도움말' 아이콘을 클릭하면 됩니다.
- 중소기업청 소상공인 상권정보시스템의 창업과밀지수 화면

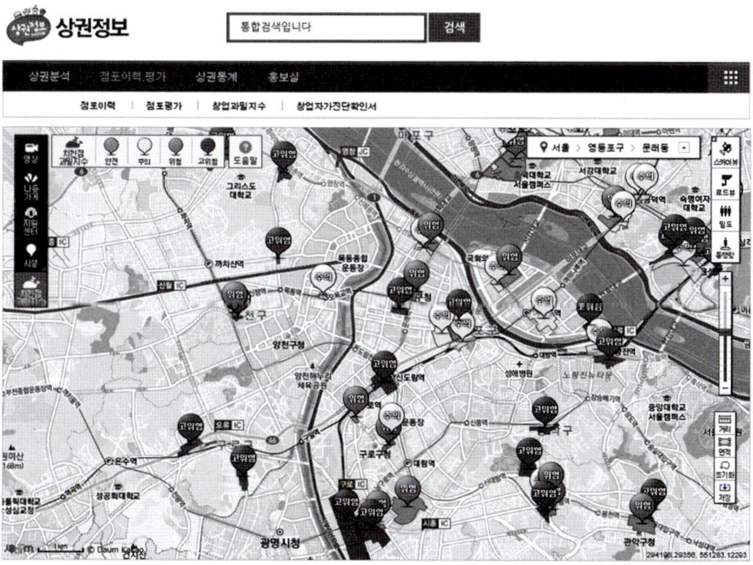

출처: 소상공인 상권정보시스템.

교통망 연계성과 도로조건

다양한 교통망 중에서 상권력에 가장 큰 영향을 미치는 수단은 지하철입니다. 새롭게 형성되는 상권의 경우 지하철의 개통 여부가 상권의 성장을 좌우합니다. 지하철의 개통 이외에도 다른 교통망과의 연계성은 상권 발전에 큰 영향을 미치는 요소입니다. 물론 지하철역이 개통되었다고 반드시 상권력이 높아진다고 할 수는 없습니다. 상권력이 강력한 역세권이란 단순히 지하철이 개통되었다는 사건 이외에 주거시

설과 다양한 집객시설이 적절한 조화를 이루는 경우를 의미합니다.

집객시설 및 장애물 시설의 유무

상권이 활성화되는 곳은 해당 지역의 중심지입니다. 이러한 중심지에는 소비자들이 많이 모이게 되는 편의시설이 집중됩니다. 대형 건물이나 시설물이라고 해서 모두 집객효과가 있는 시설이라고 할 수는 없습니다. 학교나 종합운동장, 대형병원은 집객역할도 하지만 경우에 따라서는 상권을 단절시키기도 합니다. 상권과 멀리 떨어진 집객시설은 오히려 고객을 분산시켜서 상권력을 약화시키는 경우가 있습니다.

상권의 경쟁 정도

다수의 상권이 상호 경쟁하는 상황에서 상권의 성패는 상권력에 의해 좌우됩니다. 상권력의 경쟁은 크기에 따라 1등과 2등으로 나누어지지 않습니다. 상권력이 강한 곳이 1등이라면 약한 곳은 2등이 아니라 모든 고객을 잃게 되는 상황이 될 수 있기 때문입니다. 상권 사이의 경쟁에서는 일반적으로 란체스터 법칙이 적용됩니다. 예를 들어, 상권력 차이가 두 배라면 고객 흡인력은 네 배의 차이가 납니다. 신도시 등에서 외형적으로는 비슷한 상권이 다수인 경우 상권력이 큰 곳으로 대부분의 고객이 몰려서 상권력이 강한 상권만이 성장하고 나머지 상권은 모두 어려움을 겪는 현상을 종종 발견하게 됩니다. 상권을 선택할 때 유의해야 할 부분입니다.

후보상권의 선정

예비창업자는 국내에 존재하는 다수의 상권을 대상으로 자신의 선택 업종, 투자가능금액, 거주지, 선호지역, 연고지역 등을 충분히 고려하여 후보상권을 선정해야 합니다. 후보상권을 선정할 때는 조사시간과 비용을 고려하여 서너 곳 이내로 선정하는 경우와 충분한 조사로 투자 수익률을 높이기 위하여 열 곳 이상을 선정하는 경우가 있습니다. 자신의 상황과 조건에 따라서 선정할 후보상권의 수를 선택하면 됩니다.

후보상권 선정 사례 1

다음에 제시된 사례는 '김영혁과 그의 친구들'이 카페를 창업하는 과정에서 후보상권을 탐색한 내용입니다. 그들은 서울에서 카페 영업이 활성화된 지역을 찾고, 각 지역마다 핵심적인 키워드를 사용하여 지도상에 후보상권을 정리하였습니다.

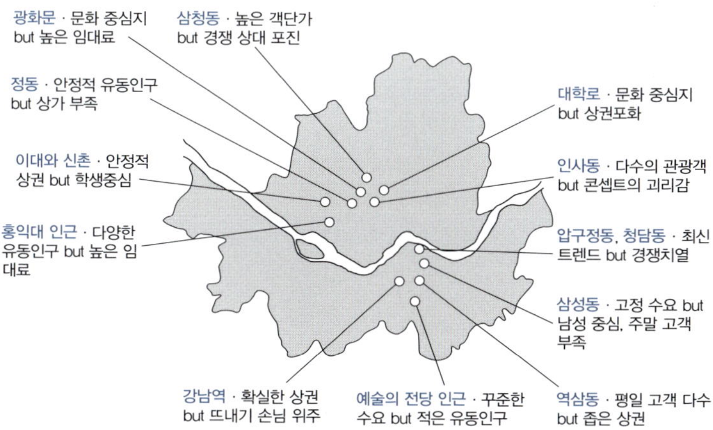

출처: 김영혁 외(2005). 우리 카페나 할까, p. 43.

[그림 12-3] 카페 창업을 위해 서울지역에서 선정한 후보상권

키워드로 요약된 각각의 후보상권에 대하여 온라인과 오프라인 채널을 이용하여 장단점을 조사하고 정리한 내용은 〈표 12-1〉과 같습니다. 그들의 후보상권 선정절차는 표본조사를 통한 현장조사나 통계적 분석법을 사용하지는 않았지만 탐문조사와 정성적 방법을 이용하여 매우 섬세한 조사를 하였다는 점에서 의미가 있다고 할 수 있습니다.

〈표 12-1〉 후보상권의 장단점

지역	장점	단점
역삼동 (LG아트센터 주변)	• 인근 회사원을 중심으로 확실한 평일 고객 확보 가능 • 공연 관람객을 중심으로 주말 유동인구가 많음 • 외국인 고객도 확보 가능	• 상권이 좁고 이미 포화상태 • 높은 권리금
강남역	• 서울 시내에서 가장 확실한 상권 • 불경기에도 많은 유동인구 • 우리의 콘셉트로는 비교적 경쟁상대가 많지 않음	• 지나치게 높은 권리금 • 단골보다는 뜨내기 손님 위주
삼청동	• 카페와 와인에 대한 수요가 높음 • 높은 객단가 실현 가능	• 유동인구에 비해 이미 많음 카페와 바 존재 • 평일과 주말 유동인구의 큰 차이
삼성동	• 평일 고정적 수요 존재	• 평일에 비해 주말 유동인구가 지나치게 적음 • 남성 회사원 중심의 고객층
예술의 전당 인근	• 공연 관람객으로 인한 꾸준한 수요 • 높은 객단가 실현 가능	• 전체적으로 적은 유동인구 • 경쟁상대 존재
광화문	• 안정적이고 다양한 계층의 유동인구 • 인근 서점, 극장, 공연장 등으로 주말 유동인구 많음	• 거품이 많은 권리금 • 주요 길목에는 매물이 없어서 장소 선정이 어려움
압구정동, 청담동	• 높은 객단가 실현가능 • 최신 트렌드를 접목할 수 있음	• 고객 취향이 다양해 경기와 트렌드에 민감함 • 치열한 경쟁 • 높은 임대료

정동	• 평일 회사원과 공연장, 주말 공연장과 극장으로 인해 안정적인 유동인구	• 오래된 건물 중심이라 매물이 적음 • 유동인구에 비해 부족한 상가
인사동	• 회사원과 관광객으로 인해 안정적인 유동인구	• 인사동을 찾는 목적과 카페, 바 콘셉트의 괴리감 • 1층 자리는 포화 상태
이대와 신촌	• 불경기에도 안정적인 소비층 존재 • 단골 확보 가능	• 학생 중심의 상권 • 거품이 많은 권리금과 임대료 • 트렌드에 민감하나 낮은 객단가와 지나친 경쟁
홍익대 인근	• 학생과 회사원, 클럽 고객으로 다양한 유동인구 • 단골 확보 가능	• 상권 포화 • 경기와 트렌드에 민감한 편 • 높은 임대로
대학로	• 학생과 회사원, 연극 관람객으로 다양한 유동인구	• 이미 상권 포화 상태 • 경기에 민감 • 단골보다 뜨내기 손님 위주 • 거품이 많은 임대료

출처: 김영혁 외(2005). 우리 카페나 할까, p. 44.

본 사례와 같이 서울시 전체를 대상으로 열두 곳의 후보상권을 점검하는 것은 매우 유용할 수 있지만 창업자의 상황에 따라서는 많은 시간과 비용이 소요될 수 있으므로 서너 곳 정도로 후보상권을 줄이는 것도 고려할 수 있습니다.

후보상권 선정 사례 2

두 번째는 예비창업자가 가장 잘 알고 있는 근무지를 중심으로 후보상권을 선정하여 정리한 사례입니다.

〈표 12-2〉 후보상권 선정표

<table>
<tr><th colspan="4">후보상권 선정</th></tr>
<tr><td rowspan="8">상권
선정</td><td rowspan="6">근무지
내
상권</td><td colspan="2">조건: 근무지 반경 1km 내의 인접 상권</td></tr>
<tr><td rowspan="4">목적지
이동
정체요인</td><td>지하철: 1, 2호선 시청역, 2호선 을지로입구역 도보 5분, 5호선 광화문역 도보 10분 이내</td></tr>
<tr><td>버스: 인접 버스정류장(6개 이상) 도보 5분</td></tr>
<tr><td>자가용: 주차 시설이 적음. 태평로 파출소 인근 주차장 외 1개가 있어, 주차 후 도보 이용으로 10분 이내</td></tr>
<tr><td>도보: 종각 및 광화문역을 통한 도보 접근 시 청계천이 정체 요인이 될 수 있음. 오피스 상권 내부에서의 이동을 90% 이상 목표로 하고 있기 때문에, 도보 10분 이하의 동일 상권에서의 정체 요인을 고려하지 않음.</td></tr>
<tr><td colspan="2">서울시 중구 무교동 상권</td></tr>
<tr><td rowspan="2">관심
상권</td><td colspan="2">근무지 반경 1km 내로 이동이 가능한 상권</td></tr>
<tr><td colspan="2">시간대별로 대상 고객층(20~40대 회사원)의 확보가 쉬운 오피스 상권</td></tr>
<tr><td colspan="2">최종
후보상권</td><td colspan="2">무교동, 소공동, 북창동 상권
(다동 상권은 행정상 다동이나, 무교동 상권으로 함께 언급되는 경우가 다반사라서 무교동으로 상권조사를 진행함)</td></tr>
</table>

창업을 위한 후보상권을 선정하는 절차는 매우 중요합니다. 평생 자신이 몸담을 직장을 선택하는 것과 다르지 않기 때문입니다. 후보상권을 선정함에 있어서 가장 먼저 고려해야 할 사항은 정보취득과 창업의 편의성입니다. 후보상권을 선정할 때는 상권정보의 취득이 용이한 곳을 우선적으로 고려하는 것이 좋습니다. 아무리 좋은 상권이라도 해당 상권의 정보취득에 어려움이 있다면 창업 이후에 많은 애로를 겪을 수 있기 때문입니다. 다음으로 창업자의 사업편의성입니다. 창업자의 거주지와 연계하여 삶의 질을 고려해야 합니다. 예를 들어 사업이 아무리 번창하더라도 출퇴근이 어려운 상권에서의 사업은 오래 지속하기 힘듭니다. 필자가 상담을 한 사례 중 안양에 거주하는 부부가 홍대

인근에 창업하여 많은 애로를 겪던 중 결국 수익성이 높은 사업임에도 중도에 타인에게 점포를 양도한 경우가 있습니다. 후보상권의 선택이 얼마나 중요한지를 잘 보여주는 사례입니다.

이상의 고려사항 외에도 상권분석시스템에서 제공하는 '입지추천', '예상매출액' 서비스, 프랜차이즈 점포 분포 등 다양한 변수를 참고할 필요가 있습니다.

상세권과 상가권의 설정

상세권의 경계 설정

상권을 조사 · 분석하려면 상권범위가 확정되어야 합니다. 점포를 이용하게 될 것으로 예상되는 소비자들의 거주범위를 알기 위해 가장 많이 이용하는 방법은 '고객스포팅기법Customer Spotting Technique: CST'입니다. 고객스포팅기법은 고객이 어디서 와서 어디로 가는지, 사는 곳이나 근무지가 어디인지를 파악하는 방법입니다. 기존에 운영하는 점포의 상권범위를 확인하기 위해 주로 이용합니다. 따라서 신규로 창업하려는 점포의 경우 CST 기법 사용에는 한계가 있습니다.

고객스포팅기법(Consumer Sporting Technique: CST)

고객스포팅기법(CST)은 'William Apple Baum'이 개발한 기법으로 '유추법'이라고도 한다. 사용이 쉽고 상권분석에서 가장 대중적으로 사용되는 방법이다. 점포 방문객을 대상으로 인터뷰나 설문조사를 통해 거주지를 파악한 후 지도상에 표기하여 상권의 범위와 경계를 파악하는 형식으로 이루어진다. 패밀리레스토랑 등에서 점포 입구에 지역의 지도를 세워 놓고 자신의 집 위치에 스티커 등을 붙이는 이벤트에 참여해 본 경험이 있다면 이것이 바로 CST의 일종이다.

CST는 자사의 신규점포와 특성이 비슷한 기존의 유사점포를 선정하여, 그 점포의 상하범위를 추정한 결과를 바탕으로 자사점포의 신규입지에서의 매출액, 즉 상권 규모를 측정하는 데 이용하는 방법이다. CST에 의한 상권 규모의 측정은 CST Map의 기법을 이용하여 이루어진다.

CST는 자사점포를 이용하는 고객들의 거주지를 지도상에 표시한 후 자사점포를 중심으로 서로 다른 동심원을 그림으로써, 자사점포의 상권 규모를 시각적으로 파악할 수 있어서 매우 유용하다. CST를 이용하는 유추법은 자사가 창업하려는 점포와 유사한 점포를 택하는 것이 중요하고, 그 점포의 상권을 분석하여 자사점포의 상권과 예상 매출액을 추정하는 방식이어서 매우 유용하게 사용할 수 있다는 장점이 있는 반면, 유사한 점포를 발견하기 힘든 상황에서는 사용할 수 없다는 단점이 있다.

상권분석에서 상권의 범위를 측정하기 위해 사용하는 방법은 CST 외에도 '현지조사법(The Survey Technique), 통계적 분석법(The Statistical Technique), 수학적 분석법(The Mathematical Technique)' 등 다수의 방법이 있으나 본서에서 모두 다루지 못하므로 추가적인 학습을 통해 익히기 바란다.

만약 CST 기법을 이용하기 힘든 경우에는 그 대안으로 1차 상권을 대략적으로 추정하여 범위를 설정하게 됩니다. 예를 들면 상권의 분류에서 패스트푸드 전문점의 1차 상권을 반경 500미터로 가정하고 있으므로 패스트푸드와 같은 업태의 음식점을 창업하는 경우 상권범위를 반경 500미터로 설정해 봅니다. 다음 그림은 '중소기업청 상권정보시스템'을 이용하여 상권을 분석하기에 앞서 상권의 범위를 지도 위에 표시한 사례입니다.

출처: 소상공인 상권정보시스템.

[그림 12-4] 상세권(상권범위) 설정 사례

중소기업청에서 제공하는 시스템 이외에 (주)나이스신용정보에서 제공하는 나이스비즈맵(https://www.nicebizmap.co.kr)에서는 직접 지도상의 행정구역 단위로 상권범위를 지정하는 기능 외에 다양한 방식으로 상권범위를 설정하는 방식을 제공합니다.

나이스비즈맵에서는 단순히 지역적 상권설정 기능 이외에 다음 그림처럼 조건설정 단계에서 점포면적 입력, 프랜차이즈/테이크아웃 여부, 비교업종 지정 등의 기능 등을 추가함으로써 더욱 세부적인 상세권(상권범위)을 설정할 수 있게 지원합니다.

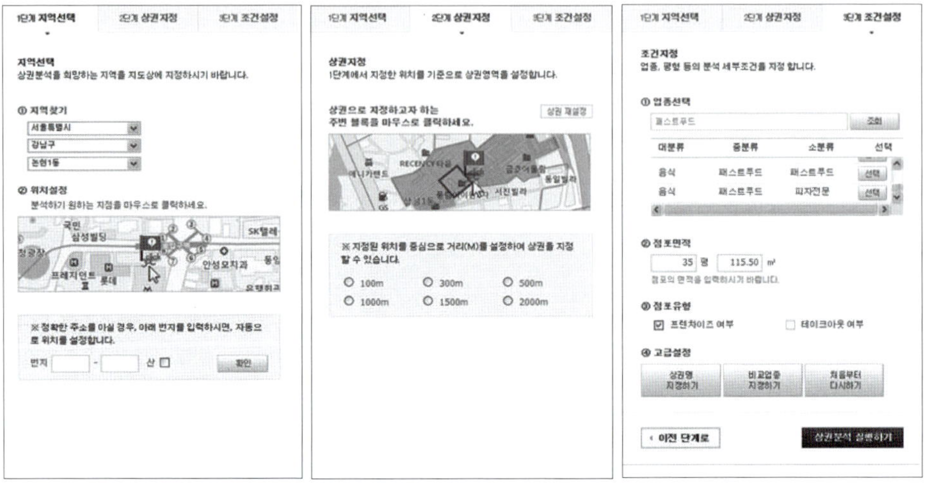

[그림 12-5] 나이스비즈맵 상세권(상권범위) 설정 사례

상권의 범위를 설정하는 과정에서 고려해야 할 요소로 상권단절요인이 있습니다. 상권단절요인은 상권범위를 제한하는 역할을 합니다.

〈표 12-3〉 상권단절요인

- 자연 지형물(하천, 둑, 강, 공원 등), 인공 지형물(철로, 6차선 이상의 도로)
- 장애물 시설(쓰레기처리장, 학교 등), C급지 업종(카센터, 우유대리점, 가구점, 기술 위주 업종 등)
- 점포 자체 장애(계단, 경사, 화단 등), 기타(주유소, 주차공간 시설 등)

이상의 상권단절요인 이외에도 다양한 요인이 상권을 단절시키는 사례를 주변에서 찾아볼 수 있습니다. 신도시의 경우 종합병원이나 지역열병합발전시설 등이 단절요인으로 작용하는 사례가 많으며 자칫 집객시설로 판단할 수 있는 지방법원이나 세무서 등이 단절요인으로 작용하는 경우도 있으므로 유의해야 합니다.

상권의 범위를 설정하면서 고려해야 할 개념으로 '상권의 규모'가 있습니다. '상권의 범위'가 소비자를 기준으로 설정된다면 '상권의 규모'는 점포들의 밀집형태로 구분할 수 있습니다. 예를 들면 강남역 상권이라고 표현할 때, 강남역을 중심으로 상가가 밀집한 지역을 의미하는 것으로 이를 '강남역 상권의 규모'로 정의할 수 있습니다. 일반적으로 상권범위는 지형지세 및 상권력(상권의 활성화 정도)에 의해 좌우됩니다.

상가권(상권규모)의 설정

상가권(상권규모)이란 상가가 밀집해 있는 구역을 의미합니다. 상권은 점포 수가 많고 밀집도가 높을수록 활성화됩니다. [그림 10-6]은 앞에서 설명하였던 '상세권(상권범위)' 내에 위치한 '상가권(상권규모)'을 설정한 사례입니다. 상권을 조사하는 데 있어서 소비자를 기준으로 '상세권(상권범위)'이 가장 우선시되어야겠지만 점포들 간의 밀집현황을 파악하고 상권력을 파악하기 위해서 '상가권(상권규모)'도 동시에 도표화하는 것이 좋습니다.

다음 사례에서는 '상가권(상권규모)'을 1급지, 2급지, 3급지로 구분하여 상권 내부의 입지 현황을 구체적으로 표시하고 있습니다. 상권규모의 설정을 위해 예시된 그림에서는 6차선 이상의 도로와 장애물 시설 등을 고려하여 설정하였습니다. 상가권 내에서 1급지는 상권 내에서 권리금, 임차보증금, 월 임차료 등의 소요비용이 가장 클 것으로 예상되는 지역입니다.

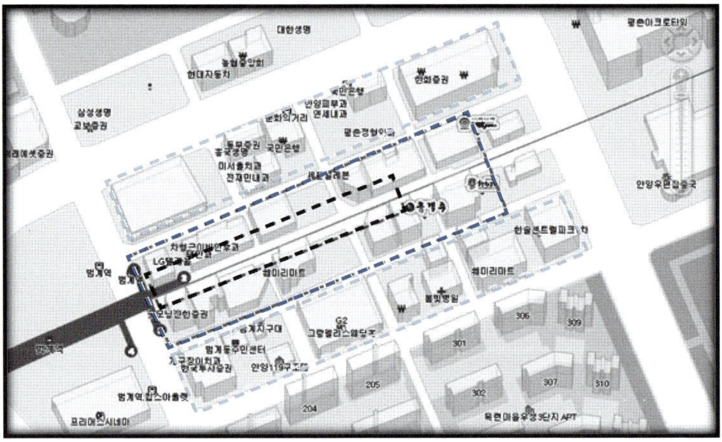

1(A)급지 2(B)급지 3(C)급지

출처: 소상공인 상권정보시스템.

[그림 12-6] 상가권(상권규모)의 설정 사례

위 그림에서 상가권(상권규모)을 지정하는 입지의 구분은 입지 평가 기준인 가시성, 접근성, 홍보성 등을 활용하였습니다. 입지의 평가기준에 대해서는 추후 입지분석단계에서 좀더 구체적으로 살펴보기로 하겠습니다.

일단 좋은 입지는 상권범위가 넓고, 나쁜 입지는 상권범위가 좁아진다는 특징이 있습니다. 예를 들면 1급지는 2급지에 비하여, 2급지는 3급지에 비하여 상권의 범위가 넓습니다.

업종별 상권의 범위

상가권(상권규모)을 구분함에 있어서 동일 상권 내에 존재하는 입지라도 상권의 범위가 다를 수 있다고 하였습니다. 비슷한 입지의 점포라도 업종에 따라서 상권의 범위는 차이가 있습니다. 예를 들면, 같은 점포라도 패스트푸드를 판매하는 경우와 전문음식점인 경우 상권의 범위는 많은 차이가 있습니다. 그외에도 상권범위는 점포면적과는 비례하고 구매빈도와는 반비례합니다. 예를 들면, 생필품점의 경우는 점포면적은 좁고 구매빈도가 높으므로 1차 상권의 범위가 반경 500미터 이내입니다. 하지만 선매품점의 경우는 점포면적은 넓고 구매빈도는 낮아서 1차 상권의 범위가 반경 1킬로미터로 확대될 수 있습니다. 전문품점의 경우는 상권범위가 더 넓어집니다. 일반음식점과 전문음식점도 업종과 업태의 특성에 따라서 상권범위가 달라질 수 있습니다. 다음 그림은 나이스비즈맵 상권분석시스템을 이용하여 음식점 중 일식업종의 이용거리별 고객비중을 분석한 결과입니다. 업종별 상권의 범위를 확인하는 데 도움이 됩니다.

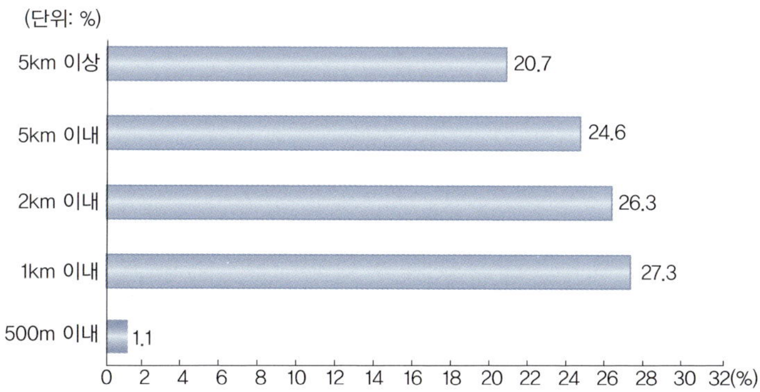

출처: 나이스비즈맵.

[그림 12-7] 이용거리별 고객비중 분석 사례

경쟁점포에 의해서도 상세권(상권범위)은 달라집니다. 경쟁점포의 수가 많을수록 상권의 범위는 좁아지고 경쟁점포가 적다면 상권범위

는 넓어집니다. 이외에 상권의 범위는 업종친화력에 의해서도 영향을 받습니다. 업종친화력이란 '업종 간의 연관성 정도'를 말하는데, 업종 구성이 이질적인 경우와 동질적인 경우로 구분됩니다. 예를 들면, 아파트단지 내 상권, 역세권, 번화가 상권 등은 이질적 업종 간의 결합으로 생성되는 상권으로 볼 수 있는 반면에 로데오거리, 전자상가 등은 동질적 업종 간의 결합이 매우 강합니다. 이러한 결합은 상권의 범위를 넓히는 방향으로 작용합니다.

업종친화력을 판단하기 위해서는 고객의 소비특성을 이해해야 합니다. 경제적 소비를 추구하는 소비자는 최소의 비용으로 최대의 효용을 추구하므로 소비자가 비교쇼핑을 원하는 경우라면 동질적 업종이 모인 상권을 선택하게 됩니다. 만약 연계쇼핑을 원하는 경우에는 이질적 업종이 모인 상권을 선택하게 됩니다. 예를 들면, 1층은 식당이고 2층은 주점, 3층은 노래방, 4층은 당구장 또는 PC방인 건물이 있다면 소비자가 연계된 쇼핑을 할 수 있어서 업종친화력이 높다고 할 수 있습니다.

결과적으로 창업자는 업종친화력을 고려하여 상권을 선택해야 합니다. 이질적 업종으로 구성된 상권에서는 전 · 후방통합이 가능한 업종으로 출점하는 것이 좋습니다. 예를 들면 외식업종이 활성화된 상권에서 디저트 카페나 서비스 업종으로 출점한다거나 동질적 업종으로 구성된 상권에서 틈새업종으로 출점하는 경우입니다. 물론 틈새업종으로의 창업은 충분한 자금력과 브랜드 파워, 마케팅 능력을 바탕으로 출점하거나 완벽한 차별화가 가능해야 합니다.

상권특성 분석

상권력, 상권범위와 규모 등에 대한 조사자의 판단이 이루어진 후에는 상권특성에 대한 조사와 분석이 필요합니다. 상권특성의 분석이란 '행정구역상 제한, 유동인구 및 거주인구의 인구통계적 특성(나이, 성별, 소득수준, 소비수준 등), 교통량 등을 파악하는 활동'입니다.

행정구역 현황과 인구의 특성

상권특성을 파악하기 위한 첫 번째 단계는 지정된 상권범위 내의 환경과 잠재고객 또는 목표고객에 대한 성향을 파악하는 활동입니다.

첫째, 행정 구역상의 현황을 조사하여 영업에 미치게 되는 영향력을 분석합니다. 예를 들면, 조례 등에 따른 지역 개발의 제한이 없는지를 살펴봅니다. 가장 흔한 예로 서울시 인사동을 들 수 있습니다. 인사동은 관광특구로 지정되어 있어서, 신규창업과 업종전환에 여러 가지 제약사항이 많습니다. 이러한 행정 구역상의 현황은 해당 동사무소나 구청 등을 통하여 자료를 수집할 수 있습니다.

둘째, 상권 내 거주인구의 특성을 파악합니다. 예를 들면, 해당 상권범위 내에 거주하는 인구수, 남녀의 비율, 세대수, 연령대 구성비율, 인구의 증감 현황, 거주의 형태, 평균 가계소비지출, 외식비 지출 등을 조사하는 것입니다. 인구의 특성을 파악할 수 있는 자료원은 주로 통계청 홈페이지(http://kostat.go.kr)나 나이스비즈맵의 상권분석시스템(www.nicebizmap.co.kr), 소상공인 상권정보시스템(http://www.sbdc.or.kr) 등입니다. 좀더 구체적인 자료나 최근 자료는 지방자치단체(시청, 구청, 지역주민센터) 홈페이지나 민원실을 방문하여 조사할 수도 있습니다. 직접 조사한 자료(1차 자료)가 아닌 기존에 조사되어 적은 비용으로 취득이 가능한 자료(2차 자료)를 잘 이용하는 역량이 필요합니다.

여기서 조사한 인구의 특성은 가능한 밀집도가 높을수록 좋고, 소득수준도 높을수록 좋습니다. 또한 인구통계적 · 사회통계적 특성이 자신이 창업하려는 사업의 목표고객과 부합하는지 검토하는 게 중요합니다. 예를 들면 스파게티전문점처럼 어린아이와 젊은 여성고객이 선호하는 메뉴를 주상품으로 하려는 경우에는 30대 내외의 젊은 부부의 구성비가 높은 곳이 유리합니다. 물론 수요 측면에 해당하는 목표고객층이 아무리 많더라도 공급 측면에 해당되는 경쟁업체가 많아 과도한 경쟁이 예상된다면 상권의 매력도는 떨어진다는 점도 감안해야 합니다.

셋째, 상권 내 유사업종의 직원채용이 쉽게 이루어지고 있는지를 점검합니다. 정규직은 물론이고 아르바이트와 같은 임시직 채용에도 문제가 없는지 확인해야 합니다.

유동인구(통행인구)의 조사

상권현황과 거주인구의 특성을 파악한 후에는 상권 내 유동인구를 조사합니다. 상권 내 유동인구(통행인구)는 현장조사가 가장 확실한 방법이지만 많은 시간과 비용이 소요된다는 단점이 있습니다. 따라서 기존의 상권분석 자료를 활용하거나 역세권인 경우 지하철역의 정보를 활용하여 유동인구를 추정하는 것이 가능합니다. 또한 최근에 출시된 상권분석시스템을 이용하면 신용카드 정보와 스마트폰 이용 현황을 이용한 유동인구 정보를 취득할 수 있습니다.

통행인구의 조사는 단순히 통행인구의 양만을 조사하는 것보다 성향을 파악하는 것이 더 중요합니다. 단순히 유동인구가 많은 입지의 점포가 반드시 좋은 점포라고 할 수 없습니다. 자신이 판매하려는 창업 아이템을 구매할 수 있는 잠재고객이 많은 지역을 찾는 것이 중요하므로 유동인구의 특성을 함께 파악합니다. 예를 들면, 통행인구의 수와 통행인구의 성별, 연령별과 같은 인구 통계적인 성향과 통행인구의 통행 목적과 보행속도, 성향을 함께 파악해야 합니다.

가능하다면 통행인구에 대한 조사는 통계적 방법과 현장관찰을 병행하는 것이 가장 좋습니다. 현장에서 직접 행하는 통행 인구조사는 최소한 평일과 주말에 따라 달리 조사하고 시간대별로도 조사해야 합니다. 통행인구의 조사는 후보 점포에서만 하는 것이 아니라 길의 건너편 등 상권의 주요 도로에서도 해야 합니다. 통행인구의 현장조사는 다음과 같은 구체적인 표를 이용하여 요일별, 시간대별로 구분하여 유동인구의 대표성을 확인할 수 있도록 조사합니다. 시간대는 주로 점심식사 시간대인 12시부터 13시, 저녁식사 시간대인 18시부터 20시까지를 중심으로 합니다. 필요에 따라 추가적인 시간대를 조사할 필요도 있습니다. 요일은 상권과 업종, 업태의 특성을 고려하여 유사성이 있는 요일별로 구분합니다. 예를 들면 평일은 월요일부터 목요일까지를, 주말은 금요일부터 일요일까지로 구분하여 조사한 후 평균값을 구하면 평일의 유동인구와 주말의 유동인구를 대표값으로 사용할 수 있습니다.

〈표 12-4〉 통행인구 조사표

구분		남자					여자					합계
		10대	20대	30대	40대	50대	10대	20대	30대	40대	50대	
평일	12시~13시											
	18시~20시											
주말	12시~13시											
	18시~20시											

주: 실제 조사 시 연령 구분이 힘들 수 있으므로 파악이 가능하며 목표고객 구분이 가능한 방법을 이용한다. 예를 들면 청년층, 중장년층만으로 나누는 것이 실효성이 높을 수 있다.

교통수단과 교통량 조사

유동인구의 조사에 이어 상권과 연계된 교통수단, 도로의 현황과 교통량에 대한 조사를 실시합니다. 특히 교통수단 중 지하철역의 존재와 환승역 등의 이용현황은 상권력을 파악하는 데 큰 도움이 됩니다. 일반적으로 지하철역의 이용객이 많고 지하철역 주변으로 집객시설이 잘 갖추어진 경우 상권력이 강합니다. 또한 자가용을 이용하는 고객을 위한 주차시설이 상권 내에 잘 갖추어졌는지에 대한 조사도 병행하는 것이 좋습니다.

교통수단 및 통행량의 조사는 상권으로의 접근성, 가시성을 확인할 수 있는 중요한 요소이기도 합니다. 만약 상권 내 점포가 확정된 경우라면 매장 전면의 도로 상태를 확인하여 자동차 이용객들에게 가시성이 높은지, 자동차 이용객들의 접근이 편리한지에 대한 조사를 통하여 점포의 경쟁력을 판단하는 것도 가능합니다.

통행차량에 대한 조사도 통행인구 조사와 같이 요일과 시간에 대한 대표성을 가질 수 있도록 잘 배분해야 합니다. 다만 통행차량에 대한 조사는 상권력의 파악을 위해 꼭 필요한 경우에만 실시합니다.

경쟁점포 조사

상권의 조사와 분석에 있어서 가장 중요한 부분이 경쟁업체 조사입니다. 경쟁점포를 조사하기 위해서는 예비창업자의 업종과 업태가 결정되어야 하며, 직접적 경쟁업체뿐 아니라 잠정적 경쟁업체에 대한 정의도 되어야 합니다. 예를 들면, 일반적으로 음식점은 비슷한 가격대의 음식점은 모두 잠정적인 경쟁업체로 보아야 합니다.

상권조사 · 분석의 최종 목적은 매출액 추정을 통한 사업타당성 분석입니다. 이 목적을 완벽하게 달성하기 위해서는 경쟁점포 조사를 반드시 해야 합니다. 상권분석시스템 등을 이용하여 경쟁업체들의 평균 매출액을 조사할 수는 있지만 이 정보의 신뢰성을 확인하기 위해 경쟁점포 매출액에 대한 현장조사가 이루어져야 합니다. 동일한 상권에 존재하는 경쟁점포는 창업점포에 큰 영향을 미칩니다. 경쟁업소라는 것은 직접적인 경쟁상대라 할 수 있는 동일한 업종과 간접적인 경쟁이라 할 수 있는 유사업종을 모두 포함합니다. 경쟁점포를 조사할 때에는 위치, 영업시간, 정기 휴일, 후보 점포와의 거리, 면적, 메뉴, 종업원의 수, 테이블 수, 영업활성화 정도, 접객서비스 정도, 시간대별 고객수 등을 조사하여 자신의 점포의 경쟁 정도를 확인하여야 합니다. 이를 자세히 살펴보면 다음과 같습니다.

첫째, 자신의 경쟁점포라 생각되는 점포리스트를 작성하고 지도 위에 위치를 표시합니다. 이외에도 경쟁점포에 대한 세부적인 파악이 가능한 나이스비즈맵(www.nicebizmap.co.kr)을 활용할 수 있습니다. 나이스비즈맵은 금융인프라 사업자인 NICE신용평가정보에서 제공하는 사이트로 매출/수익정보, 지수정보 등을 강화하여 경쟁점포에 대한 정보파악이 용이합니다.

둘째, 경쟁점포의 영업시간, 정기 휴일, 면적, 메뉴, 종업원의 수, 판촉의 수단, 좌석수, 영업 활성화 정도, 고객의 특성, 점포의 인지도를 확인합니다. 특히 고객의 특성 분석은 고객이 어디에서 방문하는지, 방문의 목적은 무엇인지 정확히 알아야 합니다. 가능하다면 경쟁업체의 방문자와 인터뷰나 설문조사를 하여 방문자의 특성과 상권범위를 확인할 수 있다면 가장 이상적이라 할 수 있습니다.

셋째, 경쟁점포를 직접 방문하여 서비스 정도, 메뉴의 가격, 맛 등 경쟁자의 주된 상품을 평가합니다. 메뉴에 대한 조사는 메뉴의 구성을 살펴보고, 메뉴북을 통해 전략적인 상품이 어떤 것인지 확인합니다. 경쟁점포의 전단지, POP 등을 확인합니다. 다음으로는 메뉴의 가격대를 파악합니다. 메뉴는 실제 식사를 해보면서 가치(품질 대비 가격)를 확인하는 것이 좋습니다.

넷째, 경쟁사의 예상매출을 현장조사를 통하여 추정합니다. 매출에 대한 예상은 거래 납품업자의 납품 실적을 조사하여 추정할 수도 있습니다. 예를 들면 생맥주를 판매하는 곳이라면 일일 생맥주 소비량을 파악하여 대략적인 매출을 추정할 수 있습니다. 이와 마찬가지로 매장에서 사용하는 원재료의 소비량을 파악하여 추정하기도 합니다. 경쟁점포의 매출을 알 수 있는 또 다른 방법은 방문고객수를 조사하여 추정된 객단가와 곱하여 구하는 방법입니다. 방문고객수는 점두에서 실제 관찰법에 의해 확인하거나 바쁜 시간대의 테이블 회전율과 한가한 시간대의 테이블 회전율을 확인하여 구합니다. 경쟁점포의 매출을 추정할 수 있는 방법으로는 영업 마감시간 전에 영수증의 전표 발행번호를 이용해서 일일 테이블 이용수를 확인하고 여기에 테이블 단가를 곱하여 추정하기도 합니다.

다섯째, 자신의 점포와의 경쟁, 공존의 요소들을 분석하여 대책을 수립하기 위한 경쟁점포 분석표를 작성합니다.

경쟁점포 조사는 개괄적인 조사보다는 통계분석 내용을 참고하여 심층적인 현장조사가 필요합니다. 특히 직접적인 경쟁업체 중 영업이 활성화된 점포를 조사함으로써 향후 개점 이후 자신의 실적과 상황을 예측해 볼 수 있습니다. 예를 들면, 활성화된 점포의 월매출액을 추정함으로써 자신이 달성 가능한 최대 매출액을 가늠해 보는 것입니다. 활성화된 점포들의 물리적 환경과 서비스 수준을 측정함으로써 자신이 경쟁력에서 앞설 수 있는 차별화 전략을 강구할 수도 있습니다. 경쟁점 조사는 다음과 같은 분석표를 이용하여 꼼꼼히 체크합니다. 다만 상권분석단계에서의 경쟁점 조사는 개략적인 부분만 다루고 세부적인 경쟁점 조사는 입지와 점포분석 단계에서 추가적으로 설명합니다. 상권분석단계에서 경쟁점 조사분석 사례는 〈표 12-5〉와 같습니다.

〈표 12-5〉 경쟁점포의 분석표 작성 예시

<table>
<tr><td rowspan="4">소주방/
포장마차
증감 추이
(증가)</td><td>지역</td><td>10년06월</td><td>10년12월</td><td>11년06월</td><td>11년12월</td><td>12년06월</td><td>12년09월</td></tr>
<tr><td>중구</td><td>41</td><td>42</td><td>42</td><td>42</td><td>46</td><td>46</td></tr>
<tr><td>서울시</td><td>1,856</td><td>1,896</td><td>1,896</td><td>1,896</td><td>1,890</td><td>1,968</td></tr>
<tr><td>전국</td><td>7,737</td><td>7,903</td><td>7,905</td><td>7,905</td><td>8,224</td><td>8,605</td></tr>
<tr><td rowspan="3">로바다야끼
업소수
증감 추이
(증가)</td><td>지역</td><td>10년06월</td><td>10년12월</td><td>11년06월</td><td>11년12월</td><td>12년06월</td><td>12년09월</td></tr>
<tr><td>서울시</td><td>5</td><td>5</td><td>5</td><td>5</td><td>1</td><td>5</td></tr>
<tr><td>전국</td><td>84</td><td>69</td><td>74</td><td>73</td><td>32</td><td>64</td></tr>
<tr><td>유사업종
추이</td><td colspan="5">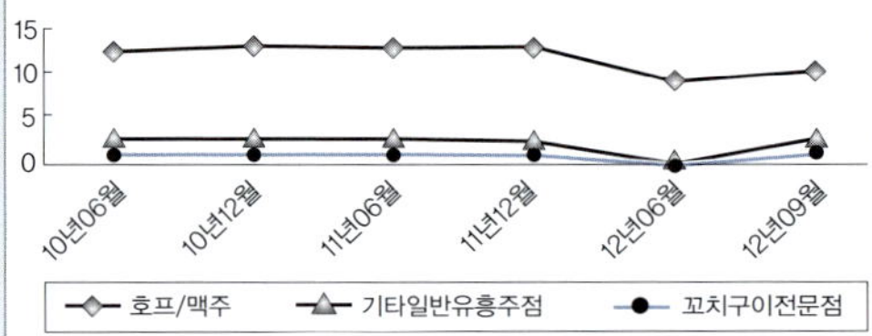
</td><td colspan="2">꼬치구이 전문점 외 타 유사업종은 지난 6월 폐업 증가 후 다시 유사업종 증가 추세</td></tr>
<tr><td>상권브랜드
지수</td><td colspan="5">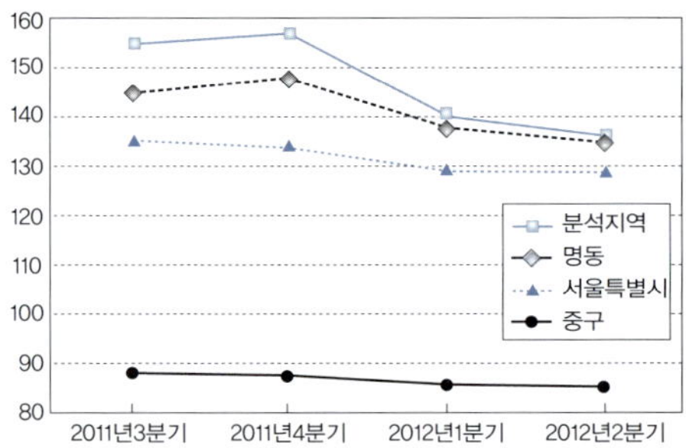
</td><td colspan="2">기준 상권의 브랜드 지수는 분기별로 지속적인 감소 추세를 보이고 있음.</td></tr>
</table>

상권 내 경쟁업체	 상권 내 로바야다끼 또는 실내 포장마차 등의 경쟁업체는 자료상에서 나타나지 않으며, 일반 유흥주점과 호프/맥주 전문점, 꼬치구이 전문점 등만 나타났다. 하지만, 이미 현장 답사에서 일본식 주점 형태를 몇 개 목격하였음에도 시스템에 전혀 나타나지 않고, 커피전문점으로 널리 알려진 업체들이 호프/맥주 분류에 나타나기도 하여 자료의 신뢰도가 떨어진다고 판단되어, 실제 조사가 입지 및 점포 분석 시점에 다시 한 번 이루어져야 할 것으로 보인다.
정리	상권 내 인구는 한식에 가장 많은 소비를 하고, 유흥주점 중에서는 호프/맥주 전문점에 가장 많은 소비를 하는 것으로 확인되었다. 따라서 한식과 같은 친근감이 있는 담백하고 건강한 느낌의 일본 가정식과 가벼운 술상을 젊은 분위기와 청결한 매장 환경에서 제공하는 형태의 주점은 유행에 민감하고, 새로운 것을 즐기고자 하는 20~40대의 회사원들에게 새로운 경험으로, 입소문을 타기 쉬울 것이라 예상된다.

출처: 소상공인 상권정보시스템.

경쟁점포 분석은 기존의 경쟁업체뿐만 아니라 향후 자신의 점포가 활성화된 후, 새롭게 진출할 것으로 예상되는 경쟁현황도 고려해야 합니다. 외식업체 간의 경쟁은 타 산업에 비하여 치열합니다. 자신의 사업이 시장에 진입하여 안정기에 접어들었다고 안도의 숨을 쉬는 순간, 새로운 경쟁자가 나타납니다. 경쟁자는 항상 초과수익이 있는 시장을 노리고 있습니다. 내가 경쟁업체를 분석하여 높은 수익성을 확인하고 시장에 진입한 것처럼 다른 경쟁자도 같은 방법으로 차별성을 가지고 시장에 진입합니다. 새로운 경쟁자의 진입을 항상 염두에 두고 끊임없는 연구개발을 해야 하는 이유가 여기에 있습니다.

경쟁점포 조사 방법

- 경쟁점포의 위치와 수: 인터넷을 활용한 방법과 직접 조사를 병행하여 경쟁점포의 위치와 숫자를 파악함으로써 밀집도와 같은 경쟁의 정도를 확인한다.
- 경쟁점포 내부현황 조사: 영업시간, 정기휴일, 면적, 메뉴, 종업원 수, 촉진수단, 좌석수, 영업활성화 정도, 고객의 특성, 인지도 등을 직접 조사한다.
- 미스터리 쇼핑을 통한 조사: 서비스 수준, 메뉴의 가격 및 맛, 메뉴의 구성 및 가치를 미스터리 쇼퍼를 채용하여 파악한다.
- 예상매출액의 추정: 실질조사를 통한 추정, 식재료 납품업자나 주류 납품업자를 통한 추정, 주변 점포나 부동산을 통한 추정 등이 있다.
- 중소기업청 상권정보시스템을 이용한 경쟁점포 조사

상권의 변화 예측

상권분석의 마지막 항목은 해당 상권이 미래에 어떻게 변화할지에 대한 전망을 하는 것입니다. 상권은 항상 변하기 때문에 미래를 예측해 보아야 합니다. 모든 생물체가 수명주기를 가지고 있듯이 상권에도 수명주기가 존재합니다. 이것은 사람이 태어나서 성장하다가 어느 날 세상을 떠나는 것처럼 상권도 활성화되기도 했다가 침체되기도 한다는 데 기인합니다. 상권 조사자는 향후 상권의 수명주기를 예측할 수 있어야 합니다. 그것은 주변의 도시 개발, 집객시설의 진출, 상권 내 과도한 상가건물의 신축, 도시 주요시설의 이전 등(도시계획확인원, 아파트 재개발 정보 등)을 통해 예측 가능합니다.

상권의 변화 예측은 물리적 변화뿐 아니라 소비자의 성향이나 라이프스타일의 변화도 고려해야 합니다. 상권변화를 촉진하는 요소는 물리적인 변화보다 소비자의 변화에 기인하기 때문입니다. 그외에도 주변 상권의 확대 · 축소 가능성을 파악하고 주변 건물의 신축 · 철거계획과 개발계획(지하철역, 재개발/재건축, 백화점과 할인점 건설, 도시계획 변경, 횡단보도 설치 등) 조사 등을 통하여 상권의 변화를 예측해야 합니다.

상권의 변화를 예측해야 하는 단순한 예를 들어보겠습니다. 새로운 아파트 단지가 건설되거나 랜드마크가 될 수 있을 정도의 큰 상가가 주변에 들어오게 되면 현재는 최상의 상권, 입지라 하더라도 지속적으로 유지되지 않습니다. 또한 지하철 공사나 버스 노선의 변경도 상권을 변화시키는 요인으로 작용합니다. 상권의 변화는 소비자의 성향이 지속적으로 변한다는 것을 의미합니다. 도로 정비를 통하여 도로가 확장된다면 상권이 나누어지는 경우도 있습니다. 상권의 변화는 상권을 축소 또는 확대시키는 경향이 있는데, 상권의 축소는 상권의 쇠퇴를 의미하지만 상권이 확대된다고 해서 상권이 활성화된다고 할 수는 없습니다. 상권이 잠재고객에 비해 너무 확대되면 겉은 화려한 상권이겠지만 과당경쟁으로 점포 입장에서는 좋은 성과를 내기 어렵습니다.

상권을 조사하는 경우에는 후보지의 점포가 속해 있는 상권이 향후에 어떠한 영향에 의해 어떻게 변화할 것인지에 대한 조사를 해야 합니다. 미래의 상권 변화는 영업 성과뿐만 아니라 권리금에도 영향을 미치는 요인입니다. 상권의 변화를 예측하는 데 활용되는 가장 기초적인 자료는 '토지이용계획확인원'입니다. 다음의 발급사이트를 이용하여 확인 가능합니다. 상권의 변화를 예측할 때는 인터넷 검색, 상권 내 거주자 및 상인들과의 대화, 지방자치단체 관련 부서 등에 문의하여 정보를 수집하는 것이 안전합니다. 상권뿐 아니라 자신이 임차할 점포의 건물이 노후화된 경우 향후 재건축에 대한 가능성도 함께 파악해야 합니다.

〈표 12-6〉 상권의 변화 예측 사례

<table>
<tr><td rowspan="3">토지이용계획확인서
※서류별첨</td><td colspan="2">http://www.minwon.go.kr/</td></tr>
<tr><td>지역/지구</td><td>일반상업지역, 방화지구, 특정개발진흥지구</td></tr>
<tr><td>토지이용규제 기본법</td><td>가축사육제한구역〈가축분뇨의 관리 및 이용에 관한 법률〉, 대공방어협조구역(위탁고도: 77-257m)〈군사기지 및 군사시설 보호법〉, 정비구역(도시환경정비사업)〈도시 및 주거환경정비법〉, 4대문안〈서울특별시 도시계획 조례〉, 과밀억제권역〈수도권정비계획법〉</td></tr>
<tr><td rowspan="3">도시재생사업</td><td>재건축사업</td><td>해당사항 없음</td></tr>
<tr><td rowspan="2">재개발사업</td><td>북창지구단위계획결정: 2005.09.01(서고시2005-263호)-기준용적률: 400%, 허용적률: 500% 건축물 최대 높이: 40m 이하</td></tr>
<tr><td>'북창 제1종지구단위계획 변경결정(안)' 조건부 가결-중구 북창동 93-52 일대, 용적률 645%로 완화, 건축물 최대 높이 42.7m 상향조정. 관광호텔 건립 예정(부지 중 213㎡를 도로용지로 기부채납, 건물 내 275㎡ 규모의 전시실 설치 조건부)</td></tr>
</table>

주: 토지이용계획 확인 사이트.
- http://luris.moct.go.kr/web/actreg/arservice/ArLandUsePrint.jsp

후보상권 비교평가를 통한 상권 선정

지금까지 살펴본 다양한 상권 조사 · 분석 항목을 기초로 후보상권을 비교평가하여 최종 상권을 선정해야 합니다. 최종 선정하는 한 곳의 상권은 다수의 후보상권 중에서 가장 높은 이익을 실현할 수 있는 곳이어야 합니다.

후보상권의 비교평가는 〈표 12-7〉과 같이 모든 상권조사 항목을 대상으로 통계적 분석법과 현장조사법을 병행하여 이루어져야 합니다. 통계적 분석법은 주로 중소기업청의 상권정보시스템, 나이스비즈맵과 지오비전의 상권분석시스템을 활용하면서, 현장에서는 '대박상권, 상권정보앱, 마이메뉴'와 같은 상권분석용 어플리케이션을 보완적으로 쓰기를 바랍니다.

〈표 12-7〉 후보상권의 비교평가

구분		후보상권 1	후보상권 2	후보상권 3
상권규모와 범위				
상권특성	행정구역 특성			
	인구특성			
	가구수			
	거주형태			
	소비지출 수준			
	종업원 채용 편의성			
유동인구	시간대별 유동인구			
	유동인구 특성			
교통량	주요 교통수단			
	접근성			
상권밀도	상권 밀도			
	시장규모			
	경쟁점 밀집도			
상권변화	발전 가능성 예측			
	상권의 특이사항			
평가 점수 합계				

상권분석도 작성

상권분석도란 상권 지도 또는 약도 등을 활용하여 상권 관련 정보를 한눈에 알아보기 쉽도록 표시하는 것입니다. 여기에는 다음과 같은 내용을 포함하여 표시하는 것이 상권 현황 파악에 효과적입니다.

- 상권 지도 또는 약도 등을 활용하여 관련 정보의 표시
- 상권을 이용하는 배후 세대수, 인구수 표시
- 역, 정류장, 횡단보도 등 교통 기관별 표시
- 금융기관, 관공서, 대형 할인점 등과 같은 집객시설을 표시
- 쇼핑 도로에 따른 동선의 파악
- 상권 내 입지등급을 1급지, 2급지, 3급지의 순으로 A, B, C로 표시
- 경쟁 또는 관련 점포의 표시

상권분석도는 일반적으로 상권정보를 제공하는 인터넷사이트에서 제공하는 경우도 있지만 최신 정보가 아닌 경우가 많습니다. 또한 단순한 점포위치만 표시된 경우가 많으므로 자신이 직접 만들면서 상권 현황을 세부적으로 기록하는 것이 좋습니다. 상권분석도의 작성 사례는 17장을 참조하시기 바랍니다.

입지 조사 · 분석

CHAPTER 13

일본의 외식창업 컨설턴트인 '우이 유시우키'는 음식점 창업에 있어서 가장 합리적인 전략은 '저투자 · 고이익'라고 하였습니다. 무리한 투자를 하거나 힘든 경영을 선택하지 말라는 의미입니다. 고객들은 점포가 좋은 입지에 있다는 이유로 가게를 선택하지 않습니다. 그저 자신의 마음에 드는 가게라면 멀리 있어도 찾아가는 것이 현실입니다. 입지가 나쁘다고 해도 주요 타깃으로 삼은 고객층과 그들의 이용동기를 확실하게 파악하면 많은 고객이 방문하게 된다는 것이 그의 주장입니다.

입지는 '사업장이라는 물리적 시설이 자리 잡게 될 위치와 점포의 위치적 조건'을 의미합니다. 이와 같은 입지의 특성을 조사하는 '입지 조사 · 분석'은 [그림 13-1]과 같은 순서로 이루어집니다.

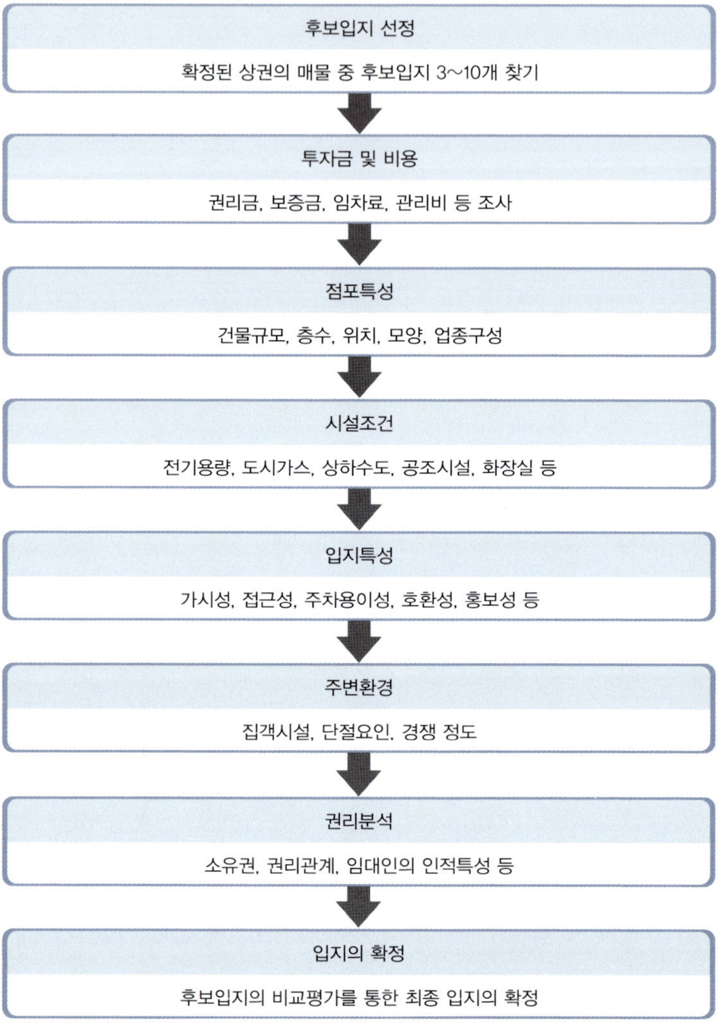

[그림 13-1] 입지 조사 · 분석 프로세스

입지 조사 · 분석 프로세스

입지 조사 · 분석은 상권 내 다수의 점포 중 단 하나의 점포를 선별하는 과정이므로 상권에서 매물로 나온 점포를 조사해야 합니다. 매물조사가 끝나면, 입지의 적합성과 투자금액을 고려하여 3~10개의 후보점포를 선정합니다. 이후 후보점포를 대상으로 〈표 13-1〉과 같은 평가항목에 대한 비교평가를 거쳐서 최종 점포를 선정하게 됩니다.

〈표 13-1〉 입지 조사 · 분석 프로세스 및 평가항목

구분	내용	평가항목
매물조사	상권 내 전체 매물조사	오프라인, 온라인 정보원
후보점포 선정	후보점포 3~10개 선정	입지적합성과 투자금액
입지비교평가	후보점포의 비교 평가	–투자금 및 비용 조사(권리금, 보증금, 임차료, 관리비 등) –점포특성 조사(건물규모, 층수, 위치, 모양, 업종구성 등) –점포의 시설조건 조사(전기용량, 도시가스, 상하수도, 공조시설, 화장실 등) –입지특성 조사(가시성, 접근성, 주차용이성, 호환성, 홍보성 등) –주변환경 조사(집객시설의 유무, 집객시설의 시너지 효과, 단절요인, 경쟁 정도) –권리분석(소유권, 권리관계, 임대인의 인적특성)
입지의 확정	투자적합성이 가장 높은 점포를 확정	후보점포의 비교 평가를 결과로 최종 점포 확정

점포 매물 조사

입지 조사 · 분석은 상권 내에서 임차 가능한 점포를 찾는 것부터 시작합니다. 점포를 찾는 것은 매물로 나와 있는 점포의 정보를 취득하는 과정입니다. 창업자 입장에서 후보점포에 대한 정보는 다양한 방법으로 취득할 수 있습니다. 과거에는 주로 부동산중개업소, 주변의 지인, 점포에 표시된 안내문 등을 통해서 취득하였지만, 최근에는 온라인에서의 정보취득 경로가 많이 활용되고 있습니다. 예를 들면, 오프라인

에서는 주로 부동산 중개업소, 상가분양 사무소, 창업컨설팅 기업, 지역생활정보지 등이 활용되지만, 온라인에서는 부동산 프랜차이즈 포털사이트(부동산114, 스피드뱅크, 부동산뱅크, 네이버부동산), 점포개발 컨설팅사이트, 점포중개 사이트, 블로그, 카페 등에서 정보를 취득할 수 있습니다.

〈표 13-2〉 후보점포 정보수집 수단

구분	내 용
오프라인	부동산 중개업소, 상가분양 사무소, 창업컨설팅 기업, 지역생활정보지, 기존 외식업체 또는 지인의 소개 등
온라인	부동산 프랜차이즈 포털사이트(부동산114, 스피드뱅크, 부동산뱅크), 점포개발 컨설팅사이트, 외식 관련 홈페이지 · 블로그 · 카페 등

창업자는 점포 매물을 찾을 때, 자신의 환경에 가장 적합하고 안전한 정보처를 활용해야 합니다. 예를 들면, 점포에 '주인직접 임대'라는 문구를 보고 직접 점포주와 연락하여 임대차계약을 체결한다고 가정해 봅시다. 이런 경우 창업자는 부동산중개 수수료를 절약할 수 있지만 점포주로 믿고 계약을 체결한 임대인이 실제 점포주가 아닐 위험이 있습니다. 또한 소유권 이외의 권리문제(과다한 근저당 설정, 가압류, 가등기) 등으로 발생하는 위험을 스스로 감수해야 합니다. 만약 부동산 중개업소를 통해 계약을 체결한다면 문제의 책임을 중개인에게 물을 수도 있고, 사전에 중개인이 충분히 방지하려는 노력을 한다는 측면에서 안전할 수 있습니다.

최근에는 창업컨설팅을 표방하며, 상가점포를 전문적으로 중개하는 인터넷사이트가 많이 생겨나고 있습니다. 전문성을 갖춘 컨설턴트의 도움을 받는 경우 비용도 절감하고 창업의 성공 가능성을 높일 수 있지만, 자칫 과다한 컨설팅 비용이나 실제 시세보다 높은 권리금을 요구하는 경우가 있으므로 주의가 필요합니다.

투자금 및 비용 조사

창업을 위해 점포를 임차하는 행위는 다양한 투자금과 임차비용을 발생시키게 됩니다. 그리고 이러한 비용은 곧 사업의 원가에 중요한 부분을 차지합니다. 임차 관련 비용은 권리금, 임차보증금, 월임차료, 관리비 등 네 가지로 분류할 수 있으며 세부적인 내용을 살펴보면 다음과 같습니다.

임차보증금

임차보증금은 '타인의 부동산 또는 동산을 월세 등의 조건으로 사용하기 위하여 지급하는 보증금'을 의미합니다. 보통 사업을 위한 임대차 계약 시점에서 향후 매월 후불로 지급하게 될 월임차료의 지급을 보증하기 위한 목적으로 일시에 임차인이 임대인에게 지불하는 보증금의 성격을 갖습니다. 따라서 임차인이 월임차료, 관리비 등을 연체하는 경우 임차보증금에서 차감하게 됩니다. 임차보증금은 통상 1년~2년 임차료의 합계 금액 정도가 됩니다.

월임차료

'당사자의 일방이 상대방에 대해서 어떤 물건의 사용 및 수익을 허용하고 상대방이 이에 대해서 대가를 지불할 것을 약정하는 것에 의해서 성립된 계약을 일반적으로 임대차라 하고, 이 임대차에 의하여 임차인이 임대인에게 지급하는 대가의 총칭을 임차료'라고 합니다. 이때 임차료는 통상 한 달에 한 번씩 지불하는 것이 상관례이므로 월임차료라고 표현합니다. 그리고 이와 같은 임차료는 임대인 입장에서 본다면 월임대료가 됩니다.

일반적으로 계약일로부터 1개월 이후부터 임차인이 임대인에게 지불하게 되는 점포의 사용대가로서 외식사업자의 경우 식재료비 다음으로 큰 비중을 차지하는 비용입니다. 외식업의 경우 월임차료는 3일분의 매출액을 초과하지 말 것을 권장하고 있습니다. 즉, 월매출액의 10%를 초과하지 않는 범위 내에서 점포를 임차해야 한다는 것입니다. 물론 이런 권장사항이 꼭 지켜져야 하는 것은 아니므로 자신의 상황에 따라 적절하게 고려하면 됩니다.

월임차료 금액은 통상 부가가치세를 포함하지 않은 금액이므로 예를 들어 월임차료가 300만 원이라고 한다면, 임차인이 실제 지불할 금액은 부가가치세 10%를 포함한 330만 원이 됨을 잊지 말아야 합니다. 물론 임차료와 함께 지불한 부가가치세는 매입세액이 되어 향후 사업을 통해 발생한 부가가치세 매출세액에서 공제받을 수 있습니다.

관리비

관리비는 '건물이나 시설의 관리에 관한 비용'을 의미합니다. 이를 구체적인 항목으로 살펴보면 감가상각비, 지대, 차입금 이자, 공과금, 수선비, 보수 점검, 운전 · 청소, 인건비, 동력용 수도광열비, 용도품비, 잡비 등으로 이루어집니다. 대규모 집합건물의 경우 규모가 클수록 단위 면적별 관리비가 많이 산정되는 경우가 있습니다. 따라서 임대차계역 전에 자세히 파악하고 비교하여 타 건물에 비하여 과다하지 않은지를 판단합니다. 점포를 임차하는 경우 관리비가 있는지, 만약 관리비를 지불해야 한다면 기본금액이 얼마이고 수도광열비 등과 합산되어 납부하는 것인지 등 세부적인 내용을 확인하는 것이 필요합니다. 경우에 따라서 점포의 월임차료보다 월관리비가 더 많이 지출되는 경우도 있기 때문입니다.

대형 건축물의 점포일수록 관리비가 비싸고, 소규모 건물은 별도 관리비가 없는 경우가 있습니다. 임차면적 264평방미터(80평), 전용면적 132평방미터(40평)인 동일 규모의 점포를 임차하여 경쟁하는 두 개의 점포가 있다고 가정해 봅시다. A점포는 평당 기본관리비가 5,000원이라서 매달 40만 원의 기본관리비를 납부하지만 B점포는 관리비가 없어서 추가로 지불하는 비용이 40만 원이 절감됩니다. 두 점포의 경쟁력에서 A점포는 큰 타격을 받게 됩니다. 왜냐하면 B점포는 절감되는 비용으로 가격인하를 하거나, 음식의 품질을 높이거나, 추가적인 판매촉진 활동을 할 수 있기 때문입니다.

권리금

권리금이란 '점포 등을 빌리는 임차인이 빌려주는 임대인에게 내는 임차료 외에, 신규 임차인이 이전 임차인에게 내는 관행상의 금전'을 의미합니다. 전 임차인이 요구하는 권리금은 대상 부동산에 설치한 설비나 개량비용, 장사가 잘되어 수익이 보장되는 보이지 않는 대가 등이 포함됩니다. 임차인은 전 임차인에게 지급한 권리금을 추후 임대인에게 청구할 수 없습니다. 이것은 그 부동산이 발생시키는 특수한 장소의 이익 대가로서 별도로 내는 것이기 때문입니다. 상황에 따라서 권리금은 점포의 임차보증금보다 더 많을 수도 있습니다. 권리금은 그곳의 영업시설·비품 등 유형물이나 거래처, 신용, 영업상의 노하우 또는 점포 위치에 따른 영업상의 이점 등 무형의 재산적 가치의 양도 또는 일정 기간 동안의 이용 대가입니다.

창업자는 이상의 항목들의 조사내용을 바탕으로 〈표 13-3〉과 같은 임대차 조건 조사표를 작성하여 비교평가해야 합니다.

〈표 13-3〉 임대차 조건 조사표

구 분	내 용			비 고
	후보입지 1	후보입지 2	후보입지 3	
권리금	2억	1억 5천	6천	
보증금	1억	5천만 원	5천만 원	
임차료	360만 원	250만 원	160만 원	
기본관리비	약 40만 원	약 60만 원	약 50만 원	

점포특성 조사

점포특성 조사는 '건물구성 현황 및 점포위치, 점포전면의 유동인구, 점포의 형태, 업종구성 등을 조사하는 활동'을 의미합니다.

점포현황표 작성

점포조건을 파악하기 위한 현황표에는 건물위치, 층수, 면적, 건물전면 넓이, 계단 위치, 출입구 위치, 점포 내 기둥 유무 등을 자세히 조사하여 기록합니다. 임차조건에 대해서는 다음 장에 '점포 조사·분석'에서 자세히 다루겠지만 대형건물에서는 임차료보다 관리비가 더 많은 경우도 있습니다. 따라서 점포를 선정할 때 유의해야 합니다. 점포의 운영상황은 현재 업종의 매출액과 영업시간, 창업 후 지속된 영업기간, 종업원 수 등을 파악하는 것입니다. 이 조사는 창업예정인 업종이 기존 업종과 비슷할 경우 비교 자료로 활용할 수 있습니다. 물론 신규 업종이 다르더라도 상권 내 유사업종과 비교하여 매출을 추정할 수 있는 자료로 활용할 수 있습니다.

〈표 13-4〉 점포현황표 사례

<table>
<tr><th colspan="2">구 분</th><th>후보입지 1</th><th>후보입지 2</th><th>후보입지 3</th></tr>
<tr><td colspan="2">상 호</td><td>범계***</td><td>삼척***</td><td>***기획</td></tr>
<tr><td colspan="2">급 지</td><td>2급지</td><td>2급지</td><td>3급지</td></tr>
<tr><td colspan="2">점포의 층수</td><td>1층</td><td>1층</td><td>1층</td></tr>
<tr><td rowspan="2">점포
면적</td><td>전용면적</td><td>31.28㎡
(9.5평)</td><td>26.28㎡
(7.9평)</td><td>26.62㎡
(8평)</td></tr>
<tr><td>공용면적</td><td>17.56㎡</td><td>16.86㎡</td><td>11.95㎡</td></tr>
<tr><td colspan="2">점포형태</td><td>직사각형
(복층구조)</td><td>직사각형
(복층구조)</td><td>직사각형
(복층구조×)</td></tr>
</table>

이와 같이 조사대상 입지(점포)에 대한 조건을 정리하는 경우 향후 비교분석이 용이해지는 장점이 있습니다. 반드시 후보입지에 대한 개별적인 정보수집을 정확히 해야 합니다. 좀더 구체적인 내용은 '점포조사 · 분석' 단계에서 다루기로 합니다.

점포 전면의 유동인구 조사

유동인구 조사는 세밀하게 3차로 나누어서 합니다. 상권으로 유입되는 유동인구의 유발지점을 파악하는 것이 유동인구 조사의 1차 조사입니다. 2차 조사는 유입중심도로의 흐름을 찾아내어 유동인구를 파악하는 것입니다. 3차 조사는 입지(점포) 앞의 유동인구를 조사합니다. 유동인구 중 점포 내로 유입되는 고객 수를 파악하는 것이 '입지 조사 · 분석'의 핵심이 될 수 있습니다. 유동인구 조사에서는 유동인구의 수도 중요하지만 유동인구의 특성을 파악하는 것이 더욱 중요합니다. 예를 들면, 여성고객을 대상으로 하는 업종이라면 여성이 많은지, 30대 주부가 많은지를 포함하여 그들이 이동하는 목적이 무엇인지를 파악하는 것이 필요합니다. 유동인구의 조사를 위하여 유의해야 할 내용을 정리하면 다음과 같습니다.

- 교통시설로부터의 쇼핑동선이나 생활동선을 파악한다.
- 주중, 주말, 휴일 등 최소 3회 이상 조사한다.
- 유동인구의 수보다 인구특성과 이동방향 및 목적 등이 더 중요하다.
- 조사시간은 영업시간대를 고려하여 설정한다.
- 조사시간대가 길어서 조사비용이 과다한 경우 일부 시간대만 조사하여 평균값으로 전체 시간을 추정한다.
- 통행인구 조사표를 만들어 정리한다.

〈표 13-5〉 유동인구 조사표

구분	시간	후보 입지	20~40대 '남녀'	비 고	구분	시간	후보 입지	20~40대 '남녀'	비 고
주말	18시 ~ 19시	A1	3,330명	A2보다 1,120명↑	주중	18시 ~ 19시	A1	2,670명	A2보다 760명↑
		A2	2,210명	A3보다 1,920명↑			A2	1,910명	A3보다 1,691명↑
		A3	290명				A3	219명	
	21시 ~ 22시	A1	5,920명	A2보다 1,670명↑		21시 ~ 22시	A1	4,380명	A2보다 1,670명↑
		A2	4,250명	A3보다 3,870명↑			A2	2,710명	A3보다 2,451명↑
		A3	380명				A3	259명	

입지와 업종의 관계

상권에서 영업이 활성화되어 있는 1급지에는 유동인구가 많으며, 내점객 수도 많습니다. 그래서 유명브랜드 업종과 프랜차이즈업, 편의점 등이 임차료를 많이 지불하고라도 홍보나 광고 효과를 노려서 안테나숍으로 입점합니다. 2급지에는 음식점이 주로 위치하고, 상권 후면과 3층 이상의 3급지에는 당구장, PC방, 체육서비스시설 등이 위치합니다. 이런 업종 간의 균형이 안정을 이룬 상권일수록 상권의 발전가능성이 높습니다. 상권 내의 입지구성과 같이 입지(점포)는 유동인구의 특성에 따라서 적합한 업종이 있기 마련입니다. 예를 들면, 음식점의 경우 패스트푸드 전문점은 1급지에 입점합니다. 반면에 중저가의 일반 음식점은 2급지에 주로 입점합니다. 건물의 2층에 일반음식점이 위치한다면 3, 4층에는 주점이 위치합니다. 이러한 현상은 활동하는 유동인구의 특성과 관계가 있습니다. 1층 패스트푸드 전문점 앞에는 주로 10대의 젊은 층이 많고 3급지에는 중년층의 고객이 많은 것을 발견할 수 있습니다.

건물 업종구성 확인

건물의 임차료는 1층이 가장 비싸고, 상부층으로 올라 갈수록 싸집니다. 따라서 창업자의 투자금액에 맞추어 점포를 임차할 때 원하는 층을 임차하지 못하는 경우가 많습니다. 반드시 1층만을 고집하지 않아도 되는 경우라면 비싼 1층을 고집할 필요는 없습니다. 다만 작은 면적이라도 높은 회전율을 통해 매출액을 높이는 것이 유효한 업종이라면 1층을 임차하는 것이 유리합니다. 그것은 입지조건이 우월하기 때문입니다.

은행이나 쇼핑몰처럼 일찍 문을 닫는 점포가 건물의 하층부에 있다면, 건물 상부층의 유흥업종 영업에 지장을 초래할 수 있습니다. 전체 건물의 업종은 상호 보완적인 업종이 입주된 경우 유리합니다. 동일한 커피숍이 한 건물에 들어오는 경우 매출이 분산되지만 주류업종과 노래방처럼 상호 보완적인 업종은 시너지효과를 낼 수 있습니다.

집합건물에서는 일반적으로 구매율은 낮지만 회전율이 높은 업종이 1층에 위치하고, 구매율이 높지만 회전율은 낮은 업종이 상층부에 위치하는 것이 좋습니다.

점포의 구조를 파악하는 것은 입지의 조사에서 매우 중요한 의미를 갖습니다. 보통 건물의 대략적인 구조만 보고 계약을 하는 경우가 많은데, 이는 향후 점포 인테리어와 설비공사를 할 때 많은 애로사항을 발생시키는 원인이 됩니다. 점포구조에 대한 세부적인 점검은 다음에서 다룰 '점포 조사 · 분석'에서 다루므로 여기서는 개략적인 점검만을 하고 정리합니다. 점포구조와 건물 내 업종구성에 대한 적정성 검토는 다음 내용을 참고합니다.

시설조건 조사

시설조건이라는 것은 디자인적인 요소보다는 기능적인 시설에 대한 조건으로 전기 용량, 도시가스 공사 여부, 상하수도, 공조시설, 화장실 등의 상태를 의미합니다. 외식업의 경우 전기를 많이 사용하는 업종의 경우 점포의 기본 전기용량이 부족할 수 있습니다. 전기용량은 신축건물의 경우 가정집은 3kW, 상업공간은 5kW 정도가 계약전력량으로 되어 있습니다. 이는 전기고지서나 한국전력에 문의하면 쉽게 알 수 있습니다.

점포의 업종변경 등으로 판매시설을 음식점으로 바꾸는 경우 오븐기나 냉온풍기를 추가로 설치한다면, 5kW~10kW의 사용기기가 많아지면서 전기승압이 불가피하게 됩니다. 전기승압의 경우 건물의 형태에 따라 차이는 있지만 기본적인 비용은 한전불입금이 5kW까지는 277,000원이고 5kW 초과부터는 1kW당 110,000원입니다. 그외에 배관 배선 교체비에 배전판까지 교체하는 전기공사를 포함하면 적지 않은 금액이 발생합니다. 좀더 구체적인 사항은 한전 사이버 지점(http://cyber.kepco.co.kr)을 참고하시기 바랍니다.

시설조건의 조사에서는 도시가스에 대한 면밀한 검토도 필요합니다. 도시가스는 타 열원에 비해 저렴하여 많이 사용하고 있습니다. 다만 건물 내부까지 가스관이 연결되지 않는다면 300~500만 원의 설비비용이 발생합니다. 주방의 작은 가스배관의 이동에도 가스배관공사와 재신고 허가비를 포함하면 생각보다 많은 금액을 지불할 수 있습니다. 그외에도 상하수도가 설치되어 있지 않거나 수압이 약한 경우 추가적인 비용이 발생할 수 있습니다.

화장실은 정화조의 용량을 확인해야 합니다. 건물의 전체 정화조 용량을 확인한 후, 자신이 창업하려는 업종이 가능한지 여부를 확인합니다. 이는 건축물대장과 구청 위생과를 통하여 확인할 수 있습니다. 이미 기존에 외식업을 하고 있는 점포였다면 특별히 재확인을 할 필요는 없지만 업종이 다른 점포를 인수하는 경우라면 점포 계약 시 꼭 확인하고 정확히 파악해야 합니다. 만약 파악이 힘들면, 임대차계약서에 향후 정화조로 인한 모든 문제 해결을 점포주가 책임진다는 단서조항을 포함시켜야 합니다.

계약 후 많은 창업자가 어려움을 겪는 경우는 비나 물이 새는 누수, 습기에 의한 결로 및 곰팡이 문제 등이 있습니다. 이는 현장을 면밀히 검토하고, 의심이 생기는 경우에는 향후 건축물 자체의 문제로 인한 책임관계를 계약서에 명시해야 합니다.

시설조건 중에서 가장 관심을 가져야 하는 부분은 화장실입니다. 화장실이 점포의 내부에 있는 경우에는 창업자가 임의로 시설공사를 할 수 있지만, 공동으로 사용하는 화장실을 이용해야 하는 경우는 청결을 유지하고 관리하는 데 문제가 발생할 소지가 많습니다. 음식점의 경우 화장실 청결이 소비자에게 매우 중요한 선택속성이 될 수 있다는 점에서 관심을 가지고 확인해야 합니다.

입지특성 조사

입지특성에는 가시성, 접근성, 홍보성, 인지성, 호환성, 주차편의성 등이 있는데 각각의 세부내용을 살펴보면 다음과 같습니다.

점포의 가시성

'점포 앞을 지나는 고객이 점포를 발견하기 쉬운 정도'를 가시성이라고 합니다. 우리가 점포를 지나다 보면 어떤 점포는 눈에 잘 띄고, 어떤 점포는 잘 보이지 않습니다. 점포가 소비자의 눈에 얼마나 잘 보이는가의 척도는 지리적 특성 중 가장 중요하므로 입지조건의 최우선은 가시성이 좋은 곳이라 할 수 있습니다. 다음과 같은 사례를 살펴보겠습니다.

- 건물의 좌측과 우측의 경계면보다는 점포의 전면이 길거나 볼록하게 튀어 나온 건물의 1층이 잘 보이므로 일반적으로 예비창업자들은 1층 점포를 선호한다. 점포를 구하다 보면 1층 점포의 임차료가 2층보다 면적 대비 두 배 이상 비싼 것을 알 수 있다.
- 넓은 유리창의 점포가 좁은 유리창의 점포보다 눈에 잘 띈다.
- 가로수가 점포의 간판이나 진면을 가리는 경우에는 가시성이 떨어진다. 겨울과 봄에는 가시성이 뛰어났던 점포가 여름과 가을에는 잎이 울창한 가로수로 인해 가시성이 떨어지는 점포가 된다. 특히 2층의 경우 나무의 특성상 상부가 울창하므로 점포 선정 시 특히 유의해야 한다.
- 가시성이 떨어지는 점포의 문제를 극복하기 위한 방법으로 간판을 포함한 점포 외부의 파사드 또는 익스테리어를 강조할 수 있다. 가로수가 문제가 되는 경우 사전에 잘 확인하고 편법을 쓰기보다는 구청 등에 가지치기를 요구해 본다.

점포의 접근성 및 주차편의성

접근성이란 '소비자가 점포를 방문하게 될 가능성'을 의미합니다. 즉 '얼마나 그 점포를 쉽게 찾아올 수 있는가를 판단하는 척도'입니다. 점포 진입이 수월하다는 것은 접근성이 좋다는 것이고 고객이 접근하기 편리하다는 것입니다.

집합건물의 경우 건물 내에서도 계단이나 장애물 등에 의해 고객의 접근이 방해되는 것이 없는지 확인해야 합니다. 또한 가시성이 좋은 점포를 보고 입구를 찾았는데 입구 위치를 찾기 힘들다거나 입구는 찾았는데 들어가는 통로가 미로처럼 되어 있는 경우는 모두 접근성이 좋지 않은 경우입니다.

접근성은 '멀리서 찾아오는 고객이 쉽게 찾을 수 있거나 차량을 이용하여 방문하는 고객의 편리성'을 의미하기도 합니다. 차량을 이용하는 소비자가 많은 점포의 경우는 주차의 편의성에도 많은 관심을 기울여야 합니다.

국토교통통계누리(http://stat.molit.go.kr)의 자동차등록현황보고에 따르면 우리나라의 자동차 등록대수는 국민 2.1명당 1대로 집계 조사되었고, 주차시설은 2가구당 1대꼴로 나타났습니다. 이는 차량유입고객의 비중이 대단히 큼을 알게 해줍니다. 요즘의 고객들은 자가용을 이용하여 점포를 방문하는 경우가 많기 때문에 점포에서 사용할 수 있는 주차장이 있다는 것은 큰 경쟁력으로 작용합니다. 자체적인 주차장이 없는 경우 대체할 수 있는 주변의 주차장을 확인하는 것도 필요합니다. 발레파킹이나 주변 공공 주차시설이나 전용유료주차장 등을 계약하여 고객들이 이용할 수 있도록 사전에 준비해야 합니다.

점포의 홍보성

홍보성이란 '사업 시작 후 고객에게 유효하게 점포를 알릴 수 있는 정도'를 의미합니다. 점포의 가시성은 뛰어난데 간판을 달 수 없다면, 점포가 어떤 곳인지 알 수 없어 고객과의 소통이 단절되어 홍보성이 떨어집니다. 또한 돌출간판의 경우 측면에서 잘 보이는 위치에 있을 경우 홍보성이 뛰어나지만 반대방향에서 전면간판을 가려 홍보성을 떨어뜨릴 수도 있습니다. 간판은 점포의 홍보에 가장 중요한 역할을 담당하는 도구입니다. 따라서 간판의 크기나 위치를 주의 깊게 살펴보아야 합니다. 간판을 통하여 점포의 위치를 노출시킬 수도 있으며 점포의 업종에 대하여 잠재고객들에게 알릴 수 있습니다. 홍보성이 뛰어난 점포는 보통 전면이 길고 전면간판의 위치가 좋으며, 돌출간판까지 설치할 수 있는 점포입니다.

점포의 인지성

인지성은 가시성과 연관이 있는 특성으로 '점포를 찾아오는 고객에게 점포의 위치를 쉽게 설명할 수 있는 정도'를 의미합니다. 다른 한편으로 '소비자가 점포를 인지하고 기억하기 쉬운 정도'를 의미하기도 합니다. 따라서 홍보성과도 깊은 연관이 있다고 할 수 있으며, 일반적으로 가시성, 인지성, 홍보성은 명확하게 구분이 곤란하여 하나의 특성으로 결합하여 측정하기도 합니다. 보통 인지성이 뛰어난 점포는 주변에 대표적인 건물이나 시설, 유명 브랜드 매장이 있는 경우입니다.

점포의 호환성

점포의 호환성은 '점포에 입점 가능한 업종의 다양성 정도'를 의미합니다. 1급지의 경우 판매점이나 서비스업, 외식업 등 다양한 업종의 성공 가능성이 높은 경우이므로 호환성이 높습니다. 그에 반하여 3급지는 업종 선택의 폭이 좁으므로 호환성이 떨어집니다. 점포의 호환성이 높으면 다음과 같은 장점이 있어서 좋습니다.

- 다양한 업종이 가능한 입지는 사업위험 관리가 용이하다.
- 업종 선택의 폭이 넓은 경우 업종변경이 용이하다.
- 실패로 인한 폐업 시 매수자 발굴이 용이하다.

입지특성 분석 사례

입지수준을 판단하기 위해서는 5가지 항목에 대하여 양호와 불량을 검토하고, 그 수에 따라 점포의 입지수준을 1급지, 2급지, 3급지로 구분합니다. 물론 여기서 언급된 5가지 항목을 가시성, 접근성, 호환성과 같이 3가지로 줄여서 조사할 수도 있습니다. 양호와 불량을 판단하는 기준은 절대적으로 정해진 것은 아니므로 각 입지를 비교하여 상대적으로 평가합니다.

상황에 따라서 입지를 별도로 평가하지 않더라도 이미 직관적으로 1급지, 2급지, 3급지가 구분되어 있는 경우도 있습니다. 이런 경우에는 점포의 상황을 개별적으로 고려하여 조정을 하는 것이 필요합니다. 예를 들어 상권에서 1급지로 공인된 입지라도 점포의 전면을 가로막는 가로수나 전기시설 등의 장애물로 인하여 2급지로 판단해야 하는 경우도 있습니다.

〈표 13-6〉 지리적 특성 평가 사례 1

<table>
<tr><th>가시성</th><th>접근성
(주차편의성)</th><th>홍보성</th><th>인지성</th><th>호환성</th><th>입지수준</th></tr>
<tr><td>양호</td><td>양호</td><td>양호</td><td>양호</td><td>양호</td><td rowspan="2">1급지</td></tr>
<tr><td colspan="5">대부분의 항목이 양호하거나 모든 항목이 중간수준 이상인 경우</td></tr>
<tr><td>양호</td><td>불량</td><td>양호</td><td>불량</td><td>불량(or 양호)</td><td rowspan="2">2급지</td></tr>
<tr><td colspan="5">항목이 50% 불량하거나 모든 항목이 중간수준인 경우</td></tr>
<tr><td>불량</td><td>불량</td><td>불량</td><td>불량</td><td>불량</td><td rowspan="2">3급지</td></tr>
<tr><td colspan="5">대부분의 항목이 불량이거나 모든 항목이 중간수준 이하인 경우</td></tr>
</table>

입지를 조사할 경우에 접근성을 판단할 때는 점포로 유입되어야 할 유동인구를 직접, 간접적으로 막는 단절요인을 고려해야 합니다. 단절요인은 크게는 자연지형물에서 점포 자체의 장애요인인 경사, 화단, 계단 등과 같이 작은 장애요인도 있습니다. 가장 큰 단절요인은 경쟁점포인 경우가 많습니다.

〈표 13-7〉 입지특성 평가 사례 2

구분	가시성	주차	진입	접근성	단절요인
매우 우수	✓				
우수		✓			
보통			✓	✓	
나쁨					✓
매우 나쁨					

주: 단절요인이 나쁘다는 것은 단절요인이 어느 정도 있다는 의미임.

모든 입지특성을 각각 조사하여 비교하는 경우도 있지만 다음 〈표 13-8〉과 같이 입지를 상대적으로 비교하는 경우에는 비교표를 만들어서 조사하는 것이 효율적입니다.

〈표 13-8〉 후보입지별 지리적 특성 비교 사례

구분	입지 1	입지 2	입지 3	입지 4	입지 5
가시성	매우 우수(5)				
주차	우수(4)				
진입	보통(3)				
접근성	보통(3)				
단절요인	나쁨(2)				
종합	17				

점포 주변환경 조사

점포의 주변환경 조사란 '집객시설, 단절요인, 경쟁점을 파악하는 활동'을 의미합니다.

집객시설 및 단절요인

입지로 유동인구가 유입되도록 만들어 주는 집객시설과 반대로 인구의 유입에 방해가 되는 단절요인을 〈표 13-9〉와 같이 조사합니다.

〈표 13-9〉 집객시설과 단절요인 조사 사례

구분		시설물	비고
후보입지 1	집객시설	동 건물 3층의 증권사, 스포츠센터 주차장 출입구 바로 앞에 건물이 위치함	
	단절요인	없음	
후보입지 2	집객시설	없음	
	단절요인	왕복 8차선 도로, **천	
후보입지 3	집객시설	없음	
	단절요인	왕복 8차선 도로, **천	
의견			
의견	후보입지 1은 집객시설이 풍부하고 유동인구의 유입을 막는 단절요인이 없으나, 후보입지 2와 3은 집객시설은 없으면서 인구 유입을 가로막는 단절요인까지 있는 상태임. 따라서 후보입지 1이 입지의 기능적 특성 면에서 가장 양호함.		

경쟁점포 조사

경쟁점은 상권 및 입지분석에서 단절요인임과 동시에 창업하려는 점포의 비교대상이기도 합니다. 경쟁점 조사는 세부적이고 내면적인 분석을 해야 하므로 세심한 관리가 필요합니다. 입지에서의 힘이 비슷한 경쟁점은 유동인구의 흐름을 단절시켜 매출을 나누는 결과를 초래합니다. 하지만 점포의 크기가 크다거나 강력한 콘셉트의 경쟁점이 점포 유입도로의 전면에 위치한다면 기존 점포는 상당한 타격을 받을 수 있습니다. 보통 경쟁점 조사 · 분석을 할 때는 동일 상권 내에서 동종 업종을 대상으로 발전성과 위험요소, 그리고 가망고객의 내점률을 측정합니다.

경쟁점포 조사의 개요

경쟁점포를 조사하려면 먼저 경쟁점에 대한 정의를 명확히 해야 합니다. 같은 아이템을 판매하는 곳을 경쟁점이라고 할지, 아니면 동일한 가격대의 업종과 업태를 모두 경쟁점으로 정의할지 결정을 내려야 합니다. 일반적으로 경쟁점이란 업태가 같은 점포를 의미하는데 업태는 서비스수준과 가격대가 비슷한 유형의 점포를 지칭합니다. 다만 현장에서 경쟁점 조사를 위해 업태를 사용할 경우 매우 많은 점포를 조사해야 하는 문제가 발생합니다. 따라서 실전적으로는 비슷한 주메뉴를 판매하는 점포만을 경쟁점으로 정의하고 조사하기로 합니다.

《손자병법》〈모공편〉의 '지피지기백전백승(知彼知己百戰百勝, 나를 알고 적을 알면 백 번 싸워도 백 번 이긴다)'은 경쟁점을 분석하는 목적을 가장 잘 설명해 줍니다. 경쟁점은 한정된 고객을 나누어 결과적으로 매출을 분할하는 상대입니다. 상권력이 큰 쪽이 작은 상권력의 수배의 힘을 발휘하는 것처럼 강하고 큰 규모의 경쟁점은 주변의 가망고객 흡수력이 수배가 됩니다. 또한 잠재적인 경쟁관계에도 주의해야 하는데 예를 들면 치킨전문점과 햄버거전문점은 동일한 시간대의 동일한 니즈Needs의 고객을 공유하게 되는 경우 경쟁관계가 될 수 있습니다. 경쟁점 조사는 다음에 다룰 '점포 조사 · 분석'의 핵심인 추정매출액 산출의 기초자료가 되므로 다음과 같은 현장조사와 심층적 조사가 요구됩니다. 경쟁점 조사에 대한 심층적 내용은 '점포 조사 · 분석'에서 추가로 다룹니다.

- 상권분석의 최종 목적인 매출액 추정을 통한 타당성 분석은 경쟁점포 조사를 통해 가능합니다.
- 경쟁점포의 위치와 수를 파악하기 위해서는 인터넷을 활용한 간

접적인 방법과 직접적인 현장조사를 병행합니다.

- 경쟁점포의 내부현황을 조사하기 위해서 영업시간, 정기휴일, 면적, 메뉴, 종업원 수, 촉진수단, 좌석 수, 영업활성화 정도, 고객의 특성, 인지도 등을 파악합니다.
- 미스터리 쇼퍼를 통한 조사로 서비스 수준, 메뉴의 가격 및 맛, 메뉴의 구성 및 가치를 파악합니다.
- 예상매출액의 추정을 위해서 실질조사를 통한 추정, 식재료 납품업자나 주류 납품업자를 통한 추정, 주변 점포나 부동산을 통한 추정 등의 방법을 사용합니다.

점포의 경쟁관계 이해

점포창업과 경영에 있어서 경쟁관계가 반드시 나쁜 것만은 아니고 상호 보완의 관계를 이루어 상권 내 유사업종의 활성화가 이루어지기도 합니다. 물론 이런 상황은 상권의 크기가 충분하다는 전제조건이 따라야 합니다. 업종에 따른 보완관계와 경쟁관계를 간략하게 정리해 보면 다음과 같습니다.

보완업종은 업종 간 상호 도움을 주는 관계로 매출 상승효과가 발생합니다. 예를 들어 전문음식점과 선매품점은 보완관계라고 할 수 있습니다. 반면, 경쟁업종은 업종 간 상호 경쟁관계로 정해진 총 매출액을 분할하는 효과가 발생합니다. 생필품과 서비스업종은 대부분이 동일업종의 경우 경쟁관계에 있습니다.

호혜업종은 군집화될수록 시너지 효과가 발생하는 업종을 의미하는데 전자상가와 같은 전문품점이 모여 있는 경우가 이런 경우입니다. 경쟁과 보완업종은 상권의 규모에 영향을 받습니다. 상권이 작은 경우

보완업종 간에도 경쟁관계가 성립하고 상권이 큰 경우는 경쟁업종 간의 관계가 해소되기도 합니다.

상권규모와 업종별 적정점포의 수

상권은 상권의 면적과 일정점포 수의 비율이 중요합니다. 이는 상권 내 모든 점포의 매출액과 최소 마진을 고려한 것으로 상권이 클수록 고객이 많다는 전제에서 성립됩니다. 예를 들면, 상권(상점가)은 2,000제곱미터 이내에 점포 수가 50개 이상 모였을 때 형성(유통산업발전법시행령 제5조)된다고 볼 수 있습니다. 생필품점은 배후 세대가 최소 500세대 이상인 경우 창업이 가능하다고 봅니다. 또한 배후 세대가 1,500세대인 경우 편의점의 적정 수는 세 개로 추정할 수 있습니다. 물론 이 중 한 개 점포의 규모가 크고 경쟁력이 상위일 경우 나머지 두 개 점포는 폐업 가능성이 매우 높아집니다. 전문품점은 배후 세대가 최소 2,000세대 이상인 경우 창업이 가능합니다.

경쟁점포 분석 및 경쟁력 평가

다음은 경쟁점 분석의 구체적인 항목을 제시한 것으로 이를 토대로 다양한 체크리스트와 평가표를 만들 수 있습니다. 또한 경쟁점포 분석표 예시도 참고하여 가장 현실적인 분석을 할 수 있어야 합니다.

〈표 13-10〉 경쟁점포 분석 내용

구분	내용
경쟁점포 분포와 개요	경쟁관계에 있는 점포의 수, 위치, 상호
경쟁점포의 시장지위	경쟁점포의 시장점유율, 매출액 및 순위, 상대적 힘의 관계
경쟁점포의 전략	촉진전략, 가격전략 등 마케팅전략의 특징
경쟁점포의 시설현황	인테리어, 익스테리어, 간판, 출입구, 주차장, 노후화 정도, 점포면적, 전면 넓이, 테이블 수, 좌석 수, 화장실
경쟁점포의 운영현황	객단가, 종업원 수, 일 고객 수
경쟁점포의 상품력	맛, 품질, 외형, 구성, 가격경쟁력
경쟁점포의 서비스	종업원 접객능력, 친절도, 대기시간
경쟁점포의 경영능력	대표의 참여도, 대표의 친절도, 종업원 관리, 기타 관리 능력

〈표 13-11〉 경쟁점 조사 사례

구분	분석항목	주요 경쟁점포			
		A	B	C	D
점포개요	상호	포**	샤**	채**	꽃**
	면적	172㎡(52평)	172㎡(52평)	165㎡(50평)	205㎡(62평)
	좌석 수	84석	80석	80석	86석
	주차장 규모	45대	45대	40대	65대
	오픈년도	2008년 (2011년 확장이전)	2005년	2011년	2011년
	시설 노후화 정도	하	중	하	하
	영업시간 (개점/폐점)	오전11시/ 오후10시	오전11시/ 오후10시	오전11시/ 오후10시	오전11시/ 오후10시
	영업활성화 정도	상	상	중	중
업종업태	주메뉴	베트남 쌀국수	샤브샤브 (뷔페)	샤브샤브 (월남쌈)	월남쌈 샤브샤브
	객단가	11,000원	13,000원	11,000원	12,000원
	서비스	입식	입식	좌식	입식

<table>
<tr><td rowspan="4">점포
디자인</td><td colspan="2">간판</td><td>상</td><td>중</td><td>상</td><td>상</td></tr>
<tr><td colspan="2">파사드</td><td>상</td><td>중</td><td>상</td><td>상</td></tr>
<tr><td colspan="2">어프로치</td><td>상</td><td>중</td><td>중</td><td>중</td></tr>
<tr><td colspan="2">인테리어</td><td>상</td><td>하</td><td>중</td><td>중</td></tr>
<tr><td rowspan="8">조직 및
서비스</td><td rowspan="2">직원 수</td><td>정직원</td><td>6</td><td>5</td><td>5</td><td>6</td></tr>
<tr><td>파트타이머</td><td>3</td><td>2</td><td>–</td><td>–</td></tr>
<tr><td colspan="2">근로조건</td><td>중</td><td>중</td><td>중</td><td>중</td></tr>
<tr><td colspan="2">경영자의 능력</td><td>상</td><td>상</td><td>중</td><td>중</td></tr>
<tr><td colspan="2">종업원 친절성</td><td>중</td><td>중</td><td>중</td><td>상</td></tr>
<tr><td colspan="2">서빙숙련도</td><td>상</td><td>중</td><td>상</td><td>상</td></tr>
<tr><td colspan="2">청결도</td><td>상</td><td>중</td><td>상</td><td>상</td></tr>
<tr><td colspan="2">맛</td><td>중</td><td>중</td><td>중</td><td>중</td></tr>
<tr><td rowspan="4">입지</td><td colspan="2">상권범위</td><td>상</td><td>상</td><td>중</td><td>중</td></tr>
<tr><td colspan="2">가시성</td><td>중</td><td>중</td><td>하</td><td>하</td></tr>
<tr><td colspan="2">접근성</td><td>중</td><td>중</td><td>하</td><td>하</td></tr>
<tr><td colspan="2">홍보성</td><td>상</td><td>중</td><td>하</td><td>하</td></tr>
<tr><td rowspan="5">경영관리
(테이블단
가: 2.5로
계산)</td><td colspan="2">고객 성향</td><td>주부/가족</td><td>주부/가족</td><td>주부/가족</td><td>주부/가족</td></tr>
<tr><td colspan="2">추정 일평균 매출</td><td>2백만 원</td><td>1백7십만 원</td><td>1백4십만 원</td><td>1백4십만 원</td></tr>
<tr><td colspan="2">추정 일평균
방문객 수</td><td>291명</td><td>209명</td><td>224명</td><td>187명</td></tr>
<tr><td colspan="2">추정 월매출
(30일로 계산)</td><td>6천만 원</td><td>5천4백만 원</td><td>4천2백만 원</td><td>4천2백만 원</td></tr>
<tr><td colspan="2">주요 판촉 수단</td><td>전단/
인터넷</td><td>전단</td><td>전단/
인터넷</td><td>전단/
인터넷</td></tr>
</table>

권리분석

점포의 권리분석이란 '점포의 소유권과 소유권 이외의 권리관계가 임대차계약을 체결하기에 적합한지를 파악하는 활동'을 의미합니다. 점포의 권리분석을 위해서는 공부서류를 이용합니다. 공부서류는 '토지 및 건축물의 등기 소유자, 크기, 용도, 확인사항, 하자사항 등에 관련된 모든 내용이 기재되어 있는 서류'로서 '토지 등기부등본, 건물 등기부등본, 토지대장, 건축물대장, 도시계획확인원' 등 다섯 가지가 있습니다.

건축물의 용도는 건축물대장에서 확인이 가능하며, 등기부등본에서는 임대인과 건물주의 동일인 여부를 확인할 수 있습니다. 도시계획확인원은 앞으로 상권의 변화를 확인할 수 있습니다. 그외 다양한 공부서류를 이용하면 해당 건물의 용도를 파악하여 외식업(음식점업)을 할 수 있는 곳인지 아닌지에 대한 판단이 가능합니다. 또한 식품위생법상, 다중이용업소의 안전관리에 관한 특별법, 하수처리에 관한 법률에 의해 음식점업의 창업이 어려운 곳이라면 후보점포에서 제외해야 합니다. 법적인 부분은 비용적인 부분도 발생하지만 원칙적으로 창업이 불가능한 경우가 발생되기 때문에 주의가 필요하므로 공부서류를 꼼꼼히 확인해야 합니다.

등기부등본을 이용한 권리 확인

등기부등본은 크게 '표제부, 갑구, 을구'와 같이 3개의 부로 나뉩니다. 표제부에서는 주소 등을 확인할 수 있으며, 갑구에는 소유주가 표시되어 있습니다. 을구는 권리관계가 주로 표시되어 있습니다. 건물은 대부분 금융기관에서 대출금을 받기 위해 근저당 등을 설정하는 경우가 많습니다. 만약 근저당설정 금액이 많으면 추후 건물이 경매 등의 법적 처분이 될 때, 임차보증금을 회수하지 못하는 경우가 생길 수 있습니다. 이런 위험을 방지하기 위하여 근저당설정을 꼭 확인해 보아야 합니다. 세부적인 내용은 다음 내용을 참고하기 바랍니다.

- 표제부 - 부동산의 소재지와 내용, 구조에 관한 사항을 확인할 수 있다.

- 갑구 - 갑구에서는 소유권에 관한 사항을 확인할 수 있다. 소유권에 대한 압류, 가압류, 가처분, 압류(경매), 가등기, 예고등기 등과 이들 권리의 변경등기, 말소 및 회복등기가 있다면 갑구에 표시된다.
- 을구 - 소유권 이외의 권리인 저당권, 전세권, 지역권, 지상권 등이 기재된다. 근저당설정 시 채권최고액은 실제 대부금의 120% 수준이기 때문에 6,000천만 원으로 명시된 금액의 실제 대출금은 5,000만 원 수준일 수 있다.
- 접수 - 해당 등기소의 접수된 날짜를 나타낸다.
- 등기원인 - 매매, 증여, 시효획득, 전세권 또는 저당권의 설정계약, 등기의 오기, 계약의 무효 상속, 토지의 멸실 등의 내용과 일자를 나타낸다.
- 전세권 설정 - 건물에 임차하여 있는 세입자가 전세금을 설정하여 등기한다.

등기부 등본 (현재 유효사항) - 건물

서울특별시 강남구 삼성동 555-5 고유번호 1143-1996-231411

①【 표 제 부 】 (건물의 표시)

표시번호	접 수	소재지번 및 건물번호	건 물 내 역	등기원인 및 기타사항
1 (전 1)	1984년7월11일	서울특별시 강남구 삼성동 123-4	철근콘크리트조 평슬래브지붕 3층 근린생활시설 1층 148.68㎡ 2층 148.68㎡ 3층 148.68㎡ 지하1층 148.68㎡ 옥탑 14.14㎡	도면편철장 제2책제419장

②【 갑 구 】 (소유권에 관한 사항)

순위번호	등 기 목 적	접 수	등 기 원 인	권 리 자 및 기 타 사 항
1 (전 1)	소유권보존	1984년7월11일 제25682호		소유자 홍길동 401010-1111111 서울 서초구 서초동 123-4 동아아파트 1동 101호

③【 을 구 】 (소유권 이외의 권리에 관한 사항)

순위번호	등 기 목 적	④ 접 수	⑤ 등 기 원 인	권 리 자 및 기 타 사 항
1 ⑥	전세권설정	1995년6월12일	1995년2월3일	전세금 220,000,000원정

• 실선으로 그어진 부분은 말소사항을 표시함. • 등기부에 기록된 사항이 없는 갑구 또는 을구는 생략함.

대법원 인터넷 등기소를 이용하여 부동산 등기부등본 발급받기
(http://www.iros.go.kr)

① 회원가입 후 로그인하여 부동산 등기부등본 열람/발급을 클릭한다.

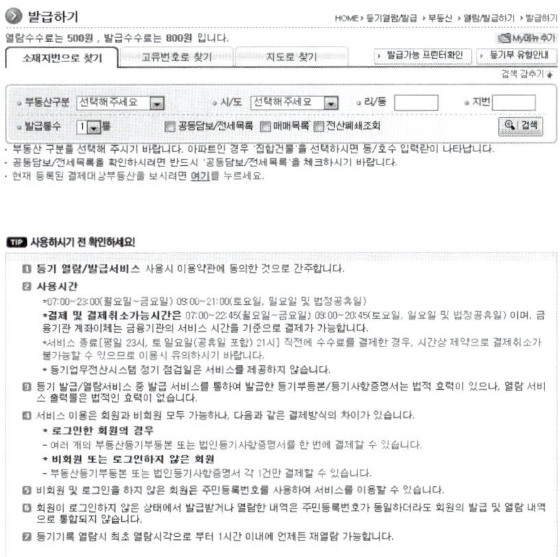

② 해당 점포의 주소지를 입력하고 검색 버튼을 클릭한다.

③ 검색된 목록 중에 해당 점포를 선택한다.

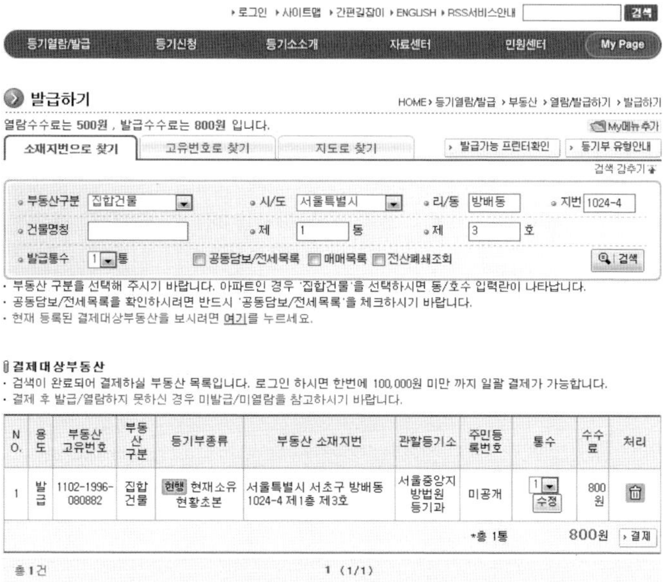

④ 결제버튼을 클릭하면 인쇄 가능한 프린터를 검색하고 설명에 따라 수수료를 결제한 후 인쇄

건축물관리대장을 통한 권리 확인

창업을 위해 점포의 매매 또는 임대차계약 체결 시에는 사전에 건물용도를 확인하는 것이 필요합니다. 예를 들면, 외식업의 경우 대부분 업종이 '2종 근린 생활시설'로 건물용도가 되어 있어야 합니다. 또한 임차하려는 점포의 규모가 건축물 대장에 공유면적이나 무허가면적이 포함되어 있는지 여부를 확인해야 합니다. 기타 주요 확인사항을 정리하면 다음과 같습니다.

- 주용도 및 용도변경 내역 확인(예: 음식점의 경우 근린생활시설)
- 건물의 위치, 크기 및 실소유주 등의 확인(등기부등본과의 일치 여부)

• 불법 건축물 여부 확인(예: 주차장을 다른 용도로 이용하는지 여부)

• 주차 및 정화조 능력의 확인

• 토지 소유자와 건물 소유자의 일치 여부 확인

정부민원포털 민원24를 이용한 건축물대장 발급 방법(http://www.minwon.go.kr)

① 회원가입, 로그인 후 [자주 찾는 민원]에서 건축물대장 등 · 초본발급의 [신청] 버튼을 클릭한다.

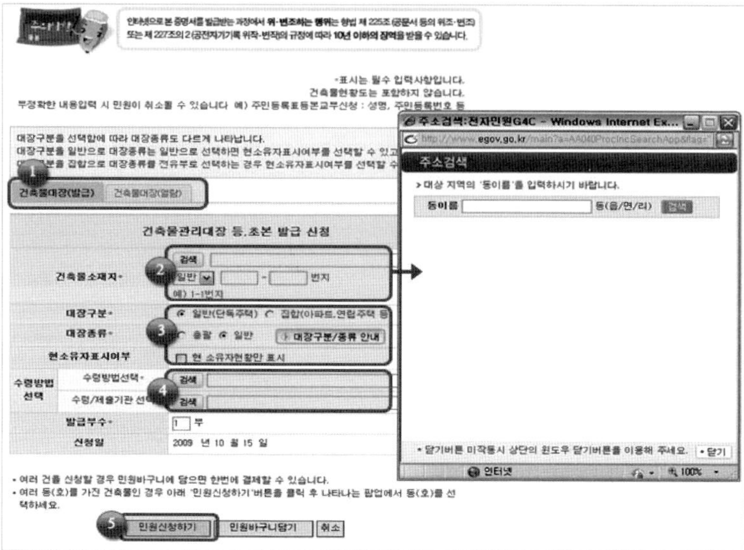

② 신청하고자 하는 민원사무를 선택한다.

③ 건축물소재지 [검색] 버튼을 클릭해서 주소검색창에서 동이름을 입력하고 [검색] 버튼을 클릭해서 나온 결과 중 해당 주소를 선택하면 자동으로 신청서식에 주소가 입력된다.

☆ 건축물관리대장은 일반건축물과 집합건물로 나뉜다. 집합건물의 일종인 아파트를 예로 하여 신청방법을 설명한다.

④ 대장구분을 선택한다. 대장구분에서는 집합(아파트, 연립주택 등), 대장종류는 전유부를 선택하고, 현소유자표시여부 체크 여부를 선택한다.
선택에 따라 대장종류, 현소유자표시여부가 다르게 화면에 표시된다.
[대장구분/종류 안내] 버튼을 클릭하면 '상세 도움말' 창이 화면에 표시된다.

⑤ 수령방법선택 [검색] 버튼을 클릭하여 온라인발급과 방문수령 중 원하는 방법을 선택한다.

⑥ [민원신청하기] 버튼을 선택한다.
방문수령(후불)을 선택한 경우에는 수령/제출기관 검색을 통해 기관을 선택한다.

☆ 해당 건물이 여러 동이나 호를 가진 경우에는 '동번호', '호번호' 입력란이 자동추가된 '민원신청 내역수정' 화면이 표시되며, 주소검색창이 화면에 표시된다.

⑦ 신청내역은 기간별 검색이 가능하다.

⑧ 처리상태가 처리완료로 표시되는 신청민원 중 온라인발급(본인출력)은 [문서출력] 버튼이 화면에 표시된다.

⑨ 클릭한 후 본인확인을 위한 공인인증서 비밀번호를 입력한다. 정상적인 본인인증이 이루어진 후 인터넷민원서류 발급창이 표시되면 [인쇄하기] 버튼을 클릭하여 신청민원서류를 인쇄한다.
민원접수번호, 민원사무명을 클릭하면, 해당 신청민원에 대한 상세 내역을 확인할 수 있다.

토지이용계획 확인원

상권의 발전 가능성을 판단하는 것은 점포의 임차 시 매우 중요한 항목입니다. 토지이용계획 확인원을 이용하면 대략적이나마 이를 확인할 수 있습니다. 도시계획 확인원을 보면 토지규제사항이나 학교지역처럼 유흥업소 등에 대한 제한구역 등이 기록되어 있습니다. 또한 도시재개발계획으로 건물이 헐린다거나 하는 정보를 사전에 알 수 있습니다. 그밖에도 토지이용계획 확인원에 대한 세부적인 내용을 정리하면 다음과 같습니다.

- 구청에서 도시계획 확인원 발급 가능
- 토지를 규제하는 도시계획 사항을 기재한 증명서
- 용도지역과 지구, 도로저촉, 재개발, 개발제한구역 여부 등 확인
- 재개발 여부를 통한 상권의 변화 예측 가능
- 인터넷(http://luris.moct.go.kr/web/actreg/arservice/ArLandUsePrint.jsp)을 이용한 확인 및 확인원 발급 가능

임대인의 인적특성조사

임대인의 인적특성조사란 '임대인의 재산상태와 인적성향 등을 조사하는 활동'을 의미합니다. 점포의 임차인은 1~2년 사업을 위해 점포를 임차하고 많은 비용을 들여 인테리어와 시설투자를 하는 것이 아닙니다. 창업자는 가능한 장기간 안정적인 사업을 하기 원합니다. 그러나 현실적으로 이러한 소망과 달리 중도에 사업을 포기하는 사례가 종종 발생합니다. 이것은 사업적인 문제보다는 임대인과의 불화나 과도한 임차료 인상 요구 등에 기인하는 경우가 많습니다. 따라서 임차인은

단순히 초기 비용에만 집착하지 말고 건물주인 임대인의 인성에 대한 조사도 함께 해야 합니다. 건물주의 성향에 대한 정보를 수집하기 위해서는 부동산 중개업소, 이전 임차인이나 건물 내 다른 임차인 또는 건물의 관리인 등을 통하여 수집할 수 있습니다.

이러한 조사를 통하여 재계약 시 임차료의 인상 정도와 임대인의 자금력, 이전 임차인과의 관계 등을 구체적으로 확인해야 합니다. 건물주의 자금력은 향후 임차료 인상률에도 영향을 미치지만, 건물주의 파산과도 연결되어 임차보증금과 권리금을 돌려받지 못하는 경우가 발생할 수 있기 때문입니다. 일부 건물주 중에는 계약기간이 만료되는 시점에서 보증금 및 임차료의 과다한 인상을 요구하면서 재계약을 해주지 않는 경우도 있습니다. 상가의 경우 일반적으로 계약이 1년 또는 2년 단위이기 때문에 이럴 경우에는 권리금 및 시설 투자에 대한 회수가 이루어지지 않은 상황에서 점포를 포기해야 합니다. 창업자에게는 큰 타격이 될 수 있으므로 유의해야 합니다.

후보입지의 비교평가를 통한 최종 점포 선정

지금까지 살펴본 다양한 입지 조사 · 분석 항목을 기초로 후보입지를 비교평가하여 최종 입지를 선정해야 합니다. 후보입지의 비교평가는 다음 〈표 13-12〉와 같이 모든 입지조사 항목을 대상으로 통계적 분석법과 현장조사법을 병행하여 이루어져야 합니다. 통계적 분석법은 주로 중소기업청의 상권정보시스템, 나이스비즈맵과 지오비전의 상권분석시스템을 활용하면서, 현장에서는 '대박창업, 상권정보앱, 마이메뉴'와 같은 상권분석용 어플리케이션을 보완적으로 쓰기를 바랍니다.

〈표 13-12〉 후보입지의 비교평가

구분		후보점포 1	후보점포 2	후보점포 3
점포의 위치				
투자금 및 비용	권리금			
	보증금			
	임차료			
	관리비			
	기타			
점포특성	건물규모와 층수			
	건물 내 위치			
	점포의 형태			
	건물의 업종구성			
시설조건	전기용량			
	도시가스 설치 유무			
	상하수도			
	공조시설(주방, 홀)			
	화장실			
입지특성	가시성			
	접근성			
	홍보성			
	호환성			
	인지성			
	주차편의성			
주변환경	집객시설			
	단절요인			
	경쟁점			
권리분석	소유권			
	소유권 이외의 권리 관계			
	임대인 인적특성			
평가 점수 합계				

CHAPTER 14 매출액 추정하기

매출액을 추정하는 것은 ROI Return on Investment, 즉 사업타당성 분석을 위한 기초자료입니다. 사업타당성 분석을 위해서는 정확한 매출액을 추정하는 것이 무엇보다도 중요합니다. 우리가 심혈을 기울여 학습했던, 그리고 학습하게 될 상권과 입지분석은 결과적으로 매출액을 추정하기 위한 사전작업이었다고 해도 과언이 아닙니다. 상권과 입지를 조사하고 분석하는 최종목표는 바로 매출액, 비용, 이익의 추정이기 때문입니다. 이러한 목적을 달성함으로써 창업자는 결과적으로 창업을 위한 투자금액과 점포의 운영을 위한 비용의 상한선을 설정할 수 있게 됩니다. 예를 들어 1년 동안 1억 원의 매출을 달성할 것이 예상되는 점포에서 연 20%의 이익률을 달성한다고 가정하면 총비용은 8천만 원을 초과해서는 안 됩니다. 그리고 이런 이익률이 투자대비 연 10% 이상이 되어야 한다면 총투자금액은 2억 원을 초과하지 않아야 합니다.

매출 증감요인

매출을 추정하기 위해서는 무엇보다도 매출을 증가시키는 요인과 매출을 감소시키는 요인을 파악해야 합니다. 매출을 증가시키는 요인으로 상권과 입지를 들 수 있습니다. 상권분석과 입지분석 등을 통해 두 가지 요소가 매출에 얼마나 지대한 영향을 미치는 요인인지 충분히 이해하게 될 것입니다.

매출을 하락시키는 요인은 외적요인과 내적요인으로 나눌 수 있습니다. 외적요인으로는 경쟁점포가 가장 큰 제약요인으로 작용합니다. 대부분의 외식업체들이 처음에는 승승장구하다가 일정한 시기가 지나면 매출하락에 직면하게 되는데 이것은 경쟁업체의 출현이 원인인 경우가 많습니다. 이외에도 매출제약요인으로 상품력을 들 수 있습니다. 이것 역시 대체성이 강한 경쟁상품의 출현과 무관치 않습니다. 결과적으로 경쟁업체의 출현에 기인한 것이라고 보아도 됩니다.

창업자는 매출에 기여하는 요인에 대한 관심뿐만 아니라 매출을 감소시키는 요인에 대한 깊이 있는 고려를 해야 합니다. 일반적으로 창업 초기에는 기여요인에만 관심을 기울이게 되는데, 이것은 외식업체가 단명하는 원인이 됩니다. 나의 점포가 시장에 진입하여 성장기에 접어들게 되면 경쟁업체들이 진입을 시도하게 됩니다. 이런 상황에서 어떻게 하면 성장기를 장기적으로 유지할 수 있을지에 대한 대책이 있어야 합니다. 대부분의 업체들이 차별성이 없는 상태에서 창업을 하고 이후에도 이에 대한 준비가 미비하여 보통 1년~2년 이내에 폐업을 하게 됩니다.

〈표 14-1〉 매출 증감요인

구분	결정요인	내용
매출 증가요인	상 권	상권력(상권크기, 배후지세대, 대형 집객시설 등), 상권특성, 외부 유입인구
	입 지	점포입지수준(접근성, 인지성, 가시성), 독점세대와 가망세대의 수
매출 감소요인	외적요인	상권변화, 경쟁점포의 개점
	내적요인	부족한 상품력과 마케팅능력

외식사업 매출액 추정의 문제점

대부분의 업종에서 매출액 추정은 상권분석과 입지분석의 세부항목에 따라서 달라집니다. 가장 이상적인 방법으로는 통계적인 방법론을 활용하는 것이므로 일반적으로 '인구수'와 '통행량(유동인구수)'과 같은 수치자료나 기타 통계자료에 의존하는 경우가 많습니다. 이런 자료는 가장 쉽게 취득이 가능하고 신뢰성이 높은 자료이기 때문입니다.

외식업은 타 사업에 비하여 상권 및 입지조사 등을 통해 얻어진 정보를 활용하여 매출액을 추정하는 것이 어렵습니다. 특히 합리적이고 과학적인 통계방법을 통한 추정은 더욱 힘듭니다. 소매업에서 주로 사용하는 배후 인구수나 유동인구수로 추정한다 해도 신뢰성과 타당성 있는 결과를 얻기 힘듭니다. 즉, 외식업에서의 매출액 추정은 정성적 분석과 정량적 분석 중 어떤 것으로도 정확한 예측이 힘든 단점이 있습니다. 현실적으로 외식업의 매출을 결정하는 특정 요인을 바탕으로 계량화하는 것은 쉽지 않기 때문이기도 합니다. 따라서 많은 연구자와 실무전문가들이 외식업의 매출액을 추정하는 다양한 방법론을 개발하고 있습니다. 최근에는 경쟁업체의 신용카드 매출 정보를 이용하여 매출액을 추정하는 방법이 주로 이용되고 있습니다.

매출액 추정 방법

외식업에서 매출액 추정에 많은 한계가 있다 보니 현장실무자들이 자의적인 판단에 의존하는 경우가 많습니다. 현장에서는 업종, 업태별 표준화된 평균가격과 회전율 등을 가지고 획일적으로 제시하는 경우가 많아서 현실성이 떨어지고 사업타당성을 판단하는 데 큰 위험을 초래하기도 합니다. 따라서 다양한 방법을 상황에 따라 적절히 혼용하여 추정함으로써 신뢰성과 타당성을 높여야 합니다. 매출을 추정하기 위해 사용하는 다양한 방법을 다음에 제시하였으니 참고하기 바랍니다.

매출액 추정 방법 요약

- 시장점유율법
  월 매출액 = 전체 시장의 매출액 × 점포의 매출점유율

- 점포면적에 의한 방법
  월 매출액 = 점포 면적 × 평당 매출액

- 독점세대와 가망세대에 의한 방법
  독점세대 매출액: 독점세대수 × 이용률 × 구매빈도 × 구매단가
  가망세대 매출액: (가망세대수/경쟁점포 수) × 이용률 × 구매빈도 × 구매단가
  월 매출액 = 독점세대 매출액 + 가망세대 매출액

- 경쟁점포 방문객 수 비교법
  월 매출액 = 1일 방문고객 수 × 객단가 × 월 영업일수

- 통행인구의 내점률에 의한 방법
  월 매출액 = 통행인구수 × 내점률 × 객단가 × 월 영업일수

- 음식점 매출액 추정법
  월 매출액 = 좌석 수 × 좌석점유율 × 회전율 × 객단가 × 월 영업일수

- 기타 방법
  투자금액에 의한 방법, 종업원 수에 의한 방법, 손익분기매출액법
  통계적 방법(라일리 법칙, 중력모델, 회귀분석 등)
  신용카드 매출 정보를 이용하는 방법

이상의 요약된 매출액 추정법을 자세히 살펴보면 다음과 같습니다.

첫째, 시장점유율법과 점포면적에 의한 방법입니다. 시장점유율법은 두 가지 변수값을 구할 수 있어야 사용 가능한 매출액 추정방법입니다. 하나는 해당 상권에서의 해당 업종이나 업태의 매출액 또는 소비지출액 총액이고, 다른 하나의 변수는 창업자가 달성 가능한 시장점유율입니다. 예를 들어 어떤 상권을 이용하는 소비자들이 지출하는 총 외식비가 월 1억 원이라고 가정하고, 이 상권에서 어떤 창업자가 10%의 시장점유율을 달성할 수 있다고 한다면 이 창업자가 해당 상권에서 달성 가능한 추정매출액은 1천만 원이 됩니다.

면적에 의한 매출액 추정은 창업자가 설립하려는 점포와 유사한 업종의 면적당 평균 매출액이 산정되어 있는 경우 이용 가능한 방법입니다. 예를 들어 김밥전문점의 3.3평방미터당 평균매출액이 월 100만 원이라는 통계치가 있다면, 33평방미터의 점포에서 창업을 한다면 월 매출액이 1,000만 원이 될 것으로 예상할 수 있습니다.

둘째, 독점세대와 가망세대에 의한 방법입니다. 독점세대와 가망세대에 의한 매출액 추정방법은 주로 소매업에서 활용할 수 있는 방법으로 독점세대 매출액, 가망세대 매출액, 외부 유입인구 매출액을 각각 산출하여 취합함으로써 예상 매출액을 구하는 방법입니다. 각 항목의 매출액 추정방법은 다음과 같습니다.

- 독점세대 매출액 = 독점세대수×이용률×구매빈도×구매단가(객단가)
- 가망세대 매출액 = (가망세대수/경쟁점포 수)×이용률×구매빈도×구매단가(객단가)
- 외부 유입인구 매출액 = 외부 유입인구수×이용률×구매빈도×구

매단가(객단가)

- 예상매출액 = 독점세대 매출액 + 가망세대 매출액 + 외부 유입인구 매출액

이 방법을 사용하기 위해서는 상권 및 입지분석을 통해 총 세대수를 독점세대와 가망세대로 구분해야 하는데, 현실적으로 이러한 구분이 쉽지 않다는 단점이 있습니다. 역세권과 같이 주변에 주거지 인구가 거의 없고 유동인구만 존재하는 상권에서 이 방법을 쓰는 경우는 '외부 유입인구 매출액'만으로 추정 가능합니다.

셋째, 경쟁점포 방문객 수 비교법입니다. 경쟁점포 방문객 수 비교법은 명칭에서 나타나듯이 자신이 창업하려는 점포와 가장 유사한 경쟁점포를 찾아내고 이 점포의 매출액을 추정함으로써 자신의 예상매출액을 예상해 보는 방법입니다. 이 방법은 '1일 내점객 수 × 1인 구매단가(객단가) × 월 영업일수' 공식을 이용하게 되므로 경쟁점포의 1일 평균 내점객 수는 물론이고 평균 객단가를 면밀히 파악하는 것이 중요합니다. 상권과 입지가 유사한 경쟁점포의 자료를 비교적 상세하게 파악하고 있는 경우에 사용이 가능한 방법입니다. 물론 이 방법을 쓰더라도 획일적인 계산을 하기보다는 상품력, 서비스 수준, 브랜드력 등을 참작하여 추정해야 합니다. 외식업의 경우 창업을 고려하는 업종, 업태와 가장 유사한 경쟁업체를 대상으로 조사하는 경우 매우 효과적인 방법이므로 전문가가 아니더라도 쉽게 사용할 수 있다는 장점이 있습니다. 다만 이 방법을 통해 경쟁점포를 조사할 때는 평일, 주말, 공휴일, 점심, 저녁, 심야 등 다양한 시기에 조사를 해서 평균값을 구해야 하고, 계절적인 변화와 조사대상 업체의 수명주기도 고려해야 합니다.

수명주기를 고려한다는 것은 해당 점포가 도입기의 점포인지 아니면 성장기, 성숙기, 쇠퇴기인지를 확인해야만 매출액의 신뢰성을 높일 수 있습니다. 예를 들어 조사대상 경쟁점포가 도입기나 쇠퇴기의 상태라면 추정한 매출액을 성장기와 성숙기를 고려하여 수정하는 등의 작업이 추가로 이루어져야 합니다.

넷째, 통행인구의 내점률에 의한 추정법입니다. 이 방법은 편의점과 같은 소매업에서 사용하기에 적절한 매출액 추정법입니다. 이 방법으로 월 매출액을 추정하기 위해 '통행인구수 × 내점률 × 객단가 × 월 영업일수'와 같은 공식을 이용합니다. 구체적으로는 1일 통행인구수를 조사하여 그중 내점하는 인구를 예측하고 아이템에 따른 실구매율 조사를 해야 합니다. 주로 유동인구 중심형 상권에 적합한 추정법이지만 흘러가는 유동인구의 경우 오류의 가능성이 있으므로 주의가 필요합니다. 이 방법을 이용하여 매출액을 추정하는 사례는 다음과 같습니다.

- 점포 앞을 지나는 통행인구수가 하루 평균 1,000명
- 통행인구 중 100명이 점포를 방문: 내점률 = 100/1,000×100 = 10%
- 점포 방문자들의 평균 구매액 10,000원: 객단가 10,000원
- 월 영업일수: 30일
- 월 매출액 추정: 1,000명 × 10% × 10,000원 × 30일 = 30,000,000원

다섯째, 예상고객 수에 의한 추정법입니다. 이 방법은 월 매출액을 추정하기 위해 '예상고객 수 × 1인 구매단가(객단가) × 월 영업일수'와 같은 공식을 이용합니다. 이 방법은 프랜차이즈 기업이나 체인형 기업

들이 자체 가맹점, 직영점 등의 자료가 있을 때 유용합니다. 이 방법은 기존의 조사자료가 존재하는 경우 사용 가능한 매출액 추정법이지만 경우에 따라서는 상권 및 입지조사 분석을 통해 예상고객 수를 예측하여 사용하기도 합니다. 상황에 따라 예상고객 수는 경쟁점포의 방문객 수를 이용하여 추정할 수도 있으나 객단가는 창업 예정인 점포의 메뉴 구성을 고려하여 별도로 계산해야 합니다.

여섯째, 손익분기분석에 의한 추정법은 '월 매출원가 + 월 판매비와 관리비 + 기타 비용 + 월 목표이익'의 형식으로 월 매출액을 추정하게 됩니다. 실제로는 '예상되는 매출액 추정법'이라기보다 '목표 매출액 추정법'이라고 할 수 있습니다. 따라서 달성 가능한 매출액을 산정하기 위해 사용하기보다는 자신이 창업을 하였을 때 최소한 달성해야 하는 목표매출액을 추정해 보는 방법이라고 이해하는 것이 더 정확합니다. 좀더 구체적인 내용은 다음에서 다룰 사업타당성 분석기법의 손익분기점 분석 사례를 참조하기 바랍니다.

업종별 매출액 추정법

앞서 살펴보았던 다양한 형식의 매출액 추정방법은 업종의 특성에 따라 구분하고 검토해 보면 이해하는 데 도움이 됩니다. 업종의 특성에 따른 매출액 추정법은 크게 입지창출형과 유동인구중심형으로 나눌 수 있습니다. 구체적으로 입지창출형이란 '전문음식점과 서비스업종처럼 고정고객이 찾아오는 비율이 높은 업종'을 의미하고, 유동인구중심형이란 '패스트푸드음식점과 판매업종과 같이 가시성과 접근성이 좋아 유동고객이 찾아오는 비율이 높은 업종'을 의미하는데, 각각의 업종 특성에 따른 매출액 추정법을 살펴보면 다음과 같습니다.

첫째, 입지창출형 업종 중 전문음식점의 월 매출액 추정은 '좌석 수 × 좌석점유율 × 회전율 × 객단가 × 월 영업일수'로 할 수 있으며, '테이블 수 × 회전율 × 테이블단가 × 월 영업일수' 공식으로도 산출이 가능합니다. 아직 창업을 하지 않은 자신의 점포 매출액을 추정하기 위해서는 구상 중인 자신의 점포와 가장 유사한 경쟁점포를 찾는 것이 무엇보다 중요합니다. 동일 상권 내의 유사한 입지의 경쟁점포가 없다면 다른 지역의 유사한 상권과 입지에서 조사대상 경쟁점포를 물색하는 것도 대안이 될 수 있습니다. 가장 유사한 경쟁점포를 세 곳 정도 찾아서 좌석점유율, 점심시간과 저녁시간의 회전율, 점심시간과 저녁시간의 객단가 등을 조사합니다. 그리고 좌석 수, 월 영업일수 등의 나머지 변수는 자신이 창업 예정인 점포를 기준으로 산출하면 됩니다. 좀더 구체적인 산출방법은 다음 사례를 참조하기 바랍니다.

전문음식점의 매출액 추정 사례

전문음식점의 조건

- 4인 테이블이 10개인 음식점의 총 좌석 수는 40석(= 4×10)이다.
- 4인 테이블에 동석하는 고객의 평균수가 점심 3인, 저녁 2인이라면, 점심 좌석점유율은 3/4 = 0.75(75%), 저녁 좌석점유율은 2/4 = 0.5(50%)이다.
- 점심시간에 10개 테이블이 2회전, 저녁시간에 10개 테이블이 1.5 회전한다.
- 객단가는 점심시간에는 10,000원, 저녁시간에는 25,000원이다.
- 월 영업일수는 주 1회 휴무라고 가정하면 월 평균 25일 영업한다.

위 조건을 기초로 한 월 추정매출액

- 월 점심 매출액 = 40 × 0.75 × 2 × 10,000 × 25 = 15,000,000원
- 월 저녁 매출액 = 40 × 0.5 × 1.5 × 25,000 × 25 = 18,750,000원
- 월 매출액 합계 = 15,000,000 + 18,750,000 = 33,750,000원

둘째, 유동인구 중심 업종의 매출액 추정법은 '통행인구 수, 내점률, 실구매율, 1인 구매단가(객단가)'와 같은 다양한 변수값을 산출한 다음, '통행인구 수 × 내점률 × 실구매율 × 1인 구매단가(객단가) × 월 영업일수'의 공식으로 월 매출액을 추정합니다. 구체적인 사례는 다음과 같습니다.

유동인구 중심 점포의 매출액 추정 사례

베이커리 전문점의 조건

- 인근에 경쟁점포가 1곳 있다.
- 해당 지역의 통행인구수를 평일과 주말 등 요일별, 시간대별로 조사한 결과 일평균 통행인구 수는 5,000명이다.
- 통행인구 중 기존의 경쟁점포에 내점하는 고객수는 1,000명이므로 통행인구 수 대비 내점률은 20%이다.
- 내점 고객 중 실제로 커피를 구매하는 고객은 900명으로 실구매율은 90%이다.
- 구매고객의 평균 구매액은 10,000원이다.
- 영업일수는 한달 평균 30일이다.

월 매출액 추정

- 기존 경쟁점포 고객의 50%가 신규점포를 방문할 것으로 가정하면 내점율 10%이다.
- 월 매출액 = 5,000명 × 10% × 90% × 10,000원 × 30일 = 135,000,000원

CHAPTER 15 사업타당성 분석하기

사업타당성 분석이란 창업에 앞서 '사업의 성공 여부를 판단하거나 분석하는 행위'를 의미합니다. 좀더 구체적으로는 '성공적인 사업을 위해 필요한 사업추진능력, 기술성, 시장성, 상품성, 수익성, 안정성, 사업의 위험 정도 등을 분석하고 평가하는 총체적 활동'으로 정의할 수 있습니다. 그리고 사업타당성 분석은 [그림 15-1]과 같이 정성적 분석과 정량적 분석으로 나누어 구체화시킬 수 있습니다. 다만 이것은 넓은 의미의 사업타당성 분석을 의미하고, 좁은 의미의 사업타당성 분석은 '창업자가 투자한 자본에 대하여 목표하는 수익률을 달성할 수 있을지 여부를 분석하는 활동'으로 정의합니다.

본서에서의 사업타당성 분석은 이론적으로는 넓은 의미의 타당성 분석을 다루지만 실무적으로는 소규모 점포 창업자를 위한 단순화된 절차에 의한 사업타당성 분석을 제시하고자 합니다.

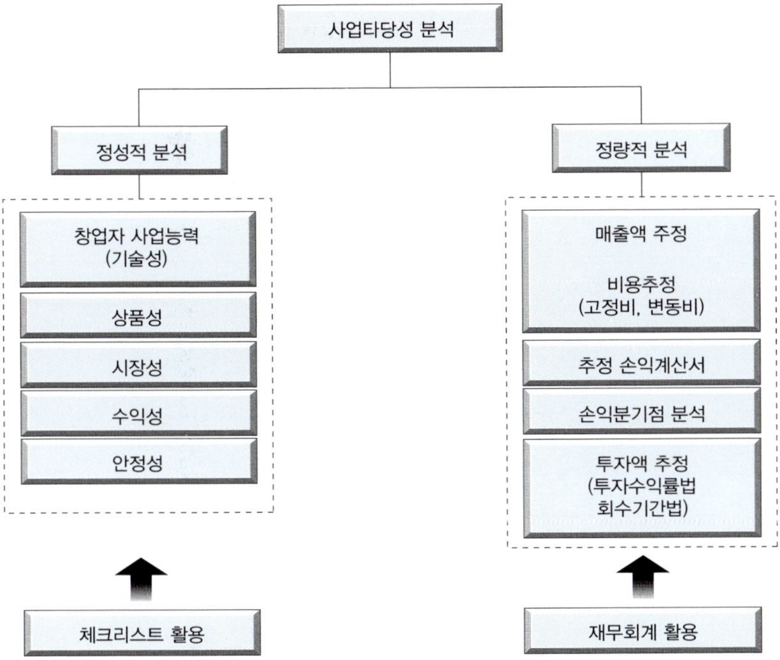

[그림 15-1] 사업타당성 분석방법

사업타당성 분석은 크게 두 가지로 분류할 수 있습니다. 첫째는 창업자의 사업능력 등을 체크리스트를 이용하여 판단하는 정성적 분석입니다. 둘째는 투자금액, 매출액, 비용의 추정을 통해 투자수익률, 회수기간 등을 계산하는 정량적 분석입니다. 사업타당성 분석은 소규모 점포창업을 고려하는 사업자들에게는 다소 무리가 될 수 있습니다. 개념적으로도 어렵지만 실제 분석을 하기 위해서는 재무회계 지식이 필요하기 때문입니다. 그럼에도 불구하고 창업을 고려하는 사람들은 반드시 사업타당성 분석을 해보고 사업의 진입 여부를 결정해야 합니다. 목표수익률을 정하고 자신이 투자한 자금 대비 투자수익률을 추정한 후, 목표와 비교하여 성공 가능성을 면밀하게 검토해야 합니다.

사업타당성 분석의 필요성 및 중요성

사업타당성 분석은 창업을 할 때 반드시 거쳐야 하는 과정입니다. 대규모 투자가 아닌 소자본으로 사업을 시작하는 경우라도 꼭 해야 합니다. 사업타당성 분석의 필요성을 살펴보면 그 이유를 더욱 명확하게 이해할 수 있습니다. 먼저 사업타당성 분석은 객관적, 체계적 분석을 통해 창업 성공률을 높여줍니다. 창업요소의 정확한 파악을 통해 창업 기간을 단축할 수 있도록 도와줍니다. 철저한 준비를 도와주어 창업을 효율적으로 진행할 가능성이 높아집니다. 또한 사업타당성 분석 과정에서 더 많은 경영지식을 습득하게 됨과 동시에 경영능력이 향상되는 기회를 얻기도 합니다. 이와 같은 필요성에 의하여 실시되는 사업타당성 분석의 중요성을 정리하면 다음과 같습니다.

첫째, 치열한 경쟁과 급격한 변화에 대응하기 위한 철저한 준비가 가능합니다.

둘째, 성공 가능성이 낮은 사업을 회피할 수 있는 기회를 제공합니다.

셋째, 미래의 위험상황에 대처하기 위한 사전정보 수집이 가능합니다.

넷째, 사업을 지속할지 아니면 포기할지를 결정할 수 있게 해줍니다.

사업타당성 분석에 포함되어야 하는 요소

예비창업자들은 주먹구구식 창업의 위험성을 잘 알고 있습니다. 그럼에도 불구하고 창업을 고려하는 예비창업자들이 사업타당성 분석을 하지 않는 이유는 고려해야 할 요소가 너무 많고, 특히 회계 및 재무관리 분야의 전문적인 지식이 없기 때문입니다.

사업타당성 분석을 위해 확인해야 할 요소는 시장성, 기술성, 경제성, 공익성 등입니다. 이를 좀더 구체적으로 살펴보면, 시장성은 음식점 매출이 언제, 얼마나 높아질 것인가, 기술성은 메뉴는 목표한 원가로 조리 가능하고 차별적인 기술우위 요소가 있는가, 경제성은 필요한 자금은 얼마이며 어떻게 조달할 것인가, 그리고 수익성은 확보하고 있는가, 공익성은 계획사업은 사회공익에 어느 정도 기여하는가 등입니다. 이를 좀더 세부적 항목으로 나누어 보면 다음과 같습니다.

세분화된 사업타당성 분석 요소

- 창업아이템과 창업자의 적합도: 업종, 적성, 경력, 경영능력 등의 적합성 검토
  예비창업자의 마인드: 경영 및 서비스 마인드, 반드시 성공하겠다는 굳은 의지
- 시장환경과 시의성: 업종의 라이프사이클상 도입기 또는 성장기
- 사전지식과 기술성: 노하우의 적정성, 기술 확보
- 경영능력과 전략: 인적관리능력, 마케팅 능력, 전략 수립 및 실행 능력
- 상권과 입지의 타당성: 업종과의 적합성, 상권의 성장 가능성
- 수익성: 경쟁업체의 수익성을 바탕으로 검토
- 장기비전: 유행업종 여부, 장기 성장 가능성 분석
- 자금계획: 창업 및 운영자금의 적정성
- 연구개발능력: 메뉴의 연구개발 능력의 확보
- 공익성: 공익에 반하지 않으며 기여해야 함

이와 같은 분석대상들은 현장에서 숫자로 계산하여 정량적으로 평가하기 곤란한 항목들이 많습니다. 그래서 체크리스트를 활용하여 창업을 위한 사업타당성 분석을 정성적으로 시도해 볼 수 있는데 이때 활용할 수 있는 체크리스트는 다음과 같습니다.

〈표 15-1〉 음식점 사업타당성 분석을 위한 체크리스트(정성적 분석 중심)

주요항목	평가요소	세부 검토사항	평가			종합
			상	중	하	
창업자의 사업능력	창업적합도	사업경험 및 지식 정도(조리사자격 보유 등)				
		사업수행능력(친절도, 영업력 등) 여부				
		업종, 적성, 경력, 경영능력 등의 적합성				
	경영마인드	경영 및 서비스 마인드				
		반드시 성공하겠다는 굳은 의지				
		고객유치 및 판매전략 여부				
상 품 성	상 품 의 적 합 성	조리방법의 충분한 습득				
		주력 메뉴(상품)의 대중성				
		주력 메뉴(상품) 가격의 적절성				
		식재료 구입의 편의성				
		주력 메뉴 수명주기의 적절성(도입기, 성장기)				
	상 품 의 독 점 성	주력 메뉴 및 식자재의 독점성				
		독자적 기술과 노하우의 보유를 통한 차별성				
시 장 성	시 장 의 규 모	예상되는 고객의 수				
		시장규모 평가				
	경 쟁 성	경쟁업체의 세력 및 분포도				
		경쟁제품과 품질과 가격의 비교우위				
		차별화 가능 여부				
	시 장 의 장 래 성	잠재고객 수의 증가 가능성				
		대기업의 침투 가능성				
		소비자의 성향 및 필요성				

수 익 성	제품생산 및 판매 효율성	식재료 비용의 가격대비 비율				
		조리의 효율성				
		배달 및 테이크아웃 판매 가능성				
	적정이윤 보 장 성	식재료 조달방법 및 금액				
		임차료 및 인건비의 적정성				
		원가, 인건비, 관리비를 제한 적정 이윤의 보장				
안 정 성	위험수준	불황 적응력				
		경쟁업체 출현 시 대처능력				
	자금투입 적 정 성	초기 투자액에 대한 자금조달 범위				
		손익분기점의 수준 및 기간				
		예비비의 보유 여력				
	재고관리	식재료 재고관리의 용이성				
		수요의 계절성				
합 계						

사업타당성 분석에 포함시켜야 할 요소들로서 시장성, 기술성, 경제성, 공익성을 살펴보았습니다. 정성적 분석을 위한 체크리스트에서 창업자의 사업능력, 상품성, 시장성, 안정성을 사례로 다루었으나 현장에서 이루어지는 사업타당성 분석은 체계적인 절차를 통해야만 정확성과 신뢰성을 확보할 수 있습니다.

사업타당성 분석 절차

사업의 타당성 분석을 위한 구체적인 절차는 [그림 15-2]와 같습니다. 창업아이템이 결정되면, 시장성을 분석합니다. 이후 기술성 분석, 수익성 분석, 창업비용 산정과 같이 점차 구체적이고 정량적인 분석으로 진행합니다. 각 항목의 세부적 내용은 이후 차례대로 살펴봅니다.

[그림 15-2] 사업타당성 분석 절차

아이템 탐색

사업타당성 분석에서 가장 먼저 하는 일은 창업아이템 탐색입니다. 성공적인 창업을 위해서는 다수의 업종과 업태 중 예비창업자의 적성에 맞는 사업을 찾는 것이 중요합니다. 적성 이외에도 자신이 가진 자금과 환경에 적합한 아이템을 선정해야 합니다. 일반적으로 창업자들은 자신의 적성과 투자자금, 가정환경과 같은 요인보다는 수익성 자체만을 더 중시하는 경우가 많아서 주의가 필요합니다. 추가적으로 창업을 위한 아이템을 선정하는 데 있어서 고려해야 할 요소는 창업자 연령, 적성과 경력, 유망 아이템 여부, 시장상황, 수익성과 비용, 사업리스크 등입니다.

시장성 및 기술성 분석

창업아이템의 탐색이 끝나면 창업자의 상황에 가장 적합한 후보 아이템을 중심으로 시장성 분석과 기술성 분석을 합니다. 이 단계에서는 주로 정성적 분석이 이루어지는데, 체크해야 하는 항목은 시장성 분석의 경우 '시장규모, 시장의 경쟁상태, 시장의 장기비전'입니다. 기술성 분석 항목은 '독자적 조리기술이나 차별화된 노하우, 시설 및 생산능력의 적정성, 식재료 등의 수급 안정성' 등입니다. 창업아이템의 시장성과 기술성에 대한 세부적인 분석능력은 학습자들이 창업능력을 키우기 위해 반드시 필요합니다.

〈표 15-2〉 창업아이템 분석 항목

시장성 분석	기술성 분석
• 시장규모의 파악 • 시장의 경쟁상태 파악 • 시장의 장기비전 파악	• 독자적 조리기술이나 차별화된 노하우 • 시설 및 생산능력의 적정성 • 식재료 등의 수급 안정성

지금까지 살펴본 창업아이템 탐색과 분석은 창업자의 적성과 투자능력, 가정환경 등을 고려하여 선정한 후보 아이템에 대한 수익성, 시장성, 기술성을 검토하는 단계입니다.

수익성 분석

창업아이템에 대한 탐색과 시장성, 기술성 분석이 끝나면 수익성 분석을 해야 합니다. 수익성 분석이란 점포의 매출액(수익)과 지출(비용)을 추정하여 이익(=수익−비용)을 계산하는 정량적 분석을 의미합니다. 매출액을 추정하고 비용을 산정한 후, 최종적으로 이익을 산출하는 활동은 회계학 지식을 필요로 하므로 사전에 충분한 학습과 조사를 통해 계정과목을 익히고 손익계산서 작성방법을 연습하는 것이 필요합니다. 이러한 지식을 갖추고 수익성 분석에 임할 때는 다음과 같은 내용을 고려하기 바랍니다.

- 보수적, 현실적으로 추정합니다.
- 추정손익 및 손익분기점Break Even Point을 파악합니다.
- 투자대비 경제성(투자수익률법, 회수기간법)을 파악합니다.
- 사업의 장기비전을 분석합니다.

수익성 분석을 위해 가장 먼저 해야 할 일은 매출액 추정입니다. 매출액 추정이 이루어지고 나면 비용추정 단계에 들어갑니다. 비용을 추정하기 위해서는 점포 운영에 소요되는 비용항목을 손익계산서 기준으로 산출하는 것이 필요하며 이를 좀더 구체적으로 살펴보면 다음과 같습니다.

- 비용항목은 구체적으로 매출원가(식재료비, 조리인력 인건비), 판매비와 관리비(서버 인건비, 지급임차료, 수도광열비, 신용카드 수수료 등), 영업 외 비용(지급이자) 등으로 구분된다. 좀더 세부항목은 다음 손익계산서를 참조하기 바란다.
- 일반적으로 음식점의 주요 비용항목인 식재료비, 인건비, 임차료, 기타 경비 등으로 구분하기도 하며 세부항목을 고정비와 변동비로 구분할 수 있어야 손익분기점 분석을 할 수 있다.
- 음식점은 부가가치세VAT를 가격에 포함하여 수납하므로 이를 매출액에서 차감하여 부가가치세 예수금으로 처리하여야 한다. 부가가치세는 사업자의 소득이 아니라 국가에 납부해야 할 세금이다.

매출액과 비용의 추정은 회계에서 사용하는 계정과목을 중심으로 다음의 손익계산서 형식을 활용하기 바랍니다. 다만 문제는 창업자나 사업자들이 회계지식이 부족하여 계정과목에 의한 구분을 명확하게 하지 못하는 경우입니다. 결과적으로 기존에 수집한 자료에 대한 신뢰성도 문제가 되고 자신이 작성한 추정손익도 다른 자료와 비교하기에 적합하지 않을 수 있습니다. 따라서 사전에 회계학에 대한 지식을 갖추지는 못하더라도 비용항목을 명확하게 구분하고 분류할 수 있는 능력은 갖추어야 합니다. 사업타당성 분석과 사업계획서 작성을 통해 성공적인 창업을 하기 위해서 수익성 분석은 반드시 필요합니다.

〈표 15-3〉 사업타당성 분석을 위한 추정 손익계산서(외식업체 중심)

항목	내용
매출액①	– 월 매출액은 영업 가능 일수를 감안하여 산출하되, "총매출=음식 매출+주류 및 음료 매출" 또는 "총매출=현금 매출+카드매출" 등으로 구분 – 경쟁업체 등을 대상으로 현장조사를 통해 추정 가능
매출원가 (원재료 비율)②	– 메뉴 제조에 소요되는 식재료(양념류 포함), 주류, 음료 원가 – 원칙적으로 조리인력에 대한 인건비는 매출원가이나 편의상 판매비와 일반관리비의 인건비로 분류 – 통상 음식점의 매출원가율(원재료 비율)은 30~40% 수준이 적절
매출이익③(=①–②)	매출액에서 매출원가를 차감한 금액
판매비와 관리비④	– 영업이나 관리에 소요된 모든 비용은 판매비와 관리비 – 임차료, 급여(인건비), 감가상각비, 연구개발비, 광고선전비, 수도광열비(수도, 가스, 전기료), 통신비(유선, 무선), 소모품비, 수선비, 각종 수수료, 세금과 공과금 등 – 최근 신용카드 매출이 증가하면서 카드수수료를 비용으로 고려 – 부가가치세(편의상 부가가치세 납부액을 판매비와 일반관리비로 가정하여 처리함– 매출액의 약 5~7%로 가정)
영업이익⑤(=③–④)	매출이익 – 판매비와 관리비
영업 외 수익⑥	– 영업활동 이외의 수익으로 이자수익 등이 해당됨 – 음식점에서 발생할 항목은 거의 없음
영업 외 비용⑦	– 차입금액에 대한 이자비용
경상이익(세전이익) ⑧ (=⑤+⑥–⑦)	영업이익+영업 외 수익–영업 외 비용
법인세⑨	– 법인은 법인세, 개인은 종합소득세
월 당기순이익⑩ (=⑧–⑨)	경상이익–법인세 등

사업타당성 판단	– 투자대비 창업자의 목표수익률을 초과하면 양호(음식점의 경우 월 경상이익이 투자금 대비 3~4% 수준이면 양호한 것으로 판단함) – 음식점의 업종과 업태에 따른 이익률의 차이가 매우 크므로 각종 통계자료나 기타 현장조사 등을 통해 이익률을 확인함 – 신용카드 수수료와 부가가치세 납부세액이 손익계산에서 반드시 고려되어야 함. 일반적으로 추정손익을 계산할 때 간과하는 경우가 많아서 주의가 필요함 – 음식점의 업종, 업태에 따른 수익성을 충분히 조사하고 손익분기점을 낮출 수 있는 방안을 강구해야 함 – 손익분기점 분석을 위해 모든 비용을 고정비(임차료, 정규직원 인건비)와 변동비(식재료비, 파트타이머 인건비, 각종 수수료, 광고선전비, 수도광열비)로 구분할 수 있어야 함

〈표 15–4〉 월 추정 손익계산서 사례

구분		금액	비율	비고
매출액	합계	48,130,000	100.00%	
	현금	9,409,500	19.60%	
	카드	38,720,500	80.40%	
매출원가***	식재료비	16,218,390	33.70%	
매출총이익		31,911,610	66.30%	
판매비와 일반관리비	합계	26,991,724	56.10%	
	인건비	11,104,150	23.10%	경영자 인건비 포함
	지급임차료	4,840,000	10.10%	
	감가상각비*	2,500,000	5.20%	투자비 15천만 원 가정
	수도광열비	2,603,210	5.40%	관리비 포함
	소모품비	23,800	0.00%	
	수선비	500,000	1.00%	
	통신비	14,160	0.00%	
	복리후생비	1,177,950	2.40%	회식비, 고용보험 등
	광고선전비	500,000	1.00%	
	신용카드수수료**	1,045,454	2.20%	카드 매출액 기준

	부가가치세예수금	2,000,000	4.20%	
	보험료	200,000	0.40%	화재보험료
	지급수수료	183,000	0.40%	렌탈료, 세무사, 매트
	잡비	300,000	0.60%	
영업이익		4,919,886	10.20%	
영업 외 이익	수입이자	0		
영업 외 비용	지급이자	0		
경상이익		4,919,886		
소득세	종합소득세	–		
월 당기순이익 (감가상각비 제외 시)		4,919,886 (7,19,886)		투자수익률: 3.27% (투자수익률: 4.94%****)

* 감가상각비는 임차보증금을 제외한 투자비(1억5천만 원)를 5년(60월) 동안 정액법으로 상각한 금액.

** 신용카드수수료는 지급수수료에 포함해야 하지만 별도 표기하였음.

*** 매출원가에는 음식의 제조에 투입된 인건비와 경비도 포함되어야 하지만 식재료비만 계상하였음.

**** 임차보증금을 제외한 1억 5천만 원을 투자하였다고 가정하면 감가상각비 제외 시 월 투자수익률은 약 5%임.

창업비용 산정

수익성 분석이 끝나면 구체적인 창업비용을 산정해 봅니다. 높은 매출액을 시현하고 비용을 낮추어 많은 이익을 낸다고 하더라도 투자금액이 과다하여 투자수익률이 낮다면 수익성이 높다고 할 수 없습니다. 예비창업자는 치밀하고 철저한 자금계획을 통해 손익분기점을 낮추고 투자금 회수기간을 단축해야 합니다. 외식창업을 위해 소요되는 창업비용의 항목들을 사전에 충분히 숙지해야 합니다. 그래서 매출액은 동일한 수준을 유지하면서 투자비용을 최소화시킨다면 더욱 성공적인 창업이 될 수 있습니다. 창업비용에 대한 구체적 항목은 〈표 15-5〉를 참조하기 바랍니다.

〈표 15-5〉 창업비용 산정을 위한 항목

구분	항목
점포 임차 관련 비용	임차보증금, 권리금, 부동산 중개비용
점포 인테리어 비용	설계비, 간판설치비, 주방설비 공사비, 내외장 인테리어, 전기용량 증설비, 상하수도 공사비, 도시가스 공사비, 공조시설 공사비
집기, 비품 구입비	냉난방기, 장식품, 식기류, 유니폼, 소모품, 사무용품, 금전출납기 또는 POS 시스템, 의자와 테이블, 조리용구, 기계류, 메뉴북 등 디자인비 및 인쇄비
원재료 구입비	초도 원재료 구입비
마케팅비	개업 촉진을 위한 비용(광고비, 판촉물 비용, 개점 이벤트 비용, 기타 인쇄비)
기타 비용	프랜차이즈 가맹비, 전화설치비, 시장조사비, 교통비, 상담비, 접대비, 보험료 등
예비비*	6개월 정도의 점포 운영비(인건비, 재료비, 경비 등)

* 사업이 안정화되는 데는 3~6개월 이상이 소요될 수 있음.

사업타당성 분석방법

사업타당성 분석을 하는 구체적인 방법은 매우 다양합니다. 가장 먼저 손익분기점 분석에 대하여 살펴보겠습니다.

손익분기점 분석

매출액과 비용을 추정함으로써 이익을 산정하는 수익성 분석이 이루어지고 나면 창업자는 이미 산출된 비용항목을 고정비와 변동비로 구분하여 손익분기점 분석을 할 수 있습니다. 손익분기점이란 '이익이 제로가 되는 매출액이나 매출수량'을 의미하는 것으로 창업 시 적자를 면할 수 있는 최소의 매출액을 확인하기 위한 방법입니다. 사업을 지속적으로 유지하기 위해서는 이익은 없더라도 적자는 면해야 하는데,

이때 적자를 면할 수 있는 매출액 수준을 파악하는 수단입니다. 손익분기점 분석을 구체적으로 살펴보면 다음과 같습니다.

- 사업의 매출액과 총비용이 같아지는 총비용을 의미한다(매출액=총비용).
- 이익이 제로(0)가 되는 매출액이나 매출수량이다.
- 손익분기 매출액은 '고정비/(1−변동비율)' 공식으로 산출한다.
- 손익분기점을 낮추는 것이 음식점 성공의 핵심이 될 수 있다.

음식점의 손익분기점 분석 사례

손익분기점이란 매출액이 그 이하가 되면 손실이 나고, 그 이상이 되면 이익이 나는 기점을 의미한다.

일반적으로 손익분기점 매출액이나 매출수량을 구하기 위한 공식이 제공되지만 여기서는 기본적인 손익계산 공식을 이용하여 손익분기점 매출수량을 구해 보기로 한다.

- 매출액 − 총비용 = 순이익

손익분기점이란 '순이익 = 0'이 되는 기점이므로

- 매출액 − 총비용 = 0이 되므로, 결과적으로 '매출액 = 총비용'이 손익분기점

매출액은 매출수량과 단위당 가격을 곱하여 계산되고, 총비용은 변동비와 고정비를 합하여 구할 수 있다. 따라서 위 공식을 다음과 같이 고칠 수 있다.

- 매출수량 × 단위당 가격 = 변동비 + 고정비

다시 변동비는 단위당 변동비에 매출수량을 곱하여 구할 수 있으므로

- 매출수량 × 단위당 가격 = (단위당 변동비 × 매출수량) + 고정비

위 식을 매출수량을 기준으로 다시 정리하면 다음과 같다.

- 매출수량 × (단위당 가격 − 단위당 변동비) = 고정비
- 매출수량 = 고정비 / (단위당 가격 − 단위당 변동비)

여기서 (단위당 가격 – 단위당 변동비)를 '단위당 공헌이익'이라고 한다. 따라서

- 손익분기 매출수량 = 고정비 / 단위당 공헌이익

으로 표현이 가능하다. 아래와 같은 정보를 기초로 손익분기 매출수량을 구해보자.

메뉴 판매가격(단위당) = 10,000원
메뉴당 변동원가(단위당) = 3,000원(식재료비, 판매비와 일반관리비 등)
음식점의 고정원가(1개월) = 7,000,000원(임차료, 인건비, 지급이자, 보험료, 감가상각비 등)

단위당 공헌이익은 10,000 – 3,000 = 7,000(원)이 된다. 따라서 손익분기 매출수량은

- 7,000,000 / 7,000 = 1,000

음식점은 한 달에 1,000개의 메뉴를 판매하면 손익분기점에 도달하게 된다. 또한 여기에 단위당 가격을 곱하면 손익분기 매출액을 구할 수 있다.

1,000개 × 10,000원 = 10,000,000원

즉, 한 달에 10,000,000원의 매출을 올려야만 최소한 손실은 면할 수 있다는 의미이다. 여기서 일정한 목표이익을 달성할 수 있는 매출수량과 매출액을 구할 수도 있다. 예를 들어, 위 음식점이 한 달에 순이익 7,000,000원을 달성하려는 목표를 세울 경우 이 목표를 달성하기 위한 매출수량과 매출액은 다음과 같이 산출 가능하다.

- 매출액 – 총비용 = 7,000,000원
- 매출액 = 7,000,000원 + 총비용
- (매출수량 × 단위당 가격) = 7,000,000원 + (매출수량 × 단위당 변동비) + 고정비
- 매출수량(단위당 가격 – 단위당 변동비) = 7,000,000원 + 고정비
- 매출수량 = (7,000,000 + 고정비) / 공헌이익

위의 사례를 그대로 적용하여 목표이익 달성을 위한 매출수량을 계산하여 보면 다음과 같다.

- 목표 이익 달성을 위한 매출수량 = 14,000,000 / 7,000 = 2,000

한 달에 2,000개의 메뉴를 판매하면, 매출액은 20,000,000원이고 이익 7,000,000원을 달성할 수 있다.

투자수익률법과 회수기간법

매출액 추정, 비용 추정, 이익 산출, 투자금액 산출 결과를 통해 예비 창업자는 투자안의 선택을 위한 타당성 분석을 다양한 방법으로 할 수 있습니다. 일반적으로 기업들이 주로 사용하는 타당성 분석기법은 복잡하고 개인이 계산하기에 어려운 부분도 많습니다. 다만 대부분의 분석기법은 투자수익률을 계산한 후, 자신의 목표수익률보다 높은지 낮은지 여부를 확인하는 방법입니다. 예를 들어 4억 원을 투자하여 연 10% 수익률에 해당되는 4천만 원의 순이익을 얻으려는 창업자는 매출액, 비용 등의 추정을 통해 순이익을 추정한 후, 이를 투자금액으로 나누어 봄으로써 자신의 목표수익률을 달성할 수 있을지 검토해볼 수 있습니다. 물론 회계 및 재무 관련 지식이 필요하므로 전문지식이 없는 사람이 내부수익률과 투자수익률을 계산하기는 쉽지 않습니다. 하지만 다음과 같은 타당성 분석을 위한 기법들이 존재함을 이해하고 간략화하여 활용할 수 있는 방법을 찾아야 합니다.

- 투자안을 선택하기 위한 타당성 분석기법은 회수기간법payback period method, 평균회계이익률법average return on book value method, 순현가법NPV method, 수익성지수법profitability index method, 내부수익률법IRR method 등 다양하다.
- 소규모 사업의 경우 감가상각비를 고려하지 않고 간소화한 월 투자수익률법이나 회수기간법을 활용하는 것이 효율적이다.
- 전문성이 요구되는 화폐의 시간적 가치계산도 고려하지 않는다.
- '월 투자수익률(%)=(월 매출액 − 월 지출액)/총투자금액 × 100'을 산출하여 회수기간 등을 추정해 본다.

다양한 타당성 분석기법 중 소규모 사업을 하려는 창업자는 월 투자수익률이나 투자비 회수기간 등을 통해 간단하지만 명료한 사업타당성 분석을 할 수 있습니다. 다음의 사업타당성 판단기준 사례는 예비 창업자의 사업 진입 여부를 결정하는 데 참고가 될 수 있습니다.

〈표 15-6〉 사업타당성 판단기준 사례

판단기준	월 투자수익률	투자비 회수기간
양호	4% 이상	2년 이내
보통	2~3% 이상	3~4년 이내
불량	2% 미만	4년 이상

투자수익률은 순이익(매출-비용)을 투자금액으로 나누어 산출합니다. 예를 들면, 1억 원을 투자하여 월 순이익 400만 원을 달성한다면, 월 투자수익률은 4%가 됩니다. 월 투자수익률이 4% 이상이면 사업타당성은 양호한 수준이라고 할 수 있습니다. 물론 음식점과 같은 소규모 창업인 경우에 해당되는 기준입니다.

월 투자수익률 계산 예시

- 투자금: 100,000,000원
- 월 순이익: 4,000,000원
- 월 투자수익률: 4,000,000 / 100,000,000 = 0.04 = 4%
- 연 투자수익률: 4% × 12개월 = 48%

위의 사업타당성 판단기준 사례에서 '양호'인 경우는 투자비를 2년 이내에 회수할 수 있습니다. 어떤 근거로 이런 기준이 만들어진 것일까요? 월 투자수익률이 4%일 경우 연으로 환산하면 48%가 되므로 2년이면 96%의 투자수익률을 달성합니다. 이런 상황이라면 모든 투자비를 회수한다고 가정할 수 있습니다. 예를 들면, 약 2억 원을 투자하여 음식점을 창업한 경우 임차보증금 5천만 원을 제외한 1억5천만 원이 소모성 투자라고 가정하겠습니다. 월 4%의 투자수익률을 달성하려면 월 순이익이 6백만 원이 되어야 하고, 창업자는 이 금액을 한 푼도 쓰지 않고 모으면 2년 이내에 투자원금을 회수하게 됩니다. 사실 이런 수준의 투자수익률은 일반적인 기업의 창업에서는 상상도 할 수 없는 투자수익률입니다. 그런데 소규모 외식업에서는 이런 수준의 투자수익률을 가정할 수밖에 없습니다. 그 이유는 일반적인 점포임대차계약이 2년으로 이루어지기 때문입니다. 또한 대부분의 음식점 수명주기가 2년임을 감안한 것이기도 합니다. 우리나라에서 음식점들이 2년이면 수명을 다한다는 슬픈 현실을 받아들여야 하고, 건물주가 2년 이후에 점포 임대차계약을 연장해 주지 않을지도 모른다는 최악의 상황을 고려한 투자수익률입니다. 만약 점포를 임차하는 조건이 아니고, 매입하여 창업을 하는 경우라면 월 투자수익률을 자신의 상황에 적합하도록 조정하면 됩니다. 5년 이내에 투자금의 회수가 이루어지는 상황이 우수하다고 판단한다면, 자신의 인건비를 비용으로 간주하고 월 2%의 투자수익률만 얻을 수 있어도 창업자는 만족하게 됩니다. 목표수익률이 월 2%만 되어도 연 24%가 되어, 5년 내에 투자금을 회수할 수 있기 때문입니다.

PART 5

전략 수립과 보고서 작성

CHAPTER 16 상권전략

상권과 입지는 단순히 조사하고 분석한 후에 결정하면 되는 것으로 생각하기 쉽지만 이것은 매우 소극적인 자세입니다. 적극적인 자세의 창업자라면 상권과 입지를 자신이 직접 관리 가능하게 만들겠다는 의지를 가져야 합니다. 그래서 필자는 상권과 입지에서도 전략이라는 개념이 필요하다고 강조합니다.

전략은 원래 군사적 용어에서 차용한 것이라 '전쟁을 전반적으로 이끌어 가는 방법이나 책략'으로 정의됩니다. 좀더 쉽게 표현하면 '경쟁자와 싸워서 이기는 방법'이라고 할 수 있습니다. 그렇다면 '상권전략'이란 어떻게 정의할 수 있을까요? '사업자가 상권과 입지 측면에서 타 사업자와의 경쟁을 유리하게 만드는 방법'이라고 할 수 있습니다.

우리는 주변에서 상권과 입지를 스스로 관리하려는 기업들의 다양한 노력을 발견할 수 있습니다. 그동안 많은 관심을 기울이지 않았기 때문에 쉽게 찾지 못하거나 마케팅전략쯤으로 생각할 수 있지만 기업들은 다양한 상권전략을 활용하고 있습니다.

이제부터라도 창업자와 기존 사업자들이 경쟁자와의 싸움에서 이기기 위해 어떻게 상권과 입지를 관리하고 있는지 자세히 살펴보기 바랍니다. 다음과 같이 몇 가지 예를 들어보겠습니다.

첫째, 신당동 떡볶이의 경쟁적 군집화입니다. 경쟁관계에 있는 음식점이 같은 골목에 모여서 성공한 대표적인 음식점의 상권전략입니다. 동일 업종이 모여서 상권의 범위를 넓히고 결과적으로 더 많은 고객을 끌어들이고 있습니다.

둘째, 스타벅스의 포화마케팅입니다. 스타벅스는 직영점 위주의 체인화를 강점으로 동일 상권 내에 다수의 점포를 창업하여 경쟁자의 진입을 차단하고 소비를 증대시킴과 동시에 브랜드 홍보효과를 배가시키는 대표적인 사례입니다.

셋째, 생산과 소비가 동시에 이루어지던 음식점들이 생산과 소비를 분리하는 전략입니다. 많은 서비스 업체들이 배달, 테이크아웃, 드라이브 스루와 같은 서비스를 만들어 냄으로써 제한된 입지에서 매출액을 크게 높이고 있습니다. 최근에 가장 유행하는 상권전략입니다.

여러분은 이외에도 많은 상권과 입지 관련 전략을 주변에서 찾을 수 있으리라 믿습니다. 많은 관심과 노력을 통해 본서에서 다루는 전략 이외에도 창의적인 전략을 많이 개발하기를 바라겠습니다.

상권 및 입지전략의 유형

상권과 입지선정은 주로 이동거리로 측정된 고객의 편의성에 집중하는 경향이 있습니다. 소매업에서는 이 방법이 유효하지만 외식업과 같이 다양한 선택속성에 의해 영향을 받는 경우 많은 한계가 있습니다. 따라서 상권과 입지는 다양한 전략적 측면을 고려할 필요가 있습니다.

예를 들면, 단순한 지리적 측면과 인구통계적 측면을 넘어서서 마케팅 측면을 고려하는 것입니다. 우리는 주변에서 상권과 입지에 대한 고정관념을 탈피하게 만드는 현상들을 많이 발견할 수 있습니다. 이러한 현상들을 통해 상권과 입지에 대한 전략을 수립하는 아이디어를 얻어야 합니다.

다음의 그림은 본서에서 주로 다루게 될 상권 및 입지전략(이하 상권전략이라 함)의 전반적인 유형을 간략하게 보여주고 있습니다. 상권전략은 크게 세 가지로 나눌 수 있습니다. 마케팅을 고려한 상권전략과 정보기술을 활용한 상권전략 그리고 입지분리전략입니다.

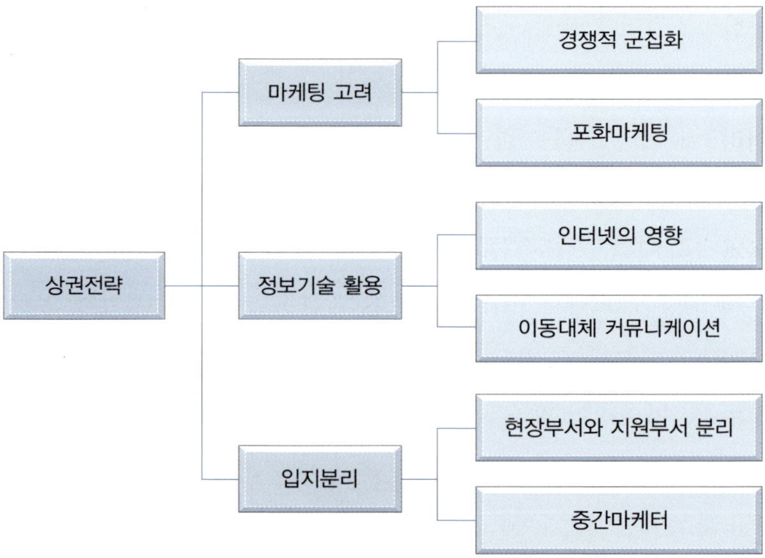

[그림 16-1] 상권전략 유형

마케팅을 고려한 상권전략

마케팅을 고려한 상권전략은 크게 두 가지로 나눌 수 있는데, 경쟁적 군집화와 포화마케팅입니다. 먼저 경쟁적 군집화를 살펴보겠습니다. 경쟁적 군집화란 '경쟁을 통하여 전체 수요를 더 크게 만드는 방법'을 의미합니다. 유사한 업종의 점포가 동일상권에 군집을 이루어 위치함으로써 고객의 편리성을 증대시키게 됩니다. 이런 상황이 독립적으로 사업을 할 때보다 더 많은 고객의 방문을 유도합니다. 경쟁적 군집화는 일반적으로 비교 쇼핑이 필요한 서비스 상품의 경우 더욱 효율적입니다. 경쟁업체들이 많이 모임으로써 더 많은 수요를 창출하는 장점이 있습니다. 판매업과 서비스업의 사례를 보면 중고차시장, 가구시장, 경동한약재시장, 용산 전자상가 등이 있습니다. 또한 음식점의 경우는 신당동 떡볶이 골목, 장충동 족발, 신림동 순대, 응암동 감자탕, 곤지암 소머리국밥, 포천 이동갈비, 횡성 한우, 다하누촌 등이 해당됩니다.

경쟁적 군집화는 입지력을 창출하는 좋은 사례가 되기도 합니다. 과거에는 특정 상권에 경쟁적 군집화가 우연히 만들어졌다면 최근에는 벤처창업자나 지방자치단체가 인위적으로 경쟁적 군집화를 유도하거나 지원하는 노력을 하고 있습니다. 경쟁적 군집화가 유효한 것은 입지력이 커지기 때문입니다. 입지력은 자신이 일정 부분 관리 가능하다는 사실을 알아야 합니다. 입지력이란 '점포 위치의 매력과 편리성 측면에서 고객을 유인하는 힘'을 의미하는데, 그것은 수동적 입지력과 능동적 입지력으로 구분할 수 있습니다.

수동적 입지력은 점포가 자연적으로 얻은 위치력으로 관리할 수 없는 입지력에 해당되지만 능동적 입지력은 점포가 인위적으로 창출해 내는 위치력이므로 관리가 가능합니다. 일반적으로 입지조건에 해당

되는 입지력은 수동적 위치력을 의미하며 자연적으로 부여받은 수동적 위치력은 시간이 지남에 따라 줄어들게 됩니다. 따라서 기존의 사업자는 매출액이 감소할 때, 입지력의 회복이 불가능하다고 판단되면 과감히 이전을 고려하는 것이 현명합니다. 입지력을 스스로 창출하는 사례로는 음식점이 모여 있는 빌딩처럼 상호 시너지효과를 낼 수 있는 복합 출점을 시도하는 경우입니다.

상권전략으로서 경쟁적 군집화와 유사한 개념으로 '보완적 군집화'를 생각해볼 수 있습니다. 보완적 군집화는 주식투자자가 다양한 주식으로 포트폴리오를 구성하여 위험을 회피하듯이 하나의 상권에서 서로 보완적인 업종을 지속적으로 창업하여 위험을 회피하면서 점포를 확장하는 전략이라고 할 수 있습니다. 국내에서 하나의 상권에 상호 보완적인 업종으로 포트폴리오를 구성함으로써 성공한 대표적인 사례로 '더본코리아'를 들 수 있습니다.

백종원의 원조쌈밥집, 새마을식당, 한신포차, 본가, 홍콩반점 등으로 유명한 더본코리아의 직영점은 서울 논현동 영동시장 상권에 밀집해 있습니다. 이곳은 젊은층부터 중장년층까지 유동인구가 다양한 '먹자거리'라는 특징 때문에 분식, 자장면, 짬뽕과 같은 전문점부터 삼겹살, 갈비에 주점, 커피숍까지 온갖 업종의 외식점포가 집적되어 있습니다. 이곳에 종류도 다양한 대박 식당 중 대부분이 더본코리아의 매장입니다. 더본코리아 18개 외식 브랜드 중 16개가 모두 이 상권에 모여 있습니다. 더본코리아는 매장이 하나의 상권에 모여 있는 것에 대해 "상권이 좋은 데다 이곳에 위치한 더본코리아 본사에서 직영 매장을 직접 관리하며 브랜드별 고객 반응을 체크하기에 용이하기 때문"이라고 설명합니다.

마케팅을 고려한 상권전략의 두 번째 방법은 포화마케팅입니다. 포화마케팅이란 '도심지나 교통중심지에 동일 기업의 동일 브랜드 점포를 집중시키는 방식'을 의미합니다. 이런 상권전략은 제살깎기cannibalization의 위험이 있으나 광고비 절감, 수월한 감독, 고객 인지도 상승 등의 장점이 있어서 스타벅스와 같은 업체들이 활용하고 있습니다.

포화마케팅이 적합한 상권은 주로 충동구매자를 유혹하기 쉬운 도심입니다. 이런 상권에서 최고의 효과가 있습니다. 그리고 가맹점보다는 직영점 위주로 운영되는 체인사업자들이 선호하는 전략입니다. 그것은 가맹점을 위주로 하는 프랜차이즈의 경우 상권을 보호해 주어야 하는 의무가 있는 반면에 직영점 위주로 운영되는 체인사업자는 자신의 의사결정에 따라 얼마든지 동일 상권에 다수의 점포를 입점할 수 있기 때문입니다. 포화마케팅은 다른 말로 전략적 움직임Strategic Move, 선점전략Preemptive Strategy이라고 표현하기도 합니다.

정보기술과 부서 분리를 활용한 상권전략

인터넷 및 정보통신기술의 활용은 상권전략에서 큰 의미를 갖습니다. 최근 인터넷은 새로운 유통경로의 역할을 수행하고 있습니다. 예를 들면 인터넷 쇼핑몰이 대표적입니다. 이러한 새로운 유통경로는 정보통신기술을 이용한 인적 이동의 최소화를 가능하게 합니다. 원격진료, 급여의 계좌이체, 재택근무 등이 대표적 사례입니다. 외식업에서도 인터넷 및 정보통신기술을 활용한 상권전략을 충분히 고려해볼 수 있습니다.

현장부서와 지원부서의 분리를 통한 상권전략도 있습니다. 최근에는 부서를 분리함으로써 성공적인 성과를 올리는 기업이 많습니다. 새로운 상권전략의 유형인 것처럼 보이지만 이미 오래전부터 활용된 방법입니다. 우리는 내부고객과 외부고객의 입장에서 입지 의사결정을 검토함으로써 셀프서비스의 기회나 정보기술을 활용한 물리적 이동 대체의 기회가 다수 존재함을 알 수 있습니다. 현장부서와 지원부서의 분리를 통한 상권전략은 경쟁자에 대한 진입장벽을 구축한다거나 규모의 경제를 실현하는 최적의 방법이 되기도 합니다.

대표적인 성공 사례는 타코벨의 CKcentral kitchen(중앙주방시스템)와 세탁기업의 드라이크리닝, 구두수선 등을 들 수 있습니다. 또한 Food Truck도 매우 유용한 분리전략에 해당됩니다.

현장부서와 지원부서 분리의 성공 사례-타코벨의 고객중심전략

미국의 멕시코 패스트푸드 체인점인 타코벨(Taco Bell)은 1962년 창업한 이후 1980년대 초 심각한 위기에 직면했다. 회사는 여러 분기 동안 마이너스 성장을 기록하고 있었다. 그 이유는 다음과 같은 문제점 때문이었다.

- 어두운 매장
- 한정된 메뉴
- 진부한 광고
- 멕시코계 전화회사로 착각할 정도의 낮은 인지도

새로 취임한 존 마틴(John E. Martin) 사장은 고객의 소리를 경청한 결과 더 낮은 가격으로 더 많은 것을 원하는 고객의 욕구에 맞추어 과감한 변화를 추진했다. 고객이 중요하게 생각하지 않는 것에 대한 관심을 줄이고 높은 가치를 제공하기 위해 다음의 사항에 더 많은 관심을 기울였다.

- 누가 우리의 고객이고 그들의 요구는 무엇인가?
- 고객의 요구를 충족시킬 수 있는 상품은 어떤 것이 있는가?
- 그러한 상품을 어떻게 개발하고 제공할 수 있는가?

존 마틴 사장은 이와 같은 가치프로그램을 도입하여 1988년에서 1992년까지 패스트푸드 서비스의 면모를 혁신하였다. 그중에서 입지와 관련된 혁신은 고객이 중요하게 생각하지 않는 부문에 대한 것이었다. 예를 들면, 주방 없는 레스토랑(K-Minus, restaurant without kitchens)의 개념을 도입한 것이다. 음식의 최종 조합과 데우기를 제외한 나머지 이전 과정은 중앙으로 이관하여 지루하고 복잡한 조리과정을 없앰으로써 보다 저렴한 가격에 신속하게 음식을 제공하게 되었다. 이러한 조치에 따라 본사에서는 식자재 구매에서 규모의 경제를 실현하고 낭비를 줄일 수 있었으며, 매장에서는 고객을 위한 공간이 30~70% 증가하고 서비스의 질도 높일 수 있었다.

출처: 김연성(2002). 서비스 경영-전략, 시스템, 사례, p. 41.

생산과 소비의 분리

상권전략으로 생산과 소비를 분리하는 경우도 있습니다. 보통 외식업은 대표적인 서비스업으로서 생산과 소비가 동시에 일어난다는 특징이 있습니다. 음식점의 예를 들면 고객은 음식점을 방문하여 현장에서 주문하고, 현장에서 생산이 된 상품을 현장에서 소비합니다. 이와 같이 생산과 소비의 동시성을 분리하려는 노력이 바로 중요한 포인트가 됩니다.

대표적인 사례가 Take Out과 Delivery Service입니다. 최근에 패스트푸드의 대표적 업종인 햄버거 전문점들이 드라이브 스루를 시작하였고 커피전문점들이 테이크아웃을 기본으로 하고 있으며 그외 많은 음식점들도 포장서비스Take Out를 기본으로 하고 있습니다. 창업자들은 자신의 점포에서 생산과 소비를 분리할 수 있는지 여부와 만약 분리할 수 있다면 어떤 품목을 어떻게 분리할지에 대한 검토를 해야 합니다.

경기도 의왕에 위치한 부대찌개전문점 '발리부대찌개'는 아파트 상권에 위치한 점에 착안하여 부대찌개의 포장서비스를 활성화하여 큰 성공을 거둔 대표적인 사례입니다.

상권의 라이프사이클

마케팅을 고려한 상권전략에 수명주기를 고려한 상권전략을 포함시키는 것도 의미가 있습니다. 일반적으로 창업자들은 상권의 성패를 라이프사이클(수명주기) 측면에서 판단해야 한다는 인식을 제대로 하지 못하는 경우가 많습니다. 제품의 수명주기 관리가 필요하듯 상권도 도입기–성장기–성숙기–쇠퇴기로 구분하여 상권의 성패를 예측하려는 노력을 해야 합니다.

신도시 상권의 경우 초기 5년을 도입기라 하고, 10년까지를 성장기, 20년까지를 성숙기, 그 이후를 건물의 노후화, 과도하게 높은 임차료 등과 같은 상황에 따라 쇠퇴기로 볼 수 있습니다. 오랜 경험을 한 경영자들은 신도시가 만들어지면 이러한 수명주기를 고려하여 수익을 극대화하는 전략을 추구합니다. 예를 들면 도입기는 상권이 형성되기 전이라서 안정성이 떨어져 사업자가 수시로 바뀌는 것을 볼 수 있습니다. 우리 주변에 새롭게 만들어진 신도시가 있다면 도입기에 점포들의 창업과 폐업이 어떻게 이루어지는지 잘 살펴보기 바랍니다. 도입기에는 점포의 권리금도 거의 없거나 매우 낮은 수준이라 예비창업자들이 창업비용을 절감할 수 있다는 장점은 있습니다. 도입기를 지나 성장기 초기에 접어들면 권리금이 형성되기 시작하지만 수익성은 아직 낮은 편입니다. 다만 도입기를 잘 이겨낸 점포는 성장기에 높은 수익을 실현하고 높은 권리금을 받을 수 있는 기회가 됩니다. 이때까지는 프랜차이즈 가맹점보다는 개인창업이 다수를 이루는 특징이 있습니다.

10년 내외의 기간이 되면 상권이 본격적인 성장기에 접어들고 경쟁이 치열해집니다. 상권이 형성되어 권리금이 최고조에 달하고 독립창업보다는 프랜차이즈 가맹점 창업이 늘어납니다. 상권의 업종 구성이 이상적인 형태로 자리잡아서 1급지, 2급지, 3급지가 명확해지기도 합니다. 예를 들면 상권 초입은 유동인구가 많아서 판매업종이 주를 이루는 1급지, 그 이후 지점의 1층과 2층은 음식점이 주로 위치하는 2급지, 건물의 3층 이상이나 후면 도로변이 3급지로 정착됩니다. 이와 같은 상권의 수명주기에 따른 상권전략을 가지고 창업을 고려한다면 큰 성공을 거둘 수 있습니다.

상권과 입지의 단점을 극복하는 방법

상권과 입지는 본질적으로 분석의 대상이 아니라 선택의 대상입니다. 즉 창업자가 가지고 있는 가용자원을 기준으로 여러 상권과 입지 중에서 최선의 안을 선택하는 과정이라고 할 수 있습니다. 따라서 투자금이 부족하여 선택해야만 하는 상권과 입지가 많은 문제점을 안고 있는 경우 단점을 극복하기 위한 방법을 구상해야 합니다. 창업자는 상권의 좋고 나쁨에 따라서 다양한 요소들을 고려하게 됩니다.

예를 들면 [그림 16-2]에서 상권과 입지가 좋은 경우에 해당되는 A점을 가정해 보기 바랍니다. A점은 소비자인 유동인구가 풍부하고 영업을 위한 환경이 잘 조성되어 있는 상권과 입지입니다. 그래서 권리금과 보증금 그리고 임차료가 비싼 경우에 해당됩니다. 이런 경우 창업자가 직접 관리할 수 있는 요인이 적으므로 대중적인 아이템으로 승부를 거는 초보 창업자에게 잘 어울린다는 사실을 표를 통해 쉽게 이해할 수 있습니다. 이와 같은 상황에서는 인테리어에 투자를 하는 것이 마케팅에 투자하는 것보다 더 효율적일 수 있습니다.

	B	A
상권 및 입지	Bad ←→	Good
소비자	Few ←→	Many
권리금	Low ←→	High
창업자	Expert ←→	Beginner
마케팅	High ←→	Low
관리 가능 요인	Many ←→	Few
아이템	Creative ←→	General
인테리어 투자	Low ←→	High

[그림 16-2] 상권과 입지의 선택 시 고려사항

B점의 경우는 어떨까요? B점은 상권과 입지가 나쁜 곳이므로 소비자가 많지 않고 따라서 권리금, 보증금, 월임차료도 저렴할 것입니다. 이런 상권과 입지에 창업을 위해서는 마케팅에 사활을 걸어야 합니다. 메뉴도 차별성이 높은 창조적인 상품으로 만들어야 멀리서도 고객들이 찾아오게 됩니다.

이상의 설명을 기초로 할 때, 우리는 선택한 상권 및 입지의 단점을 극복하기 위해서 다음에 제시된 각각의 요소들의 적절한 조합을 선택하는 것이 성공적인 창업을 위해 얼마나 중요한지 이해하게 되었으리라 믿습니다.

상권분석 보고서 작성 사례 CHAPTER 17

지금까지 학습한 내용을 토대로 프로젝트팀이 통계분석법, 현장조사법, 체크리스트법 등을 활용하여 작성한 보고서 사례입니다. 본 보고서는 프로젝트팀이 결정한 업종과 후보상권의 특성을 고려하여 자신들만의 양식을 설계하여 작성한 것이므로 독자들도 학습내용과 사례를 참고로 자신에게 적합한 양식을 개발하여 응용하기를 바랍니다.

1. 창업 개요

조사자		주★★, 김★★, 한★★, 임★★	조사방법	1차 자료조사 / 현장조사
조사일시		2012년 9월 17일~2012년 11월 29일		
의뢰자		한양사이버대학교 대학원 호텔관광외식MBA 교수 김영갑		
업종	대분류	음식		
	중분류	일반음식업		
	소분류	치킨		
창업형태		독립/프랜차이즈	경영참여	직접경영
창업자금		3억 원 이하	희망점포 규모	15평 ~ 25평
권리금		1억 5천만 원 이하	보증금, 임차료	7천/250만 원
예상순이익/월		600만 원/월	예상 창업시기	2012년 하반기

2. 후보상권 선정

후보상권	주 소(가상의 입지)
화성시 진안동	경기도 화성시 진안동 914-2
안양시 범계동	안양시 동안구 범계동 1047-1
서울시 종로구	서울특별시 종로구 사직동 16-7

주: 입지의 주소는 상권 내 중심점을 기준으로 선정한 것임.

후보상권	사 진	
화성시 진안동		
안양시 범계동		
서울시 종로구 사직동		

3. 주중 유동성 지수

지역	그 래 프	비 고
화성시 진안동	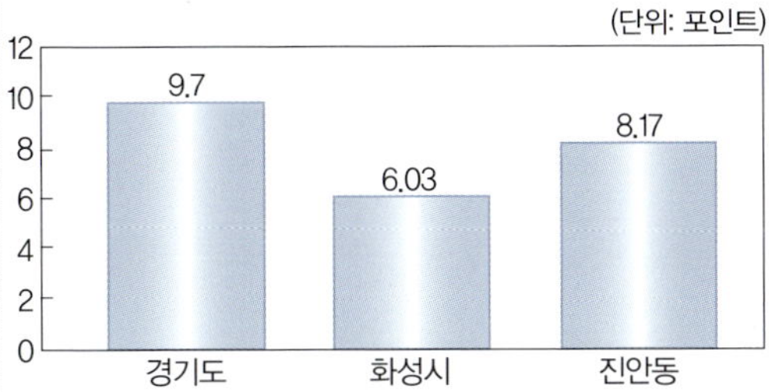	진안동 상권의 유동성 지수는 8.17포인트로 경기도와 비교하여 낮은 것으로 분석되었다.
안양시 범계동	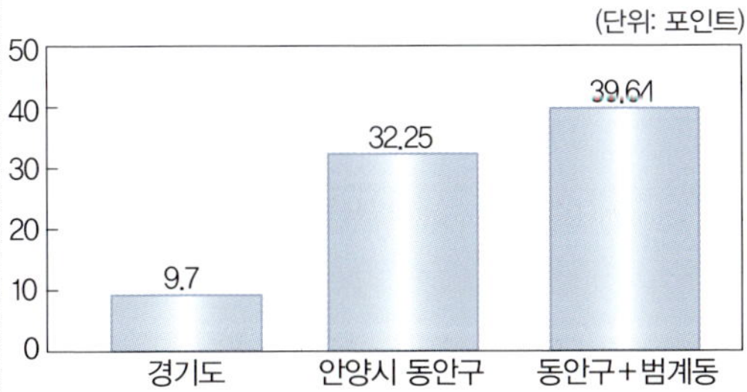	범계동 상권의 유동성 지수는 39.64포인트로 경기도와 비교하여 높은 것으로 분석되었다.
서울시 종로구 사직동	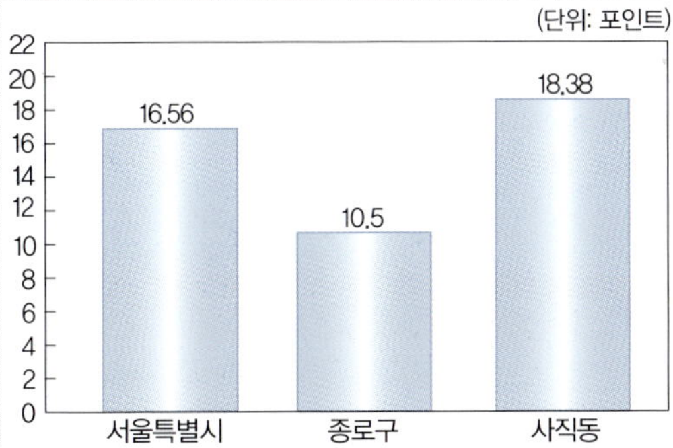	종로구 사직동 상권의 유동성 지수는 18.38포인트로 서울시 및 사직동과 비교하여 높은 것으로 분석되었다.

순 위	안양시 범계동 〉 서울시 종로구 〉 화성시 진안동

출처: 나이스비즈맵.

4. 후보상권 임차비용 비교(33.058평방미터당)

급 지	층수	상 권	보증금(만원)	월임차료(만원)	비 고
활성화 지역	2층	화성시 진안동	3,800	90	
	1층		6,100	140	
	지하		2,900	70	
	2층	안양시 범계동	4,600	110	
	1층		7,400	170	
	지하		3,600	80	
	2층	서울시 종로구 사직동	6,600	150	
	1층		8,900	210	
	지하		5,300	120	

순 위	서울시 종로구 > 안양시 범계동 > 화성시 진안동

출처: 소상공인 상권정보시스템.

5. 상권의 평균 예상매출액

<table>
<tr><th rowspan="2">지역</th><th colspan="2">그 래 프</th><th rowspan="2">비 고</th></tr>
<tr><th>주변지역과 매출 비교</th><th>월평균 이용건수 증감</th></tr>
<tr><td>화성시
진안동</td><td>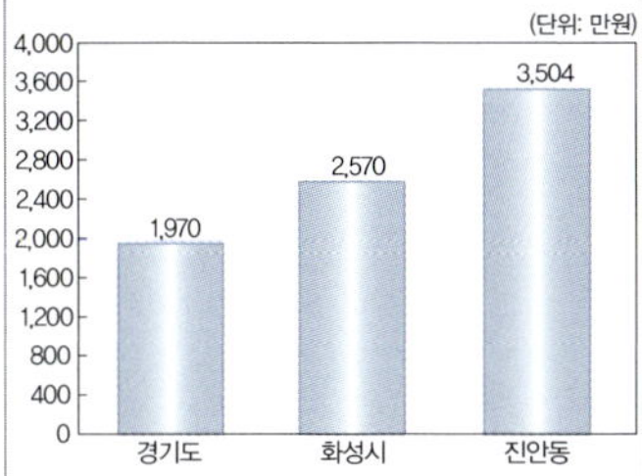
</td><td>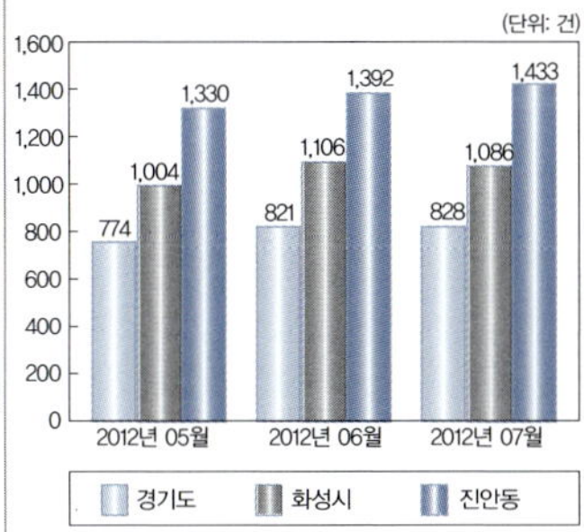
</td><td>후라이드/양념치킨 업종의 점포당 월 평균 매출은 3,504만 원으로 추정되고, 경기도 대비 77.85% 높은 것으로 분석되었다.</td></tr>
<tr><td>안양시
동안구</td><td>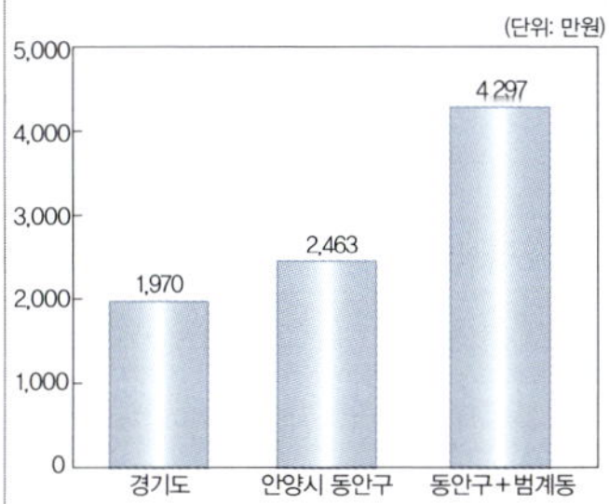
</td><td>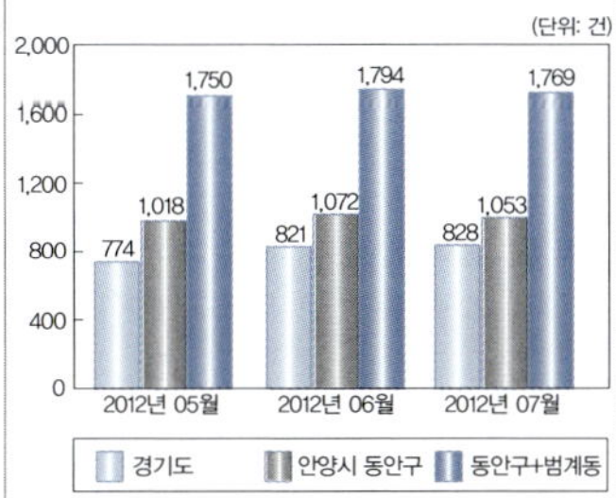
</td><td>범계동 상권 내 위치한 후라이드/양념치킨 업종의 점포당 월 평균 매출은 4,297만 원으로 추정되고 경기도 대비 118.14% 높은 것으로 분석되었다.</td></tr>
<tr><td>서울시
종로구</td><td>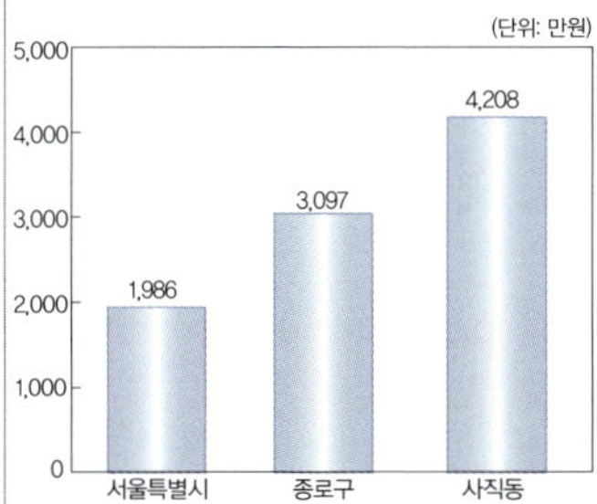
</td><td>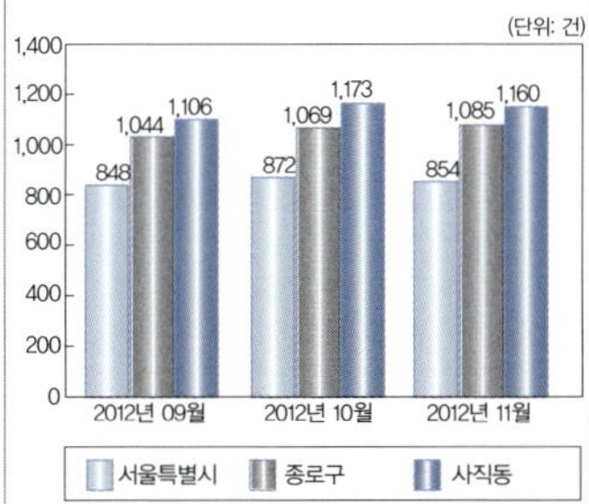
</td><td>상권 내 위치한 후라이드/양념치킨 업종의 점포당 월 평균 매출은 4,028만 원으로 추정되고 서울시 대비 111.91% 높은 것으로 분석되었다.</td></tr>
</table>

순 위	안양시 범계동 > 서울시 종로구 > 화성시 진안동

출처: 나이스비즈맵.

6. 후보상권 업력

<table>
<tr><th>지역</th><th>그 래 프</th><th>비 고</th></tr>
<tr><td>화성시
진안동</td><td>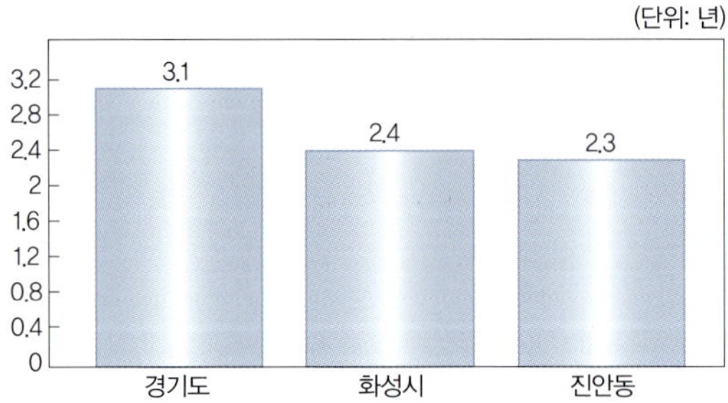
</td><td>진안동 상권 내 후라이드/양념치킨 업종을 운영하는 점포들의 평균업력은 2.3년으로 경기도 평균 대비 낮은 것으로 분석되었다.</td></tr>
<tr><td>안양시
동안구</td><td>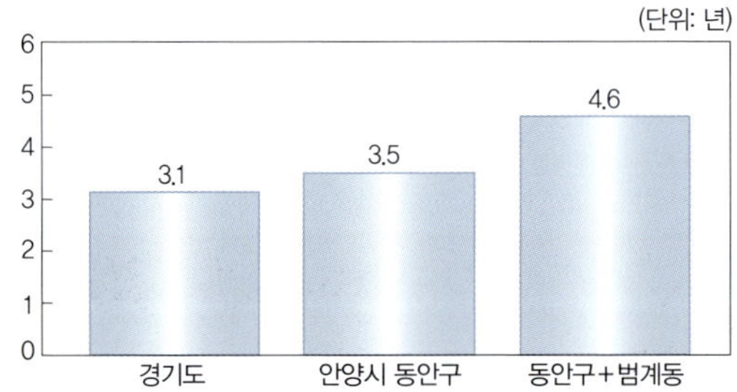
</td><td>범계동 상권 내 후라이드/양념치킨 업종을 운영하는 점포들의 평균업력은 4.6년으로 경기도 평균 대비 높은 것으로 분석되었다.</td></tr>
<tr><td>서울시
종로구
사직동</td><td>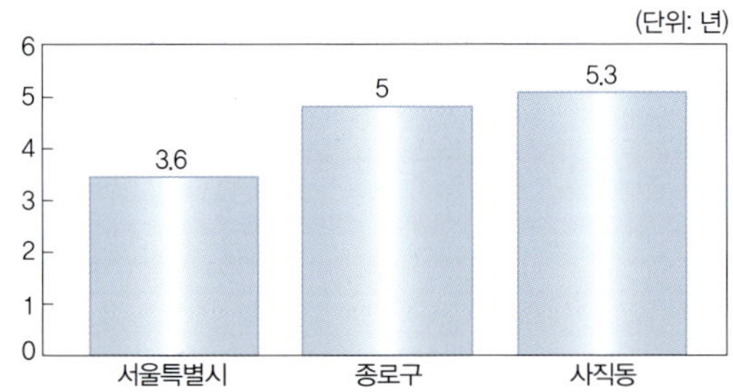
</td><td>사직동 상권 내 후라이드/양념치킨 업종을 운영하는 점포들의 평균업력은 5.3년으로 서울시 평균 대비 높은 것으로 분석되었다.</td></tr>
</table>

순 위	서울시 종로구 > 안양시 범계동 > 화성시 진안동

출처: 나이스비즈맵.

7. 후보상권 분석결과

구 분		교통시설	집객시설	배후지 인구	유동인구	경쟁정도
화성시 진안동	매우 우수(5점)					
	우수(4점)					
	보통(3점)		○	○	○	
	나쁨(2점)	○				○
	매우 나쁨(1점)					
점수 총계	13점	2	3	3	3	2
안양시 범계동	매우 우수(5점)	○				
	우수(4점)		○			
	보통(3점)			○	○	○
	나쁨(2점)					
	매우 나쁨(1점)					
점수 총계	18점	5	4	3	3	3
서울시 종로구 사직동	매우 우수(5점)	○				
	우수(4점)		○		○	
	보통(3점)					○
	나쁨(2점)			○		
	매우 나쁨(1점)					
점수 총계	18점	5	4	2	4	3

순 위	안양시 범계동 = 서울시 종로구 > 화성시 진안동

출처: 직접조사.

8. 최종 상권 선택

-서울시 종로구 사직동은 18점으로 높은 점수가 나왔으나 재개발예정지로서 상권의 변화가 있을 것으로 예측되어 최종 상권에서 제외함.
-후보상권 분석결과 화성시 진안동은 13점, 안양시 범계동은 18점으로 범계동 상권이 5점 높음.
-후라이드/양념치킨 업종을 운영하는 점포들의 평균업력이 진안동은 경기도 대비 낮은 2.3년, 범계동은 경기도 대비 높은 4.6년
-후라이드/양념치킨 업종의 점포당 월 평균매출이 진안동은 3,504만 원으로 경기도 대비 77.85% 높고, 범계동은 4,297만 원으로 경기도 대비 118.14% 높은 것으로 분석되었다.

보증금과 임차료는 진안동 상권이 낮았지만 위 모든 사항을 고려한 결과, 보다 높은 매출과 안정적인 경영을 위해 안양시 범계동 상권을 최종 상권으로 정하였다.

최종 상권 "안양시 범계동" 세부조사

1. 범계동 밀집도

안양시 동안구 범계동 1047-1 밀집도

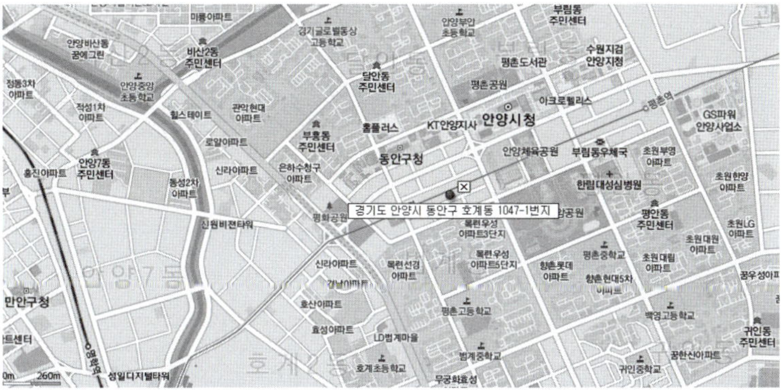

인구밀도	상가밀도	아파트
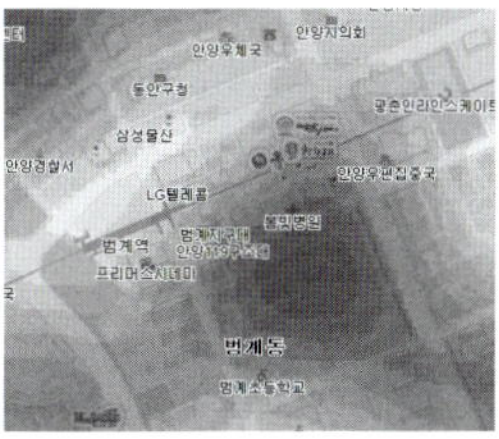	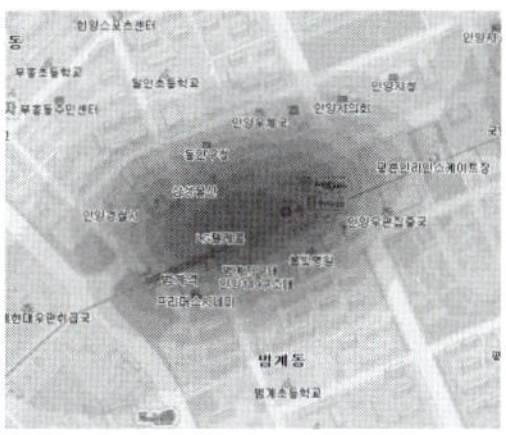	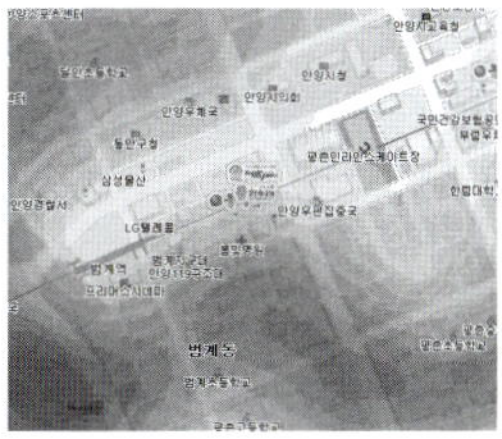
범계동 1047-1번지 주변에 밀집되어 있음.	범계동 1047-1번지 중심으로 밀집되어 있음.	범계역 밑으로 아파트단지가 밀집해 있음.

출처: 소상공인 상권정보시스템.

2. 범계동 1047-1번지 상가권 범위 분석지역 설정

상가권 면적	77,528㎡
상가권 범위	

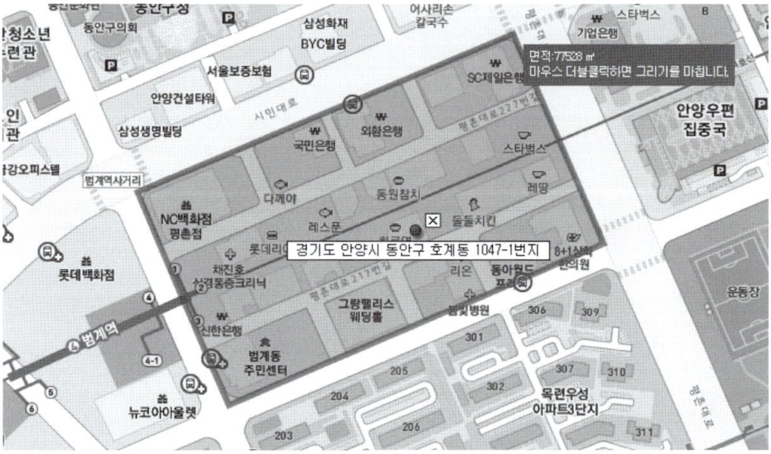

출처: 소상공인 상권정보시스템.

3. 안양시 범계동 치킨 이용고객 분석 / 이용통계 현황

[출처: 나이스비즈맵]

1) 주거/직장비율

주거인구	직장인구	유입인구
5,025명	4,511명	10,049명
25.7%	23%	51.3%

순 위	유입인구 > 주거인구 > 직장인구

2) 주거인구(상세권) 고객분석

성별/연령대별 구성비

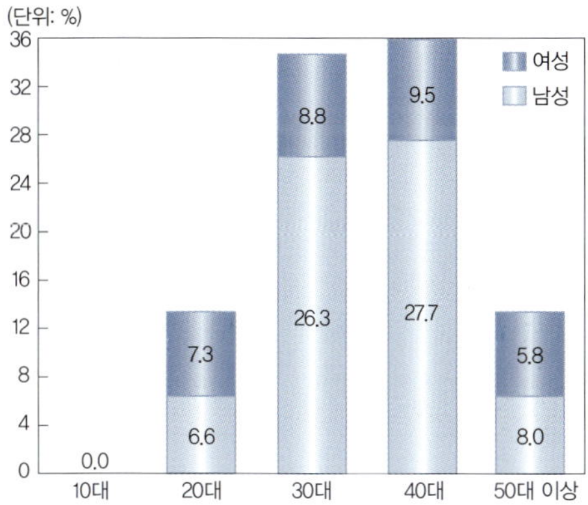

남성의 비중이 높고 40대 남성의 비중이 가장 높은 것으로 분석되었다.

3) 직장인구 고객분석

성별/연령대별 구성비

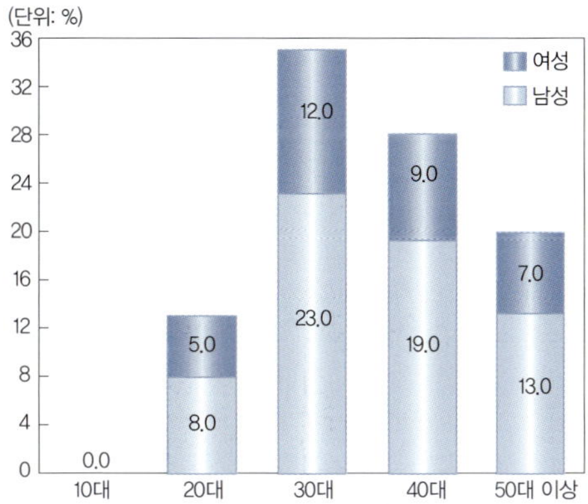

남성의 비중이 높고 30대 남성의 비중이 가장 높은 것으로 분석되었다.

4) 유입인구 고객분석

거주지별 구성비 (단위: %)

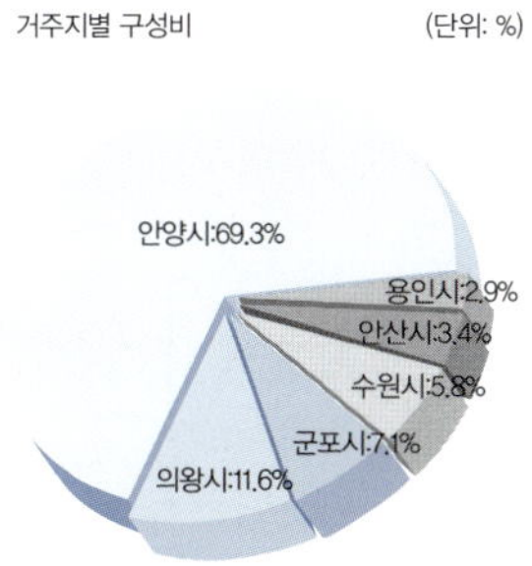

가장 비중이 높은 안양시의 읍/면/동별 거주인구 비중

범계동	22.7%
부림동	9.1%
평안동	7.6%
호계2동	7.2%
신촌동	5.7%
기 타	47.7%

안양시(69.3%) 내 범계동(22.7%) 거주인구의 비중이 높은 것으로 분석되었다.

5) 이용거리별 고객분석

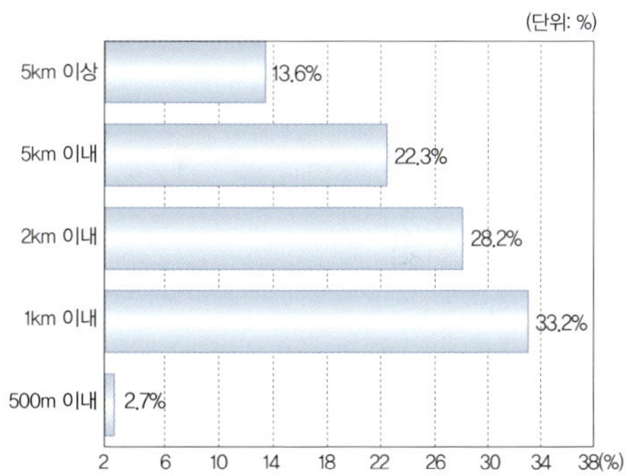

1㎞ 이내에 거주하는 고객이 33.2%로 가장 높은 비중을 차지하고 있다. 5㎞ 이내에는 총 86.4%

6) 타깃 고객

1. 30대 남성 25.2%
2. 40대 남성 24%
3. 50대 이상 남성 10.5%

상권의 후라이드/양념치킨 업종은 30, 40대 남성 고객이 가장 많이 이용하였다.

7) 요일별 거래비중

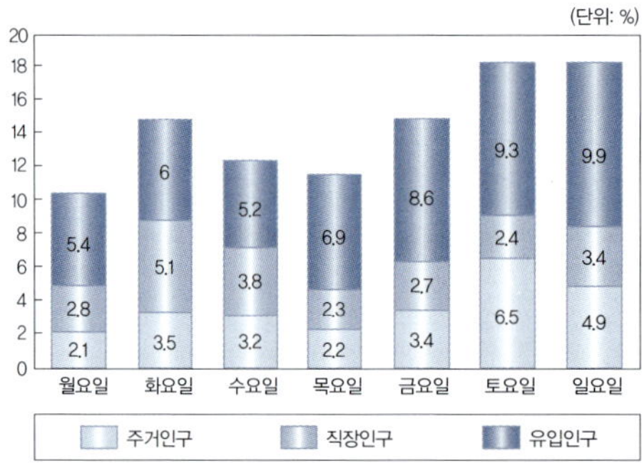

토요일(18.3%)에 이용비중이 가장 높은 것으로 분석되었다.

8) 시간대별 거래비중

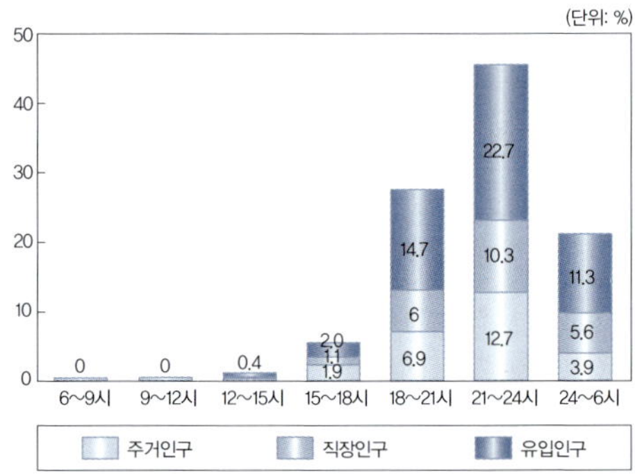

21~24시(45.7%)에 이용비중이 가장 높은 것으로 분석되었다.

9) 월 운영비용 비율 추정

운영비용 비율(업종/지역 평균기준)
89.7%(임차료 제외)

경기도 내 후라이드/양념치킨
비용항목별 비중평균

(단위: %)

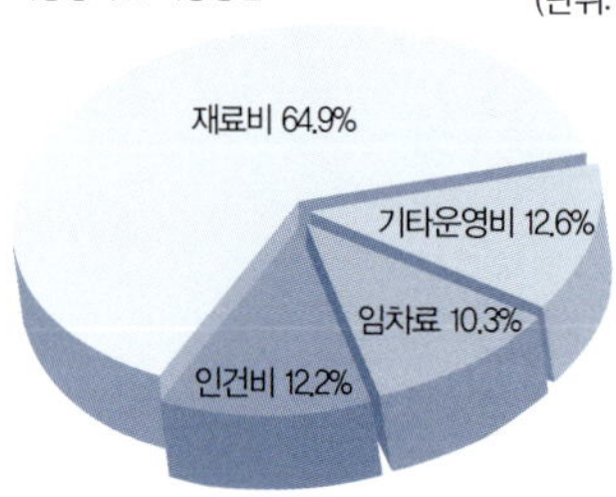

평균 운영비용을 기준으로 비용항목별 비중으로 산출되었다(재료비: 64.9%).

10) 평균매출 추정

주변지역과 상권 평균 매출 비교

(단위: 만원)

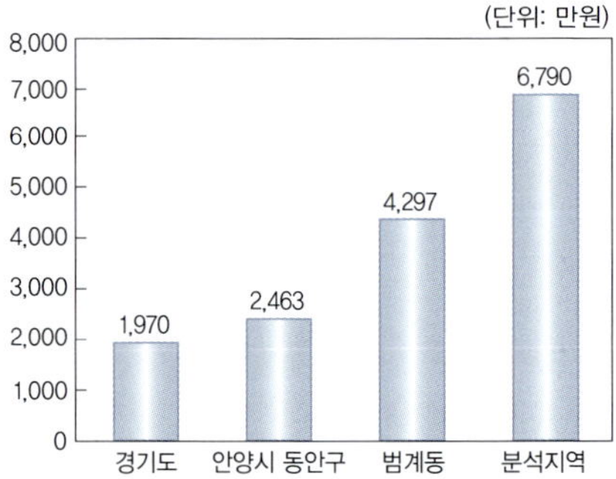

주변지역과 주요지수 비교

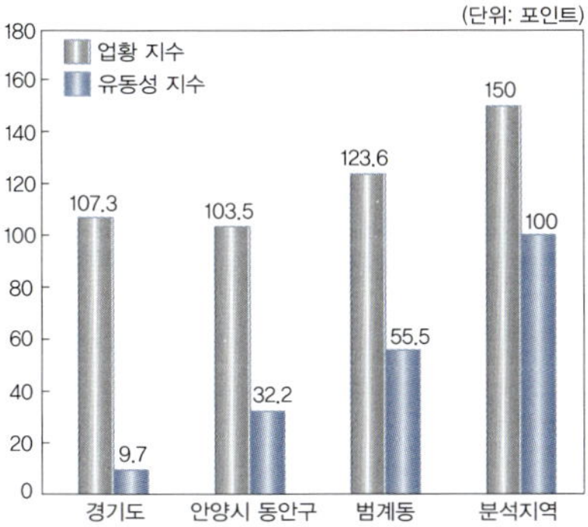

분석지역 상권 내 후라이드/양념치킨 업종의 점포당 월 평균 매출은 6,790만 원으로 분석되었다.

- 상권 평균 추정매출: 6,790만 원/월
  (하위 20%: 3,929만 원,
  상위 20%: 10,216만 원)

- 지정위치 추정 매출: 1,968만 원/ 월
  (13평 기준)

4. 범계동 상가권 종합의견

- 상권 내 후라이드/양념치킨 업종을 이용하는 주요고객은 거주지가 5㎞ 이내에 위치한 안양시민(80% 이상) 30~40대의 남성 고객
- 주요 매출시간대는 21시~24시
- 매출 가능범위는 1,968만 원(13평 기준)~10,216만 원이 예상되며, 매출이익은 하위매출 1,968만 원의 39%인 768만 원 이상이 예상되지만 재료비가 차지하고 있는 평균 64.9%를 줄일 수 있는 절감방안이 모색된다면 이익은 더 증가할 것이라 판단됨.

안양시 범계동 입지조사

1. 후보입지 위치도

후보입지 위치도

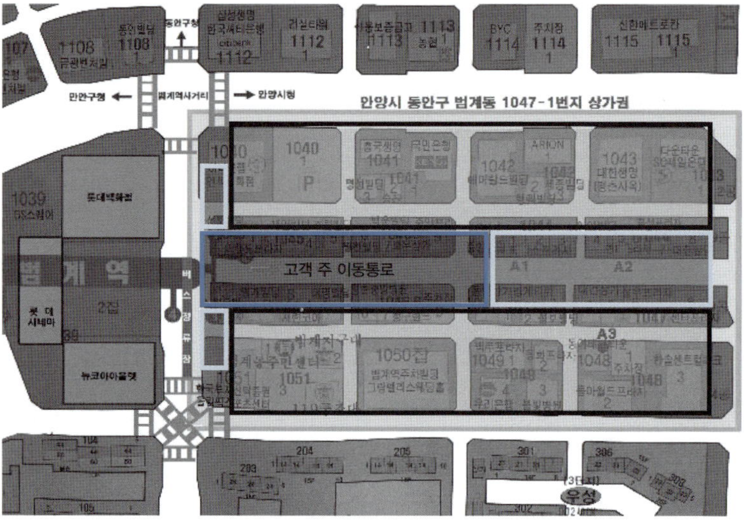

1급지 2급지 3급지

2. 후보입지별 운영 및 건축물 현황

구 분	내 용		
	후보입지 A1	후보입지 A2	후보입지 A3
점포외관			
건물외관			
상 호	범계**집	솥뚜껑***	유명**
급지	2급지	2급지	3급지
점포의 층수	1층	1층	1층
점포면적 전유면적	31.28㎡ (9.5평)	26.28㎡ (7.9평)	26.62㎡ (8평)
점포면적 공용면적	17.56㎡	16.86㎡	11.95㎡
점포형태	직사각형 (복층구조)	직사각형 (복층구조)	직사각형 (복층구조×)

3. 임차조건

구 분	내 용			비 고
	후보입지 A1	후보입지 A2	후보입지 A3	
권리금	2억	1억 5천	6천	기본관리비는 건물관리사무소 및 부동산에 문의하였지만 정확한 데이터 추출이 불가하였다.
보증금	1억	5천만 원	5천만 원	
임차료	360만 원	250만 원	160만 원	
기본관리비	약 40만 원	약 60만 원	약 50만 원	

4. 소유권 현황

구 분	내 용		
	후보입지 A1	후보입지 A2	후보입지 A3
소유권자	김영*	김동*	윤상*
근저당 설정	840,000,000원 (우리은행)	48,000,000원 (우리은행)	없음
전세권 설정	없음	없음	없음
가압류 설정	없음	없음	없음
비 고	아파트와 공동담보		

5. 입지의 지리적 특성

구 분	내 용			비 고
	후보입지 A1	후보입지 A2	후보입지 A3	
가시성	4	3	2	5점 만점
인지성	3	2	1	3점 만점
접근성	3	3	1	3점 만점
시너지	2	3	2	3점 만점
호환성	3	3	1	3점 만점
주차편의성	1	1	2	2점 만점
합계	16	15	9	

6. 유동인구

구분	시간	후보입지	20~40대 '남녀'	비고
주말	18시 ~ 19시	A1	3,330명	A2보다 1,120명↑
		A2	2,210명	A3보다 1,920명↑
		A3	290명	
	21시 ~ 22시	A1	5,920명	A2보다 1,670명↑
		A2	4,250명	A3보다 3,870명↑
		A3	380명	

구분	시간	후보입지	20~40대 '남녀'	비고
주중	18시 ~ 19시	A1	2,670명	A2보다 760명↑
		A2	1,910명	A3보다 1,691명↑
		A3	219명	
	21시 ~ 22시	A1	4,380명	A2보다 1,670명↑
		A2	2,710명	A3보다 2,451명↑
		A3	250명	

7. 경쟁점포 현황

구분	분석항목	경 쟁 점 포						
		B1	B2	B3	B4	B5	B6	B7
점포개요	상호	에이스 치 킨	치킨앤 비 어	오!베리 치 킨	둘둘 치킨	더후라 이 팬	삼통 치킨	오빠닭
	면적	35.4 (10.7평)	38.7 (11.7평)	37.8 (11.4평)	36.9 (11.1평)	37.8 (11.4평)	66.4 (20평)	73.0 (22평)
	영업 활성화 정도	중	중	중	하	상	상	상
	구 조	복층×	복층	복층	복층	복층×	복층	복층×
	주메뉴	후라이 드치킨	크리스 피치킨	순살마 늘치킨	순살 파닭	안심후 라이드 치킨	후라이 드치킨	순 살 베이크
	객단가	12,000원	15,000원	13,000원	18,000원	16,800원	15,000원	16,900원

8. 경쟁점포 위치도

경쟁점포 위치도

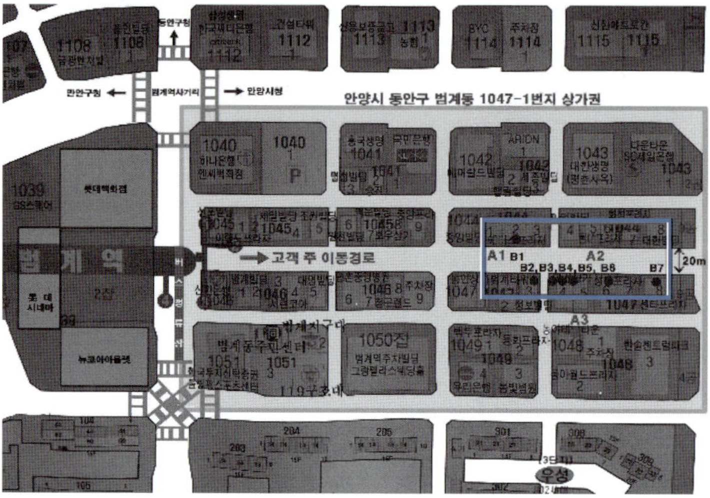

9. 입지 최종 선택

- 후보입지 A3은 임차조건에서 다른 후보입지에 비해 저렴하게 설정되어 있으나 입지의 지리적 특성, 기능적 특성에서 타 후보지에 비해 떨어지기에 고려대상 입지에서 제외
- 후보입지 A1은 경쟁점포들에 대한 고객 차단 가능이 있음
- 후보입지 A2는 동종 경쟁업체가 몰려 있어 누적적 흡입력 가능(A1과의 거리 약 70m)
- A2 임차료가 A1보다 2년간 2천 6백 4십만 원 적게 발생되기에 음식값을 낮춘다거나 이벤트행사 등 다체로운 활동이 가능할 수 있다고 판단되어 치킨집 창업을 위한 최종 입지는 A2로 선정

후보입지	2년간 임차료 계산	비 고
A1	3,600,000원 × 24개월 = 86,400,000원	
A2	2,500,000원 × 24개월 = 60,000,000원	A1보다 26,400,000원 저렴
A3	1,600,000원 × 24개월 = 38,400,000원	A1보다 48,000,000원 저렴 A2보다 21,600,000원 저렴

최종입지 점포조사

1. 점포 구성도

1층

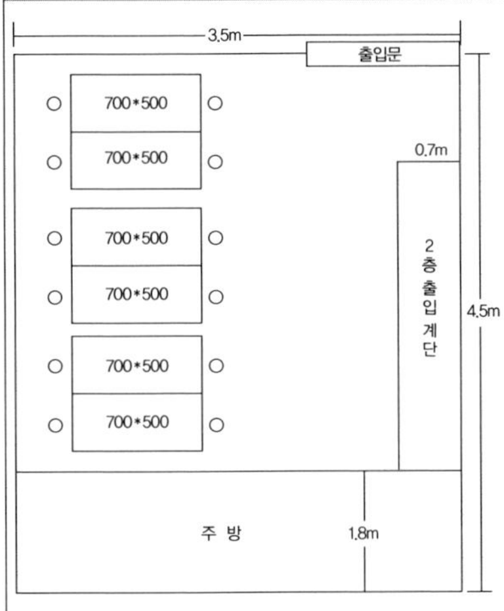

2인석 : 6개

2층

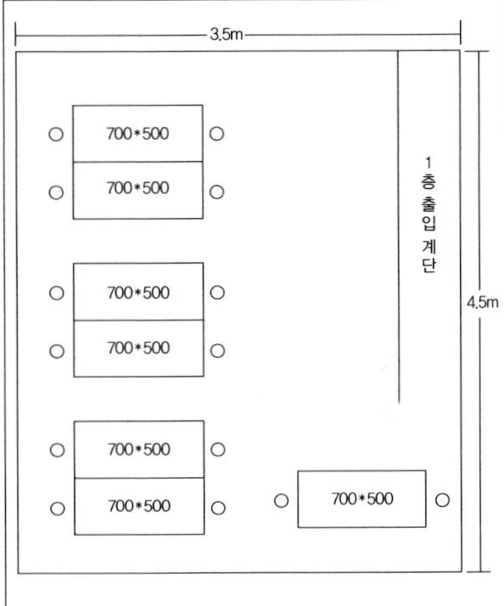

2인석 : 7개

2. 점포 디자인 콘셉트(벤치마킹 업체: 치맥)

치맥: 2012년 4월 23일 (주)SM엔터테인먼트와 크라제인터내셔날(주)이 합작투자를 통해서 신규 외식 법인 에스엠크라제(주)를 설립, 현재 분당 수내점 · 정자점, 서울 청담점 세 곳 위치

점포 디자인 콘셉트 이미지

3. 메뉴 디자인 콘셉트(벤치마킹 업체: 치맥 및 더후라이팬)

메뉴 디자인 콘셉트 이미지		
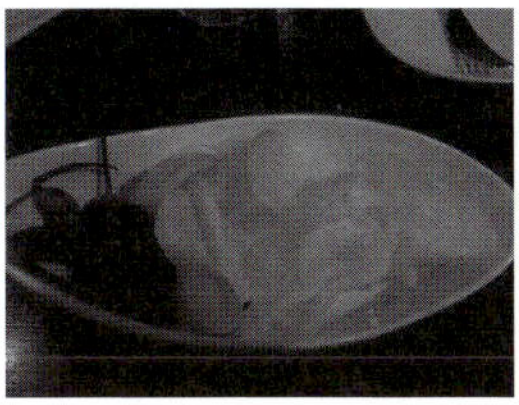		
기본안주 제공 (양파 및 고추튀김)	기본안주 제공 (야채절임)	메뉴 1(4가지 소스 제공) 16,000원
		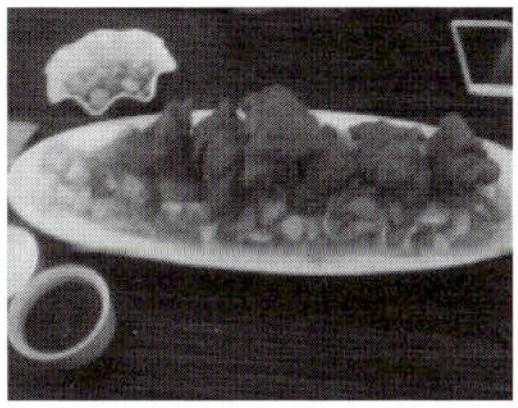
마일드치킨&칩스 메뉴 2 (4가지 소스 제공) 16,000원	순살치킨&칩스 메뉴 3 (4가지 소스 제공) 16,000원	마일드치킨&감자칩 (2가지 소스 제공) 16,000원

메뉴 5 피쉬&칩스 (2가지 소스 제공) 13,000원	메뉴 6 12,000원	

소맥(500cc) 3,000원(맥주 동일)	메뉴판	

점포메뉴 콘셉트 내용

- 기본안주 2가지(양파 및 고추튀김 또는 야채절임) 중 1가지 택일
- 치킨 종류는 4가지이며 가지각색의 맛을 느낄 수 있도록 2가지~4가지 소스를 제공
- 사이드메뉴 2개
- 메뉴판은 심플하면서도 깔끔한 형태를 띠며 타 경쟁업체와의 차별화를 위해 소맥을 상품화하고자 한다.

4. 인허가 현황

항 목	내 용	비 고
건물용도	근린생활시설(소매점)	건축물관리대장
사업자허가 형태	일반음식점	구청 위생과
소방시설	소방시설 완비	소방서 확인
정화조 용량	적합	구청 확인
가스	도시가스 설비 완료	영수증
냉난방기	개별설치 필요	현장 확인
수도	양호	영수증
전기 용량	양호	영수증
불법 시설	**점포(경량철골) 15㎡ 불법 증축**	공부 및 현장조사
무허가 사용분 유무	이상없음	도시계획확인원
용도의 적합성	적합	도시계획확인원
미관. 간판 설치 문제	이상 없음	도시계획확인원
소방 관련 이상 유무	이상 없음	도시계획확인원
재개발, 재건축 진행	이상 없음	도시계획확인원
기타	이상 없음	도시계획확인원

5. 주변 점포 임차비용 비교

구 분	A점포	B점포	C점포
권리금	1억 3천만 원	1억 5천만 원	1억 8천만 원
보증금	8천만 원	1억	1억
임차료	260만 원	350만 원	400만 원

비슷한 조건인 A점포와 비교결과, 최종 선택 점포가 A점포 대비 1평당 약 2만 원의 임차료가 비싸지만 권리금과 보증금 합계에서 최종 선택 점포가 1천만 원 저렴하기에 주변 임차료 대비 높지는 않은 것으로 파악된다.

6. 환산 보증금으로 변환한 임차비용

구 분		내 용	의 견
최종선택 점포	환산보증금	5천만 원+(250만 원×100) = 3억	3억
	평당 환산보증금	3억 / 8평 = 3천7백5십만 원	3천7백5십만 원
A점포	환산보증금	8천만 원+(260만 원×100) = 3억 4천만 원	3억 4천만 원
	평당 환산보증금	3억 4천만 원 / 9평 = 3천7백7십만 원	3천7백7십만 원
의 견		주변점포와 비교시 적정 수준임	
상가임대차보호법 적용 여부		환산보증금 3억으로 수도권 및 과밀억제 권역(서울 제외) 조건을 상회함	법적용을 받을 수 없음

7. 총 투자비 추정

<table>
<tr><th>구 분</th><th colspan="2">항 목</th><th colspan="3">내 용</th></tr>
<tr><td rowspan="21">예상
투자자금</td><td rowspan="4">점포비
(62%)</td><td>보증금</td><td colspan="2">50,000,000원</td><td rowspan="4">200,000,000원</td></tr>
<tr><td>권리금</td><td colspan="2">150,000,000원</td></tr>
<tr><td>임차료</td><td colspan="2">2,500,000원</td></tr>
<tr><td>관리비</td><td colspan="2">800,000원</td></tr>
<tr><td rowspan="9">시설비
(16%)</td><td>설계비</td><td colspan="2"></td><td rowspan="9">52,265,000원</td></tr>
<tr><td>인테리어</td><td colspan="2"></td></tr>
<tr><td>외부간판</td><td colspan="2"></td></tr>
<tr><td>옵션</td><td colspan="2"></td></tr>
<tr><td>공조</td><td colspan="2"></td></tr>
<tr><td>주방기물</td><td colspan="2"></td></tr>
<tr><td rowspan="3">홀 기물</td><td>탁자, 의자</td><td></td></tr>
<tr><td>메뉴판, 유니폼</td><td></td></tr>
<tr><td>빌지, 인쇄물</td><td></td></tr>
<tr><td rowspan="7">초기
운영비
(6%)</td><td rowspan="3">초도비</td><td>식재료비</td><td rowspan="3"></td><td rowspan="7">20,000,000원</td></tr>
<tr><td>초도물품비</td></tr>
<tr><td>초도홍보비</td></tr>
<tr><td rowspan="4">운영비</td><td>인건비</td><td rowspan="4"></td></tr>
<tr><td>제 경비</td></tr>
<tr><td>금융비용</td></tr>
<tr><td>기타 비용</td></tr>
<tr><td>예비비
(16%)</td><td>6개월</td><td colspan="2">임차료, 고정인건비, 관리비,
고정식재료비, 광고비 등</td><td>50,000,000원</td></tr>
<tr><td colspan="3">합 계</td><td colspan="3">322,265,000원</td></tr>
</table>

주: 자금조달계획: 본인- 3억 원, 가족 - 2천 3백만 원.

8. 영업시간 및 메뉴가격

<table>
<tr><th rowspan="2">영업시간</th><th rowspan="2">치킨가격</th><th colspan="2">맥 주</th><th rowspan="2">비 고</th></tr>
<tr><th>소 맥</th><th>생맥주</th></tr>
<tr><td>pm 5시~am 2시</td><td>16,000원</td><td>3,000원</td><td>3,000원</td><td></td></tr>
</table>

9. 최종 입지의 추정 매출액

<table>
<tr><th>항 목</th><th colspan="5">내 용</th></tr>
<tr><td>테이블수</td><td colspan="5">실내: 2인용 13개, 실외: 2인용 5개 (총36석)</td></tr>
<tr><td>객단가</td><td colspan="5">[치킨 16,000원 ÷ 2.5(테이블당)] + [맥주 3,000원 × 2잔]
= 6,400 + 6,000 = 12,400원</td></tr>
<tr><td>예상회전수</td><td colspan="3">최저–1회전, 최고–3회전</td><td>이용 동기</td><td>친구모임, 직장인, 연인고객</td></tr>
<tr><td rowspan="4">일매출액</td><td rowspan="2">최저</td><td>10월 ~5월</td><td colspan="3">6.5테이블 × 2.5(테이블당) × 객단가 12,400원 × 1회전 = 201,500원</td></tr>
<tr><td>6월 ~9월</td><td colspan="3">9테이블 × 2.5(테이블당) × 객단가 12,400원 × 1회전 = 279,000원</td></tr>
<tr><td rowspan="2">최고</td><td>10월 ~5월</td><td colspan="3">[6.5테이블×2.5(테이블당)×치킨 객단가 6,400원×3회전] + [6.5테이블×2.5(테이블당)×맥주 객단가 3,000원×2잔×3회전] = 312,000 + 292,500 = 604,500원</td></tr>
<tr><td>6월 ~9월</td><td colspan="3">[9테이블×2.5(테이블당)×치킨 객단가 6,400원×3회전]+[9테이블×2.5(테이블당)×맥주 객단가 3,000원×2잔×3회전] = 432,000 + 405,000 = 837,000원</td></tr>
<tr><td rowspan="2">연 매출액 및 월 매출액</td><td>최저</td><td>계</td><td colspan="3">• 연매출액: [(201,500원×30일)×8개월]+[(279,000원×30일)×4개월] = 48,360,000원 + 33,480,000원 = <u>81,840,000원</u>
• 평균 월매출액: 81,840,000원 / 12 = <u>6,820,000원</u></td></tr>
<tr><td>최고</td><td>계</td><td colspan="3">• 연매출액: [(604,500원×30일)×8개월]+[(837,000원×30일)×4개월] = 145,080,000원 + 100,440,000원 = <u>245,520,000원</u>
• 평균 월매출액: 245,520,000원 / 12 = <u>20,460,000원</u></td></tr>
</table>

10. 나이스비즈맵 추정치

상권 내 유사업종 평균 월매출	최저	19,680,000원
	최고	102,160,000원

11. 경쟁업체 월매출 추정치

최 저	28,000,000원
최 고	37,000,000원

12. 총평균법에 의한 매출액 추정치

최 저	(6,820,000원 + 19,680,000원 + 28,000,000원) / 3 = 18,167,000원
최 고	(20,460,000원 + 102,160,000원 + 37,000,000원) / 3 = 53,207,000원
평 균	18,167,000원 + 53,207,000원 / 2 = 35,687,000원

13. 월 수익성 분석

1) 손익 추정

항 목	내 용		
	최 저	평 균	최 고
월매출액①	18,167,000원	35,687,000원	53,207,000원
매출원가② (식재료비 40%)	7,266,800원	14,274,000원	21,283,000원
매출이익③ (①−②)	10,900,000원	21,413,000원	31,924,000원
판매비와 일반관리비④ (45%)	8,175,000	16,059,000원	23,943,000원
영업이익 (③−④)	2,725,000원	5,354,000원	7,981,000원
영업외비용	−	−	−
경상이익 [영업이익+영업외수익 −영업외비용	2,725,000원	5,354,000원	7,981,000원
비 고	개점 초기 매출 예상액	개점 후 1년 내외 매출 예상액	개점 후 2년 내외 매출 예상액

2) 손익분기점 추정

<table>
<tr><th>항 목</th><th colspan="3">내 용</th></tr>
<tr><td>단위당가격
(객단가)</td><td colspan="3">[치킨 16,000원 ÷ 2.5(테이블당)] + [맥주 3,000원 × 2잔]
= 6,400 + 6,000 = 12,400원</td></tr>
<tr><td rowspan="5">손익분기
매출수량</td><td>고정비</td><td>임차료, 인건비,
관리비 등</td><td>[인건비 360만원+임차료+250만원+
관리비 60만원+기타 230만원]
9,000,000원</td></tr>
<tr><td rowspan="3">공헌이익</td><td>단위당가격(1)</td><td>12,400원</td></tr>
<tr><td>단위당변동비(2)</td><td>– 치킨(4,000원) + 소스 + 기타 = 9,000원
(1마리당) 9,000원 ÷ 2.5(테이블당) =
3,600원
– 맥주 500cc 2잔 = 2,000원
3,600원 + 2,000원 = 5,600원</td></tr>
<tr><td>공헌이익(1)–(2)</td><td>6,800원</td></tr>
<tr><td>고정비/단위당
공헌이익</td><td colspan="2">9,000,000원 / 6,800원 = 1,324명</td></tr>
<tr><td>손익분기
매출액</td><td>단위당가격*
손익분기매출
수량</td><td colspan="2">12,400원 × 1,324명 = 16,417,600원</td></tr>
</table>

3) 투자대비 수익률 추정

<table>
<tr><th rowspan="2">구 분</th><th colspan="2">내 용</th></tr>
<tr><th>개점 후 1년 내외</th><th>개점 후 2년 내외</th></tr>
<tr><td>월 경상이익</td><td>5,354,000원</td><td>7,981,000원</td></tr>
<tr><td>총투자금액</td><td>322,265,000원</td><td>322,265,000원</td></tr>
<tr><td>월 투자수익률</td><td>1.7%</td><td>2.5%</td></tr>
<tr><td>기준표</td><td colspan="2"><table>
<tr><th>사업성 판단기준</th><th>월투자수익률</th><th>투자비 회수기간</th></tr>
<tr><td>매우 우수</td><td>4% 이상</td><td>2년 이내</td></tr>
<tr><td>우 수</td><td>3% 이상</td><td>3년 이내</td></tr>
<tr><td>보 통</td><td>2% 이상</td><td>4년 이내</td></tr>
<tr><td>불 량</td><td>2% 미만</td><td>4년 이상</td></tr>
</table></td></tr>
<tr><td>분 석</td><td colspan="2">개점 1년 내외가 되면 1.7%, 개점 2년 내외가 되면 2.5%로 평균 2.1%의 월투자수익률이 예상되므로 본 점포의 사업성은 보통인 것으로 판단됨.</td></tr>
</table>

14. 분석 결론

결 론	- 자금 예상 회수기간이 4년 이내로, 만약 2년 계약 만료 후 임대인이 재계약 의사가 없어 사업을 포기해야 한다면 권리금 + 1년~2년간의 투자수익률 만큼 손해를 감안하여야만 하는 위험부담 존재 - 상권분석 결과 해당 상권의 후라이드/양념치킨 업종을 월 2회 이상 재방문 하는 고객의 비중이 4.4%로, 후라이드/양념치킨 업종의 전국 평균 재방문 고객 비중인 7.9%보다 낮은 것으로 분석되었는데, 이를 극복할 수 있는 고객관계관리(CRM)가 경영에 뒷받침되어 준다면 투자금 회수기간이 2년~3년으로 단축됨과 동시에 월 평균 매출을 유지할 수 있을 것이라 판단됨

출처: 한양사이버대학교 대학원 호텔관광외식MBA 프로젝트 3팀(주★★, 김★★, 한★★, 임★★).

김영갑

- 현, KYG푸드서비스그룹 교수
- 현, KYG상권분석연구원 교수
- 전, 한양사이버대학교 호텔외식경영학과 교수
- 전, 한양사이버대학교 대학원 외식프랜차이즈MBA 교수
- 건국대학교 부동산 대학원 '빅데이터를 활용한 상권분석 3.0' 출강
- 국내 주요 상권분석시스템 개발 및 공공기관 상권분석 관련 프로젝트 자문
- 한양사이버대학교 평생교육원 '상권분석 전문가 과정' 지도교수
- KYG외식경영연구원㈜ '온라인마케팅 전문가 과정' 지도교수
- 사단법인 일자리창출진흥원 원장
- 소상공인시장진흥공단 2016년 가상창업체험서비스 시범사업 자문교수
- 소상공인시장진흥공단 2017년 상권정보시스템 컨설팅 부문 시범사업 자문교수
- 상권육성전문가 자격시험 상권분석 부문 출제위원

저서 및 논문

- 『상권분석론』, 『외식창업론』, 『외식메뉴관리론』, 『외식마케팅』, 『미스터리 쇼핑』, 『호텔마케팅』, 『관광정보론』 외 다수
- 외식소비자의 MSG 허용범위와 사용량인식이 구매의도에 미치는 영향,
  레스토랑에서 소비자가 지각하는 가격인지차원의 타당성 검증,
  Q방법론에 의한 패밀리레스토랑 소비자의 세분화 외 다수

블로그

- 김영갑 교수의 상권분석과 마케팅(http://webkim.blog.me)

카페

- 상권분석전문가 과정 카페(http://cafe.naver.com/tradearea)

문의

- webkim@naver.com, 010-6285-2396

상권분석전략연구회

- 외식사업교육연구원 대표 **이동수**
- 한국혼설팅센터 대표 **강상우**
- 스위치를켜다 대표 **현병욱**
- 온라인마케팅파트너스 대표 **전원택**
- 달삼주택 대표 **이지은**

소상공인을 위한 빅데이터 상권분석(4판)

1판발행 2013년 6월 25일 **1판 1쇄** | 2014년 6월 25일 **1판 2쇄**
2판발행 2015년 6월 25일 **2판 1쇄** | 2016년 3월 10일 **2판 2쇄** | 2017년 9월 10일 **2판 3쇄**
3판발행 2019년 10월 25일 **3판 1쇄** | 2020년 9월 10일 **3판 2쇄** | 2021년 9월 10일 **3판 3쇄**
4판발행 2024년 11월 10일 **4판 1쇄**

지은이 김영갑, 상권분석전략연구회
펴낸이 최용구 | **펴낸곳** 도서출판 **이프레스**
주소 (04316) 서울시 용산구 원효로 89길 19 (원효로1가)
전화 02) 537-1720(영업부), 537-1721(편집부), 537-1711(팩스)
이메일 epress01@naver.com | **홈페이지** www.epress1.com
등록 2009년 12월 10일 제16-2710호
기획마케팅 최용구 장만동 송대용 최충구 | **책임편집** 석기은 황가연 | **표지** SDY

ISBN 979-11-91348-77-4 13320
정가 20,000원